地図で読む昭和の日本

定点観測でたどる街の風景

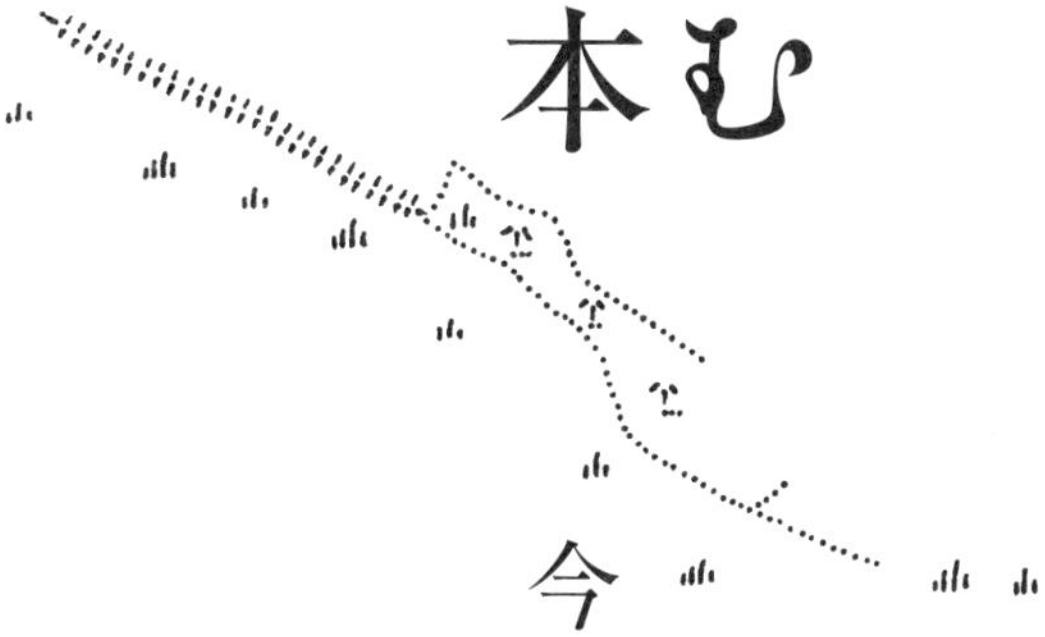

今尾恵介

白水社

はじめに

明治維新以来、近代化を急速に進めた日本。その激変の時代にあって全国各地の都市は、江戸時代までに形成された原型を基礎にしつつも、その後の殖産興業、富国強兵などのスローガンの下に大きく変貌させせられていった。

本書は首都・東京の都心部とその近郊から県庁所在地、全国各地に分布するさまざまな顔をもつ中小都市に至るまで、人間の長らく居住してきた土地を、できるだけ詳しい地形図で時代を追って「定点観測」する試みである。本来の定点観測は何十年もかけて同じ地点に何度も通い、その時点での都市の姿を記録していくことであるが、一人でできる観測には限界がある。そこで私がこれまで二〇年以上かけて少しずつ集めた地形図を使い、それらを比較することによって定点観測を行なうことにした。

同じ場所を表現した二つの時代、または三つの時代の地形図を並べてよく観察すれば、当然ながら地域の変化が見えてくる。たとえば濠が埋められて高速道路となり、あるいは高度経済成長期に見渡す限りの畑に団地が林立し、水田は埋め立てられて工場になり、それが平成の時代になると産業構造の変化を受けてショッピングセンターに変わっていたりする。丘陵地のニュータウンに新しい町名が付けられ、新設された高架鉄道がたくさんの通勤客を都心へ運んでいく一方で、賑わっていた商店街を通る人の姿が疎らになり、静かに衰退に向かいつつある都市も存在する。

明治維新から今日に至るまでの時代は、長い日本の歴史にとっては一瞬に過ぎないかもしれないが、その百数十年の変化は実に目まぐるしい。何度かの戦争があり、高度経済成長があり、何度かの大震災をはじめとする大災害が襲った。

しかしありがたいことに、日本にはこれら百年を超える「歴史の重み」を一定の約束——図式に従って平面図に翻訳した地形図の蓄積がある。その中でも明治末から整備が進められてきた最大縮尺である一万分の一地形図の表現力は実に精緻だ。たとえばある住宅地に生垣で囲まれた屋敷があり、その隣には煉瓦塀の工場がある。中では水車動力が用いられていた。その水車を動かす水は、中小河川にバイパス水路を穿って引かれている。その傍らには一本杉か何かの独立針葉樹の記号。その隣の神社には石灯籠が一対。石段を上がった社殿の前には湧水を受ける池が澄んだ水を湛えている……。地形図をじっくり読み込むと、何十年も前のこれほど細かい「見てきたような風景」を思い浮かべることができる。たとえば今は高速道路の高架下であっても、そこにあったはずの昔の地形図の池を探してみれば、気になる窪みがあったりする。

それぞれの地形図から読み取れる情報は無数にある。もちろん私が見逃しているものも多いはずで、特に読者の地元の章では物足りない部分があることだろう。その場合は読者諸賢がさらに精緻に地域史を発掘していただくための「たたき台」として利用いただければ幸いである。

地図で読む昭和の日本——定点観測でたどる街の風景

目次

急速な欧化政策――銀座・有楽町

旧来の銀座は四丁目まで

銀座という地名は、文字通り銀貨の鋳造を行なったことにちなむ。慶長一七年（一六一二）に駿府（現静岡市）から銀貨鋳造所たる銀座がここへ移ってきてからの通称であった。正式名称は新両替町で、江戸切絵図などにはそちらの町名が記されているはずだ。明治二年（一八六九）に銀座は晴れて正式町名になったが、次ページ図1の「銀座四丁目」の南側にある電車道の交差点が現在の銀座四丁目交差点である。

四丁目の目の字の下、七番地にある四角い記号は「高塔」で、これが和光の時計塔だ。とはいえこの図は関東大震災の七年前にあたる大正五年（一九一六）修正（同八年鉄道補入）だから、今ある有名な建物ではなく初代。こちらは明治二七年（一八九四）、図より二二年前に服部時計店が朝野《ちょうや》新聞社

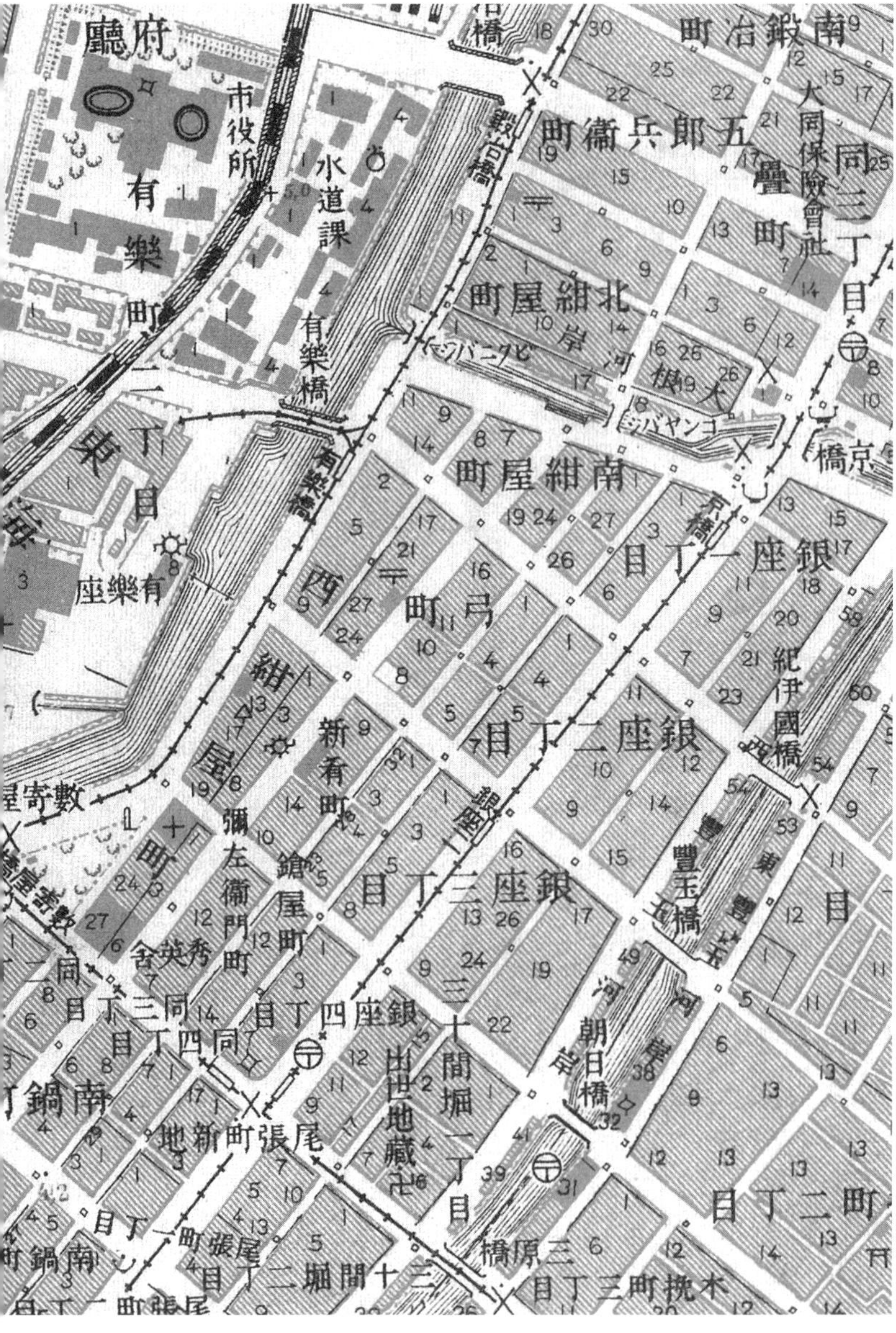

府廳
市役所
有楽町
水道課
有楽橋
有楽座
鍛冶橋
南鍛冶町
五郎兵衛町
大同保険會社
同三丁目
疊町
北紺屋町
河岸
南紺屋町
京橋
コンヤバシ
銀座一丁目
西紺屋町
弓町
紀伊國橋
新肴町
銀座二丁目
数寄屋
彌左衛門町
鎗屋町
銀座三丁目
豊玉橋
秀英舎
同三丁目
銀座四丁目
同四丁目
朝日橋
三十間堀一丁目
出世地蔵
南鍋町
尾張町新地
尾張町一丁目
三原橋
三十間堀二丁目
木挽町三丁目
町二丁目

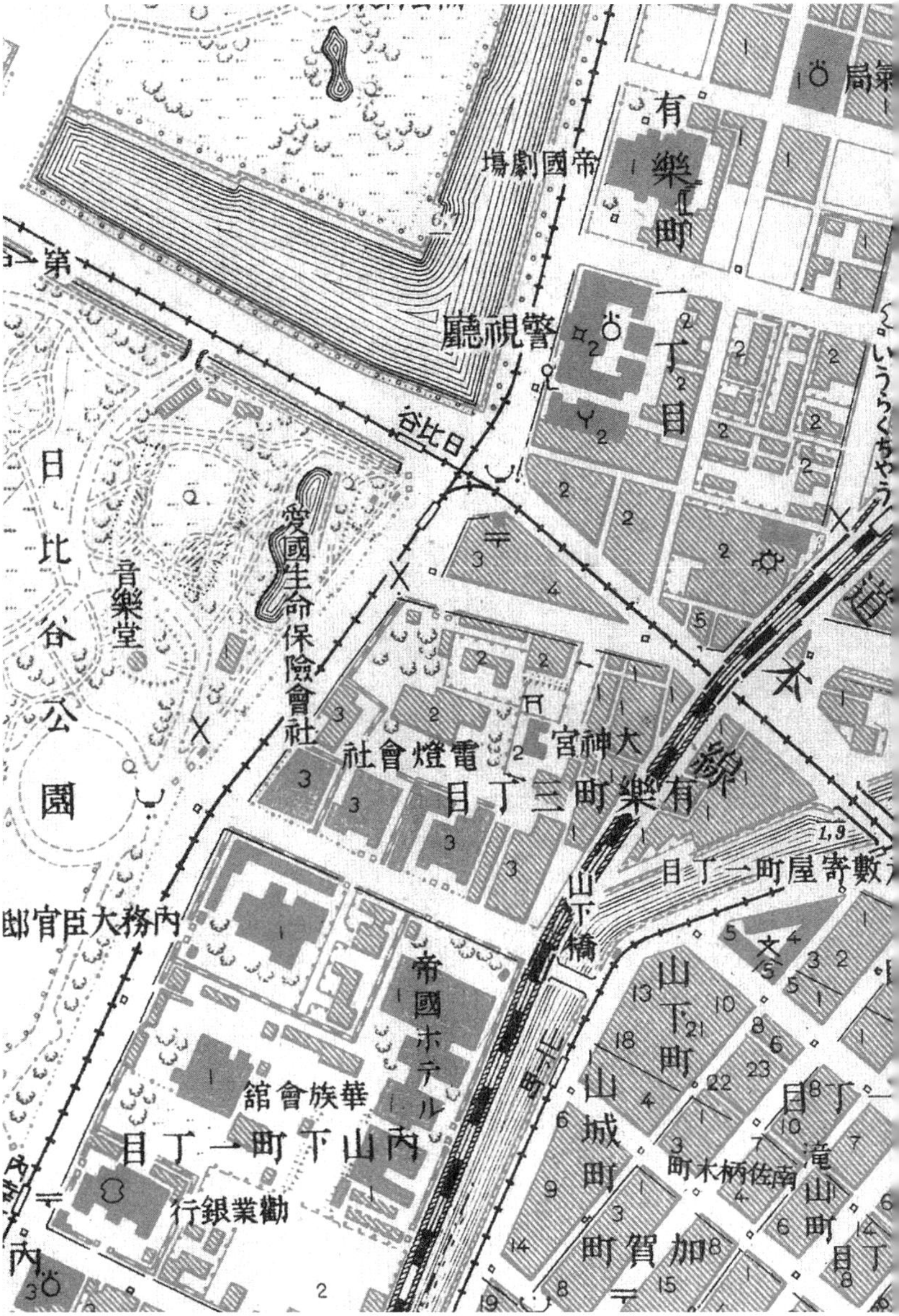

図1　1:10,000地形図「日本橋」大正5年修正同8年鉄道補入×1.6

の社屋を買い取り、それを増改築したものである。

銀座・和光のホームページに載っている写真を見ると、二階建ての建物の屋上に塔屋が立ち、その上に時計塔が載っている。現在の建物は昭和七年（一九三二）に建て替えられたものだが、その四面の時計は正しく東西南北を向いているという。銀座の区画は東西南北のラインからちょうど四五度ほど傾いているため、真南を向く時計が交差点の中央を向くという寸法だ。交差点には×印（「警察署派出所及駐在所」の記号）があるが、現在もこの位置に立つこの交番は当時から存在したことがわかる。細かいことだが、その交番の本当の位置は×印の左下の点。いわゆる建物記号は「真位置」の傍らに置かれるのが原則だ。その少し西側に秀英舎とあるのは大日本印刷の前身のひとつ。出版に関わる人なら「秀英明朝」という書体の名を耳にしたことがあるのではないだろうか。

さて、銀座四丁目交差点は当時「尾張町《おわりちょう》交差点」と称した。銀座は日本橋方面から四丁目のここで終わり、以南は図に見える尾張町新地や尾張町一丁目などとある通り、銀座ではなかったのである。尾張町の由来はこの地の埋め立てを名古屋・尾張藩が担当したことにちなむが、西へ目を向ければ加賀町や山城町の名が見えるが、これらもやはり埋め立てにあたって各藩千石につき一人の人足を出させた「千石夫」にちなむという（異説もある）。

銀座が大拡張するきっかけとなったのが昭和五年（一九三〇）の町名地番整理である。これは震災復興事業に伴うもので、近隣の町々が圧倒的知名度と人気を誇る銀座の町名を欲しがった。まずは銀座・銀座西・木挽《こびき》町の三種類に統合され、戦後の昭和二六年（一九五一）になると木挽町が銀座東と改められる。次の図2は昭和三一年（一九五六）修正なので、すでに銀座西・銀座・銀座東の三種に統合された後のものである。図1と比べて明らかに地名の密度は低くなった。さらに昭和四三年（一九六八）から翌年にかけて、銀座西・銀座・銀座東が統合されて銀座の一丁目から八丁目となった。まさに「ブランド地名」が大拡張した見本のような地域である。

外濠の水面に映る連続眼鏡橋

図1の数寄屋橋交差点の西側には今はなき「数寄屋橋」が架かっているが、その左側に記された1・9という数字は見にくいが上に線が描かれており、これは水深を示す。外濠だけあって結構深かったようだ。市電線路に沿う数寄屋橋の字は停留場名であるが、その停留場の矩形《くけい》の下にあるU字型の記号は凡例によれば「電話局及自働電話」とあり、その真位置の点が角にあることから、公衆電話と思われる。この図より一六年遡る明治三三年（一九〇〇）、それまで電話局内だけにあった公衆電話が街頭に初めて進出した。上野・新橋両駅の構内に各一台設置されたのが最初で、明治末までには全国で四六三台に達したという。当初は「自働電話」と呼ばれたが、その後大正一四年（一九二五）には「公衆電話」に改められた。

数寄屋橋の南西には泰明小学校がある（文の記号）。さすが銀座の最寄りの学校だけあって、明治一一年（一八七八）から赤煉瓦の校舎であったというが、同四五年には木造モルタル校舎が竣工している。ところが大正一二年（一九二三）の関東大震災で全焼し、その後は昭和四年（一九二九）に現在まで続く鉄筋コンクリート三階建ての「防災建築」となった。図1は木造校舎の時代である。

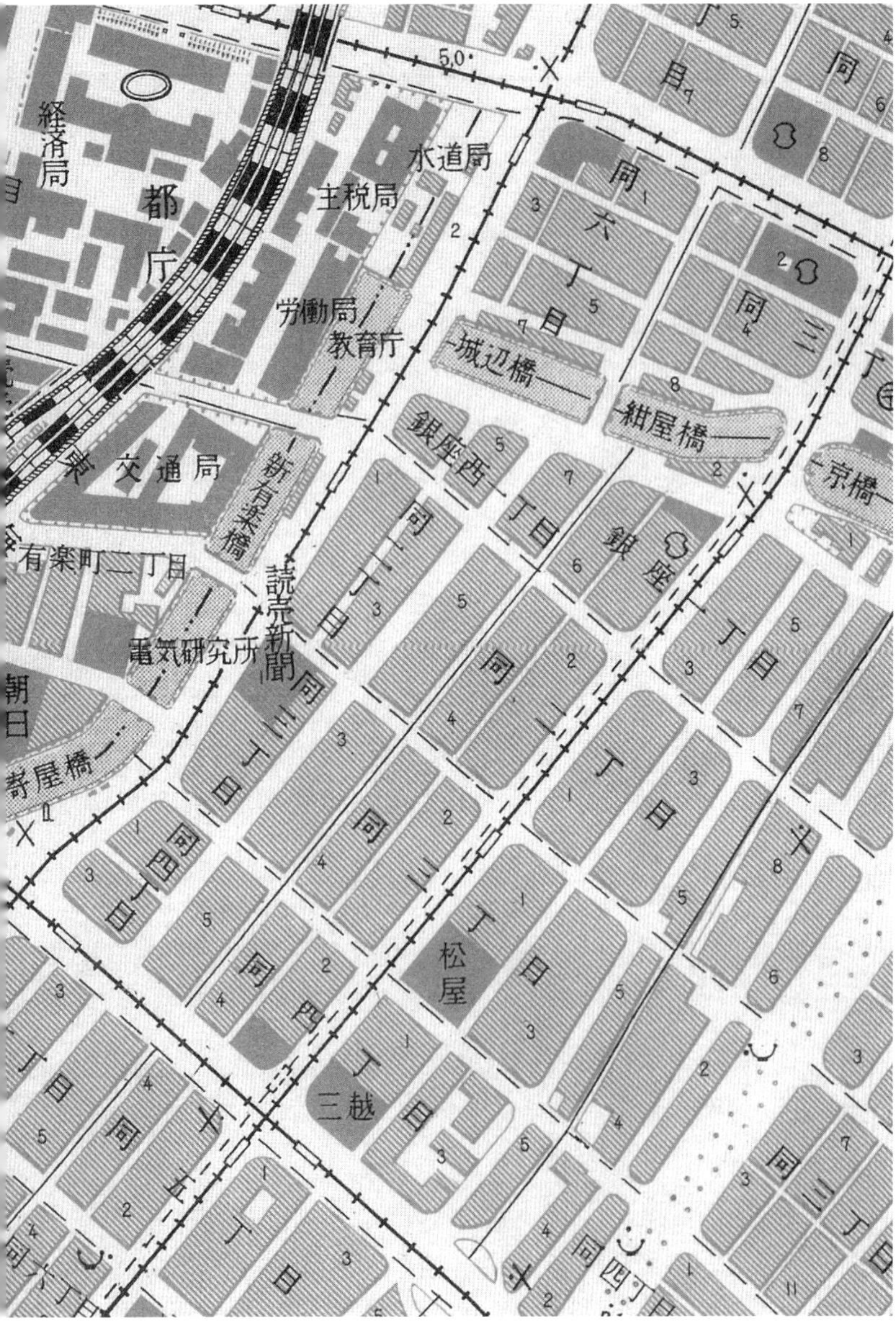
経済局
都庁
水道局
主税局
労働局
教育庁
交通局
新有楽橋
有楽町二丁目
読売新聞
電気研究所
朝日
寄屋橋
城辺橋
紺屋橋
京橋
銀座西
銀座
松屋
三越

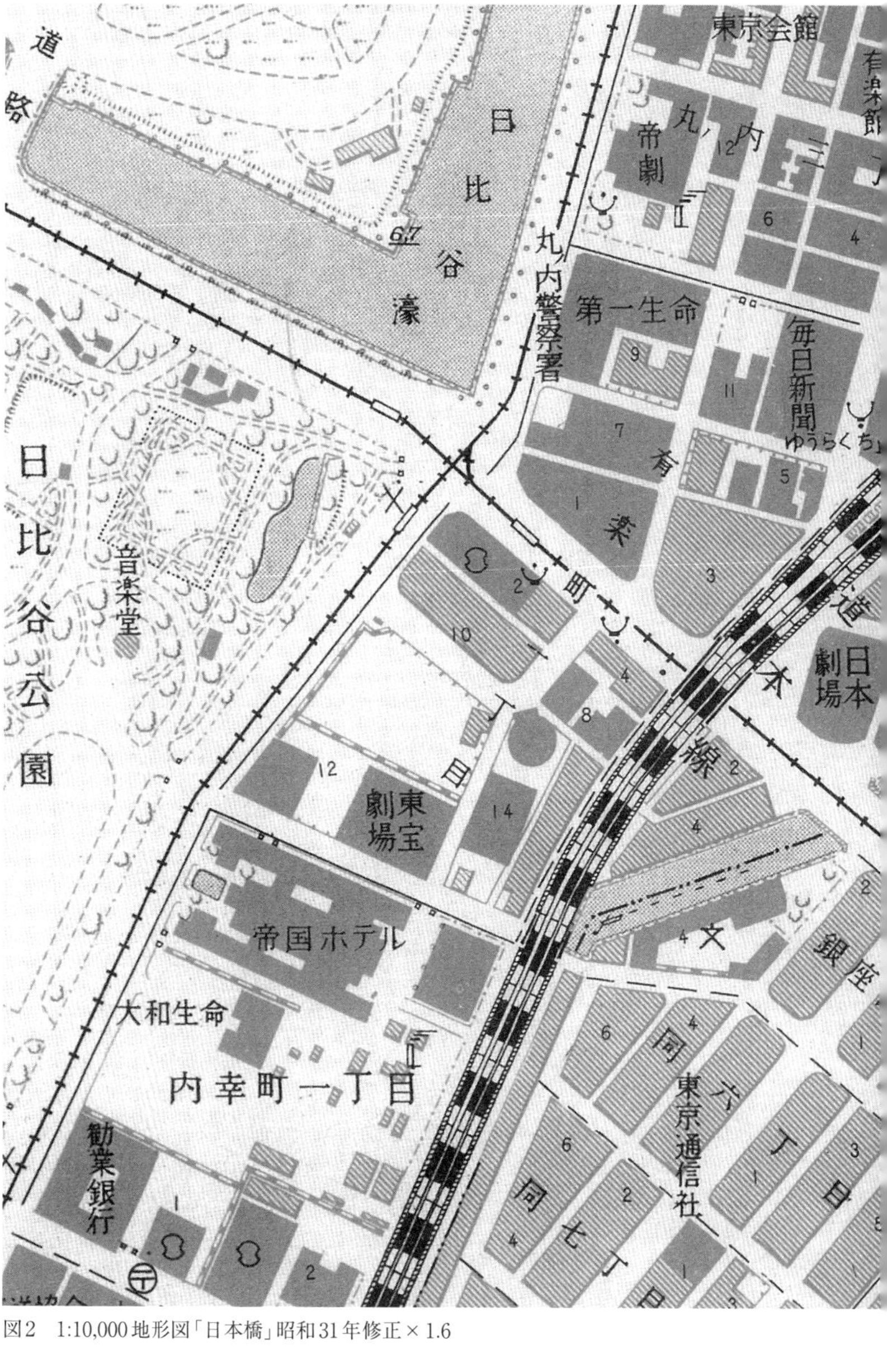

図2　1:10,000地形図「日本橋」昭和31年修正×1.6

図1で学校前の電車通りを外濠に沿って南下すれば、山下橋あたりから東海道本線の煉瓦アーチ高架橋が水面に映って「連続眼鏡橋」になっていたはずだが、この外濠の水面は空襲で出た瓦礫を捨てる場所として埋められてしまったため、現在その美しい景観は見られない。それでも飲食店や倉庫の入った赤煉瓦のアーチは健在だから、当時の風景をかろうじて想像することはできる。

高架橋の向こうには帝国ホテル。すでに高層のビルを伴う新しいビルになって久しいが、図1の時代にはフランク・ロイド・ライト（一八六七～一九五九）が設計した名建築はまだ登場していない。今もその玄関部分が移築されて愛知県の明治村で見られるが、この建物が着工されたのは大正九年（一九二〇）、竣工はライトの「完璧主義」のため延びて三年後となった。ようやく九月一日に竣工披露宴を開くべく準備をしている最中に起きたのが関東大震災である。もちろん建物は無事だった。このライト作の本館は図2に描かれている。なお、大正一〇年（一九二一）修正の地形図ではすでに日比谷公園側にあった内務大臣官邸の敷地も併せて拡張されている。ついでながら、このあたりは大名屋敷が建ち並んでいた区域なので地番の一筆のエリアが巨大で、図1の地形図に記された地番も、たとえば一番地や二番地ばかり、という区域が目立つ（枝番号は省略されている）。銀座や京橋など土地が細分化された「町場」の地番とは対照的だ。

帝国ホテルの西隣にある華族会館はほぼ現在のNTT日比谷ビルとNBF日比谷ビルにまたがる場所だが、ここにはかつて鹿鳴館があった。急速な「欧化政策」にいそしむ、今から見れば滑稽さを併せ持つ明治日本の象徴であったが、第一次世界大戦の好景気に沸く図1の時期には存在しない。当時の欧化政策はもはや表面的なものだけでなく、「実質」が猛烈な勢いで驀進《ばくしん》していたのである。

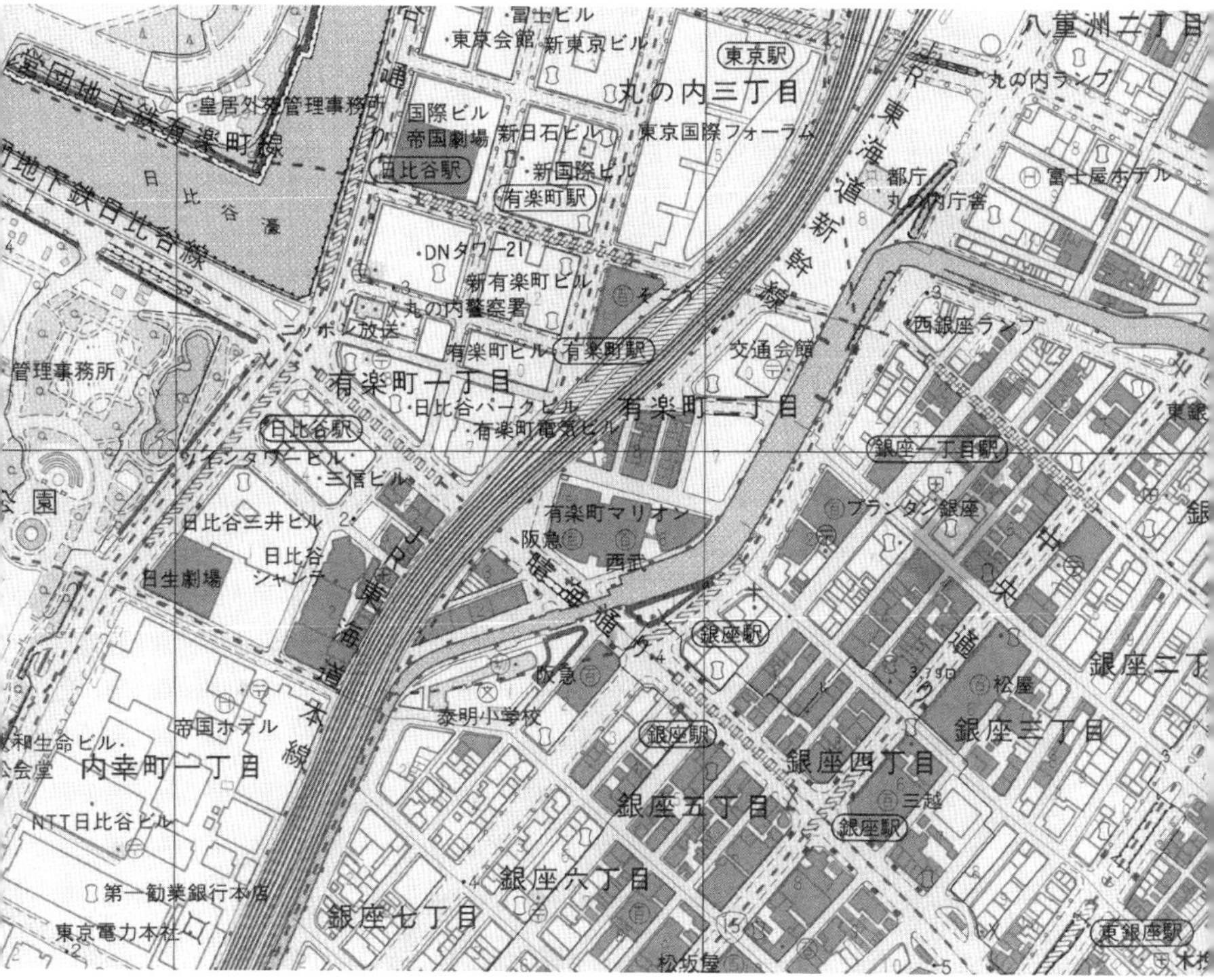

図3　1:10,000「日本橋」平成10年修正 × 1.1

水車と電線会社——西新宿・代々木

電圧低下で坂道を上れなくなった京王電車

新宿駅南口に面した甲州街道は、緩い坂を西へ下って調布方面へと続いている。四〇メートルの幅員をもつこの通りでは、深夜までクルマの波が途切れない。

この通りのまん中を昭和三八年（一九六三）まで京王線の電車が走っていた。現在のように地下化される直前は甲州街道の「中央分離帯」のような場所を走っていたのだが、昭和二八年頃より以前は図1のように純然たる「路面電車」であった。起点は新宿三丁目の現伊勢丹付近にあり、新宿駅南口には「停車場前」などという路面電車らしい名の停留場が置かれていた。

しかし戦争末期の昭和二〇年（一九四五）、現在の文化学園大学（旧文化女子大学）の近くにあった天神橋変電所が空襲の被害に遭い、これによる電圧低下で新宿駅南口への坂道を電車が上れなくなってしまったという。そこで新宿駅西口に急遽ターミナルを設けたのだが、おそらくこれは高速電車化への脱皮を前倒しで行なったものではないだろうか。ちなみに現在の京王線新宿駅の場所は、東横線を渋谷から新宿まで延伸する計画のターミナル用地として東急がすでに取得していた場所だ。戦時中の「陸運統合」で京王電気軌道も当時すでに「東急京王線」になっていたから、すんなり移行できたのだろう。

歴史的地名「角筈《つのはず》」と浄水場

図1の上に見える四角い四つの池は淀橋浄水場の沈澄池《ちんちょうち》である。明治三一年（一八九八）に東京市の近代的浄水施設として誕生、ここへ導水するため、代田橋付近の玉川上水から一直線に「新上水」が建設された。これが池の左下に接続された水路である。堂々たる大浄水場ではあるが、遙か遠くの羽村取水堰から代田橋までの水路は一七世紀以来の江戸幕府の遺産を引き継いだ。この新上水には十六の橋が架けられ、浄水場の方から一号、二号と番号が振られた。現在はこの水路もフタをされて道路になったが、かつての橋につながる道には笹塚十号通り商店街や幡ヶ谷六号通り商店街、「七号通」バス停など所々でその名残を見ることができる。

浄水場の所在地は図の当時「東京府豊多摩郡淀橋町大字《おおあざ》角筈字新町二丁目」であった。その後は昭和七年（一九三二）に東京市に編入されて淀橋区角筈三丁目となり、戦後は新宿区角筈三丁目として存続したが、住居表示の実施が次々と進んでいた昭和四五年（一九七〇）、一帯は大半が「西新宿」

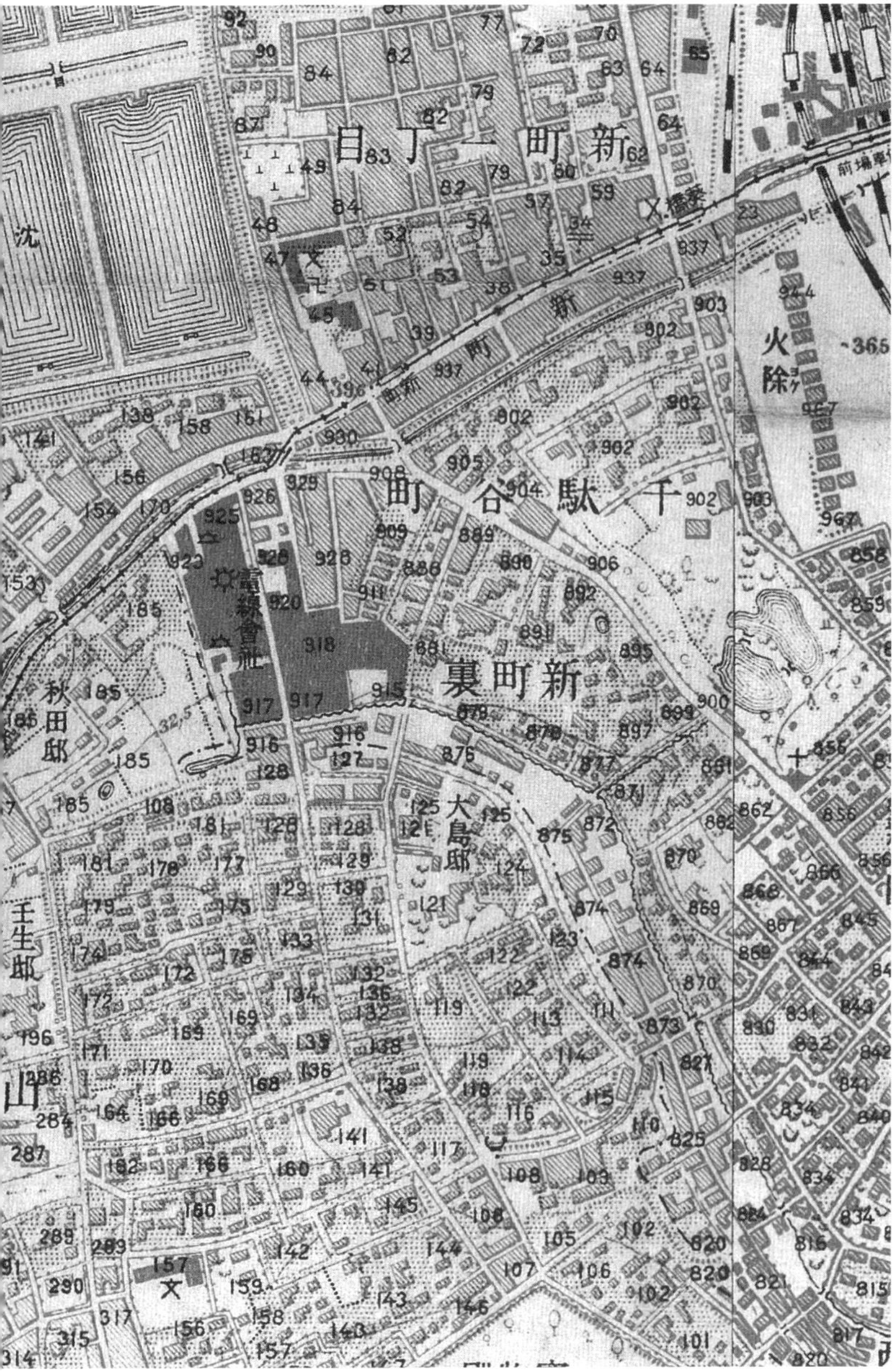
新町一丁目
千駄谷町
新町裏
電線會社
秋田邸
大島邸
壬生邸

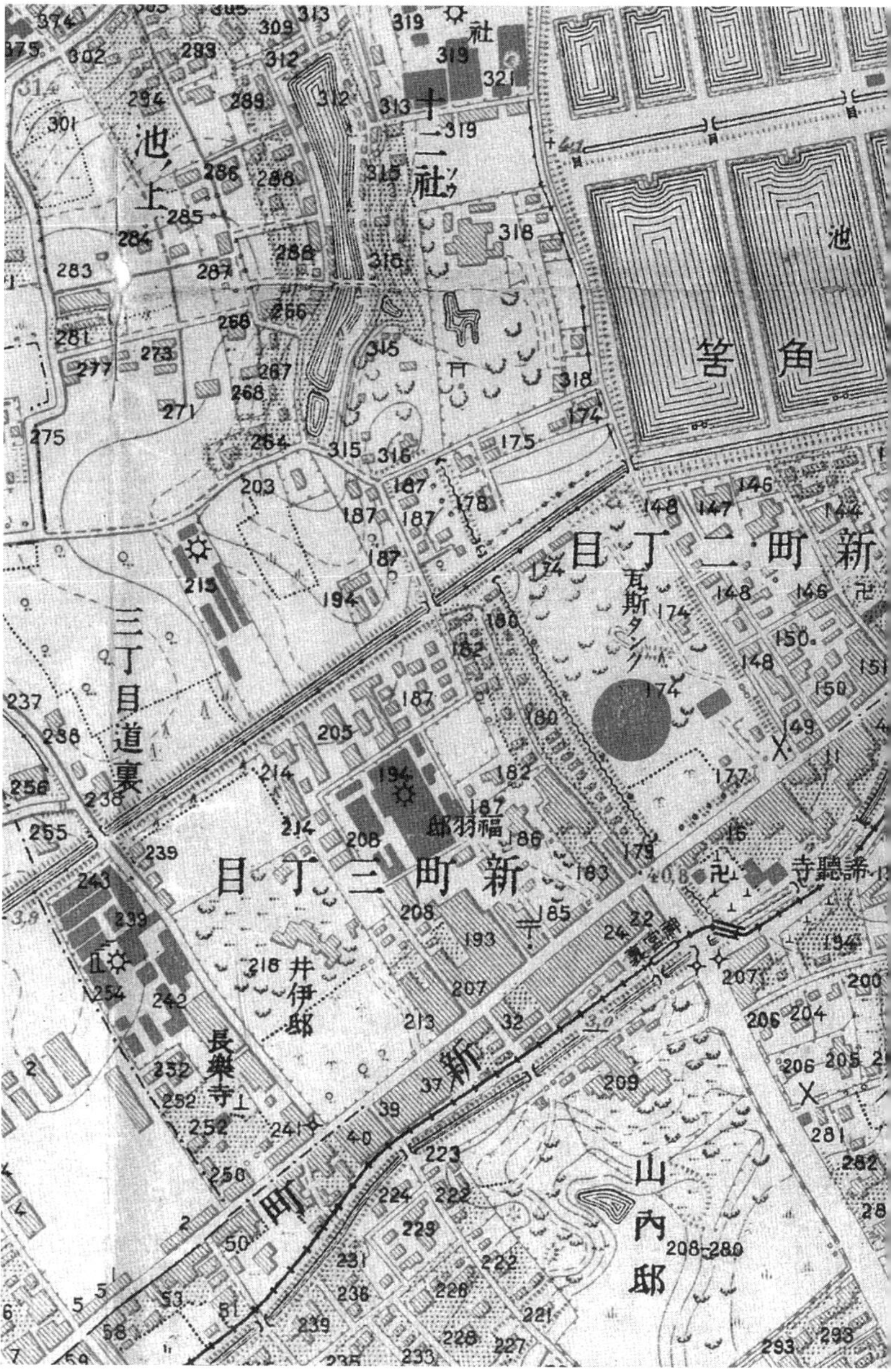

図1　1:10,000地形図「中野」大正10年修正×1.6

と改められ、少なくとも五〇〇年以上は続く歴史的地名である角筈の名はあっさりと捨てられたのである（一・二丁目の一部が残ったが昭和五三年に廃止）。それでもバス停には今も「角筈二丁目」の名は残っている。

浄水場の南西に見える大きな丸は地図注記の通り「瓦斯《ガス》タンク」。東京瓦斯のもので、明治四二年（一九〇九）測図の地形図になく、大正五年（一九一六）修正版で登場しているから、まだ完成して間もないのだろう。近年まであったが、平成六年（一九九四）からはその跡地に高層ビルの新宿パークタワーが聳《そび》えている。

その浄水場の右下に暗色（実際は赤ベタ）で描かれた大型の建物は「電線会社」。これは株式会社フジクラの前身・藤倉電線で、明治二九年（一八九六）にここへ移転してきた。同社ホームページによれば「千駄ヶ谷の九二二番地にあった製糸工場が事業不振で休業しており、蒸気機関もあり、馬力の強い水車もついていた。工場敷地九九五坪と当時としては大きすぎる規模であったが、善八（創業者の藤倉善八＝引用者注）は将来を見越して買収を決意した。これでゴム線の総ての行程を一工場内で行うことが可能となり、その製造能力は飛躍的に増加した」とある。

番地入りの地形図はこんな時に便利だ。番地は抜粋のため九二二番地は載っていないが、九二〇と九二三が同じ工場敷地内にあるから間違いないだろう。工場内には歯車をかたどった工場マークに加え、それを半分に切った水車記号も二つ見える。どこからの水かは図から読み取れないが、京王線に沿って流れる旧玉川上水から引いているのではないだろうか。水車の南側からは細い流れが描かれており、これは工場左下の湧水池からの流れと合流して南東へ向かっているが、渋谷川の支流・代々木川である。ちなみに工場跡地は現在、公務員住宅などになっている。

秋田邸とあるのは現在の文化学園大学（旧文化女子大学）および文化服装学院のある場所。京王線の電車はその目の前を通っていたが、戦前まであった天神橋停留場（駅ではない）の先は明治神宮の西参道の踏切の手前に急カーブがあった。路面電車並みの当時の電車にとっても急すぎたようで、後にだいぶ緩和されている。現在でも京王線の地下区間でキイキイと車輪が軋むカーブが続くのは、地上時代のこんな線形が影響しているのである。

神宮西参道の灯籠と春の小川

神宮裏停留場の踏切のすぐ南側には一対の灯籠記号が見えるが、これは甲州街道から分岐して明治神宮へ向かう西参道の入口に大正九年（一九二〇）一一月に建てられたものだ。現在の地図には記号もないが、首都高速道路の高架の下にしっかり現存している（排ガスで真っ黒に汚れてはいるが）。当時の甲州街道の倍はあろうかという広い参道の西側には、これまた広大な山内邸。ざっと測って五・五ヘクタールはある敷地は「ただ者」でない雰囲気が漂うが、それもそのはず、かつての土佐藩主・山内公爵家の屋敷である。昭和初期の図までは残っていたが、現在ではマンションの建ち並ぶ一画になって、当時の名残を留めてはいない。

この敷地は台地を浸食する河骨川《こうほね》の谷頭《こくとう》にあたり、池も見える。この池は山内邸だった図1では

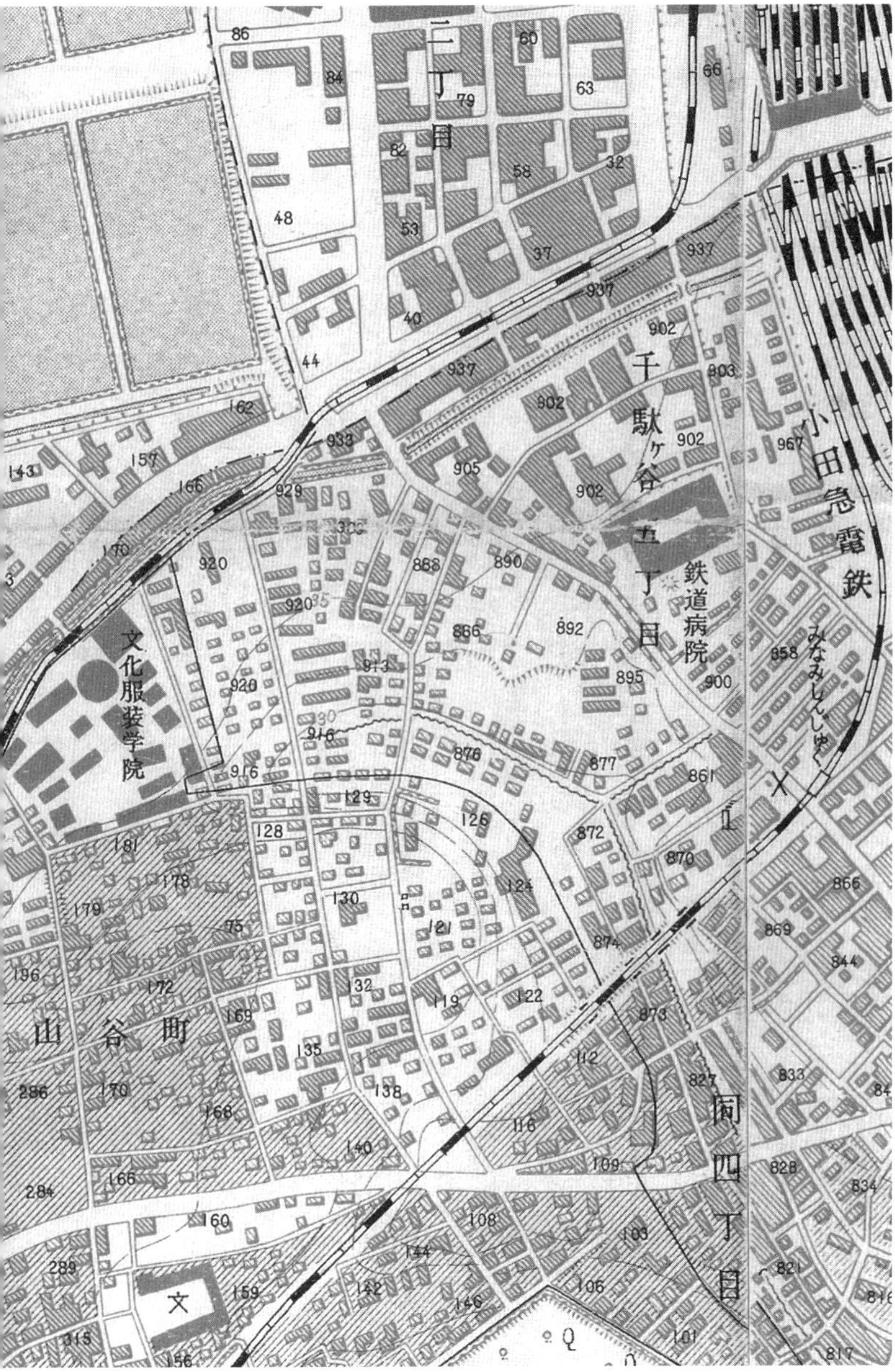

二丁目
千駄ヶ谷五丁目
鉄道病院
小田急電鉄
みなみしんじゅく
文化服装学院
山谷町
同四丁目
文

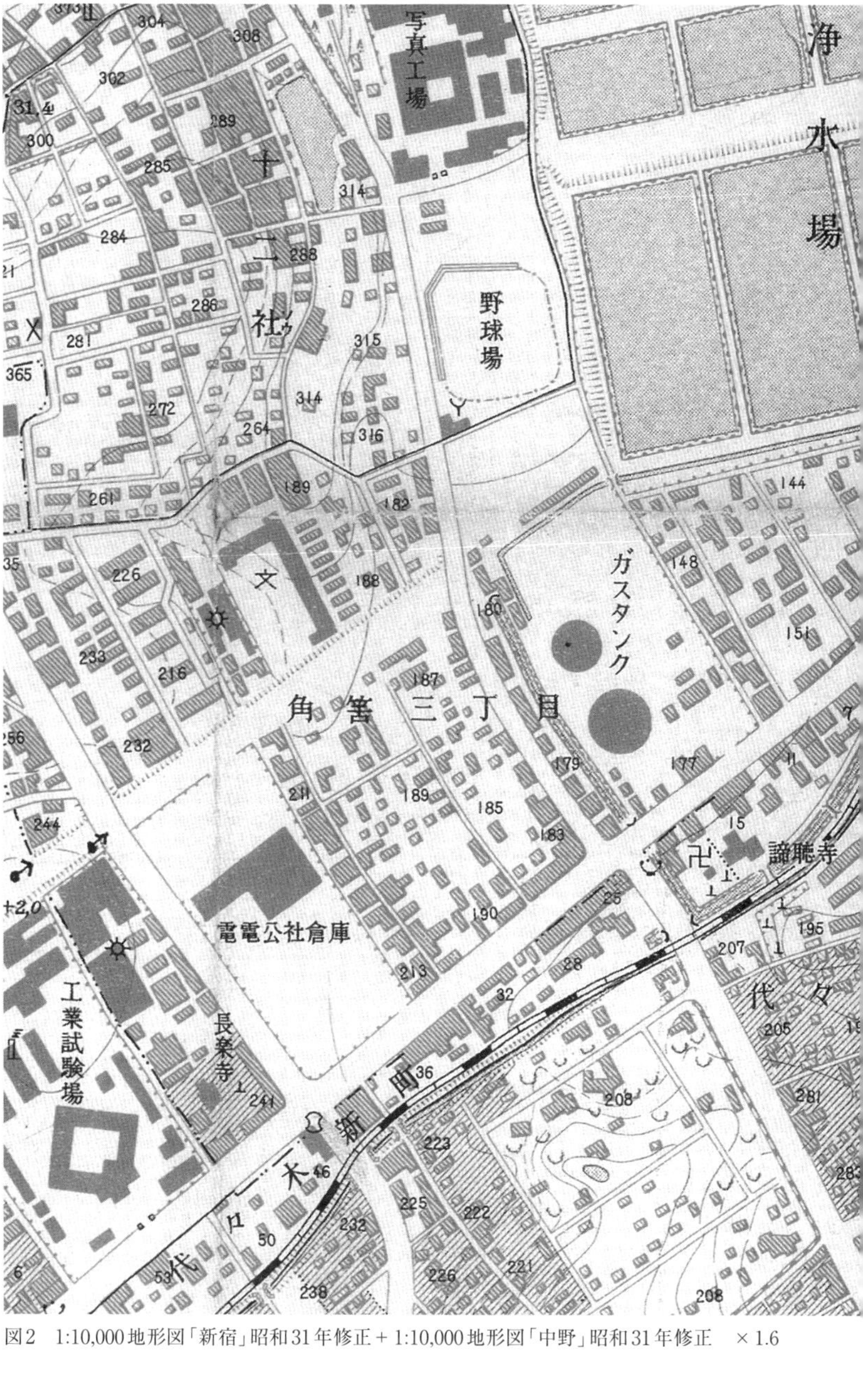

図２　1:10,000 地形図「新宿」昭和 31 年修正＋1:10,000 地形図「中野」昭和 31 年修正　×1.6

ある程度の大きさがあったが、図2になると数分の一に縮小されてしまった。これは埋め立てたためか、それとも湧水量が減少してしまったのだろうか。ちなみに河骨川は童謡「春の小川」のモデルになったとされる小川で、ここから南下して代々木八幡駅の南で宇田川に合流、渋谷駅付近で渋谷川となる。残念ながら今ではことごとく暗渠化されてしまった。

地形図に描かれた細い流れから「岸の菫《すみれ》や蓮華の花」のある風景を、今は想像するのみ。

図2は昭和三一年（一九五六）。京王線の初台までの途中駅は戦時中にすべて廃止された。新宿を出てしばらくは甲州街道の上下車線の間を専用軌道ながら「路面電車風」にゆっくり走っていた頃である。初台まで地下化されたのは昭和三八年。前ページの工業試験場は新国立劇場に、電電公社倉庫は今やＮＴＴ東日本の高層の本社になった。両者の間の長楽寺の一角はオペラシティ。長らく一帯のランドマークだったガスタンクも消えて久しい。

図3　1:10,000地形図「新宿」平成10年修正×1.2

塩田からタワーマンションへ――船橋

図1の左側に見える「三田浜楽園《みたはま》」が気になる。平面形から見て木造建築が渡り廊下を通じていくつも連なっており、南側には庭園がある（U字に見える記号は庭木を示す）。さらに敷地の右端には「梵塔」の記号（現在は使われていない）があるから、三重塔か五重塔も建っていたはずだ。

三田浜はもともと明治初頭に造成された塩田であった。「楽園」を北西端とする平行四辺形の範囲だが、このあたりは遠浅の海岸が続いて塩田の適地だったのである。

塩田といえば瀬戸内海と反射的に連想してしまうが、江戸幕府が開かれた際、戦略上重要な塩を江戸の近郷で自給できるよう、江戸湾岸でも政策的にその開発が進められた。品質こそ播州《ばんしゅう》赤穂《あこう》や讃岐《さぬき》から下ってくる塩より劣ったが、それはやむを得ない。現在の川崎市大師河原から市川市行徳《ぎょうとく》、そしてこの船橋市あたりまで塩田が続いていた。

明治に入ってからも塩田開発は拡大したが、ここ三田浜塩田もそのひとつであった。明治一三年

←図1　1:10,000地形図「船橋」昭和28年測量×0.8

船橋市
本町二丁目
同三丁目
同四丁目
本町五丁目
海神町五丁目
同四丁目
町一丁目
湊町一丁目
同二丁目
同三丁目
湊町四丁目
宮本町一丁目
同二丁目
同三丁目
宮本町二丁目
同四丁目
昭和産業工場
けいせいふなばし
魚市場
警察署
消防署
公民館
千葉銀支店
職業安定所
中央会館
三田浜楽園
電報電話局
不動院
新興館
青果市場
覚王寺
行法寺
法務局出張所
市役所
船橋郵便局
保健所
京成電鉄
船橋女子高校
西福寺
船橋大神宮
宮下館
海老川
船橋橋
船溜
袖ヶ浦
離小島

（一八八〇）に開かれ、同三八年には塩専売制度により国有化されている。船橋市役所のホームページには「ふなばし写真館」として塩田風景の写真が載っているが、どこの国か、というほど現在では馴染みのない風景だ。しかしこの塩田も昭和四年（一九二九）に廃止され、その跡地に進出したのがこの三田浜楽園である。

楽園は小動物や遊具のある当時としては典型的な遊園地で、割烹《かっぽう》旅館も北西端に設けられた。図1に見える建物群がそれだが、ここに川端康成も逗留《とうりゅう》し、小説『童謡』にはこの旅館が登場しているという。遊園地が廃止されてからも割烹・小料理屋として昔ながらの木造建築がかつての名残をとどめていたが、平成一八年（二〇〇六）にはその長い歴史を閉じ、今ではその跡地に高層のタワーマンションが聳えている。

海の家は東京からの海水浴客でいっぱい

塩田跡地には図1の段階でも家がかなり建っているが、その南端に見える「海ノ家」が何といっても時代を感じさせる。ここ船橋海岸は東京都内からも至近距離にあり、図に見えるように遠浅の干潟が沖合七〇〇〜八〇〇メートルも広がっている格好の海水浴場で、また潮干狩りの適地であった。現在では東京湾の干潟も「絶滅危惧種」のような状況になってしまったが、生き残った谷津干潟よりははるかに広い海面が、この図の範囲だけでも見て取れる。東側の海岸には「袖ガ浦（袖ヶ浦）」の文字が見えるが、この呼称はここだけではなく、千葉県の東京湾岸が広く袖ヶ浦と呼ばれていた。今では袖ケ浦市という市ができてしまったので、そこの固有名詞と勘違いされる傾向があるようだが。

さて、三田浜塩田の平行四辺形の東には「船溜」とあるが、ここが図1の昭和二八年（一九五三）当時では唯一の船を泊めておく場所だったようで、市役所の「ふなばし写真館」には翌二九年に撮影された船溜が載っている。小さな舟の上で、おそらく海苔の網ヒビを手にした人の姿が見える。写真の中で遠方に見える中央が高くなった橋は、図1に描かれている橋に違いない。

図2で現状を見ると、この船溜はまだ健在であるようだ。現在でも船橋市漁協はこの船溜に面している。しかしその南側にさらに大きな「京葉港」があり、その南側には東関東自動車道とその側道である東京湾岸自動車道とJR京葉線が並行している。その先は昭和産業やニチレイフーズなどの工場や倉庫などが建ち並ぶ。干潟を埋め立てて工業地帯、という図式は川崎・鶴見付近の京浜工業地帯で大正時代から行なわれたものと同様の典型的なものだ。

船橋ヘルスセンターのあった頃

東関東自動車道が京葉港を渡った北東側には巨大ショッピングセンターの「ららぽーと」、南側にはKen'sテニスクラブららぽーと、その南には昭和二五年（一九五〇）に第一回レースが行なわれた船橋オートレース場が続いている。「ららぽーと」の開業は昭和五六年（一九八一）だから、すでに三〇年の歳月が経ってしまったが、それ以前は船橋ヘルスセンターであった。「長生きしたけりゃチョトおいで」というテレビのコマーシャルソング（作詞作曲・三木鶏郎《とりろう》）が頻繁に流れ、お客も多かった。それでも昭和二八年の図ではまだ干潟になっている。

発端は図1の前年にあたる昭和二七年（一九五二）のことである。三井不動産の「ららぽーと誕生物語」によれば、この地でガスの採掘を行なったところ温泉が湧き出てしまったので、この湯を利用して一大レジャーセンターを建設すべく社団法人船橋ヘルスセンターを設立、一一万坪（三六・三ヘクタール）を埋め立て、昭和三〇年（一九五五）に船橋ヘルスセンターが開業した。昭和三〇年代のピーク時には年間四〇〇万人を超す入場者数を記録したが、レジャー嗜好の多様化や過大な投資がたたって業績が低迷する。そのうえ昭和四六年（一九七一）には付近で深刻になった地盤沈下を抑えるために温泉・ガスの汲み上げが禁止され、これにより昭和五二年（一九七七）に閉場を迎えた。

船橋市民だった知人にいただいた当時（おそらく昭和三〇年代前半）のパンフレットが手元にあるが、「天然温泉　大ローマ風呂と娯楽の殿堂」の大見出しに続く本文には、次のような文言が踊っている。

皆様の船橋（ヘルス）センター
「さあ一風呂浴びよう」
何んという魅力ある言葉でしょう。快い天然温泉の肌触りは、あなたの心身を癒しましょう。
熱海に往復する汽車賃ほどの費用で気楽に保養していただける、ここ「船橋（ヘルス）センター」は
東京からほんの一足の近さで碧い海、翠の芝生に恵まれた天然温泉！
広々とした大庭園

←図2　1:10,000地形図「船橋」平成6年修正×0.8

東武
市場小学校
武道センター
パーキングビル
西武
船橋駅
船橋病院
神一丁目
インマヌエル教会
京成船橋駅
青少年センター
田原屋
船橋小学校
船橋学園
本町一丁目
本町四丁目
長崎屋
勤労市民センター
宮本一丁目
宮本六丁目
商工会議所
住友銀行
千葉病院
本町二丁目
市民文化ホール
中央公民館
板倉病院
船橋郵便局
千葉興業銀行
千葉銀行
三菱銀行
船橋温泉会館
宮本公民館
西福寺
浄勝寺
不動院
海老川
船橋大神宮
船橋信用金庫本店
行法寺
覚王寺
圓蔵院
消防指令センター
中央消防署
船橋中央図書館
本町三丁目
宮本五丁目
湊町二丁目
宮本二丁目
東光寺
船橋市役所
千葉地方法務局
船橋支局
船橋合同庁舎
船橋公共
職業安定所
大神宮下駅
湊町市場
湊町一丁目
宮本ポンプ場
湊町小学校
宮本四丁目
船橋自動車学校
船橋市
湊町三丁目
宮本三丁目
海老川排水機場
海老川水門
排水機場
浜町一丁目
湊中学校
京葉港
よみうり文化センター
浜町公民館
ホテル
サンガーデン
日の出一丁目
阪和興業
そごう
ららぽーと
海老川大橋
ダイエー
昭和産業船橋工場
京葉線
若松一丁目
日刊スポーツ印刷社
東京湾岸道路調査事務所
葛南土木事務所
葛南港湾事務所
教育庁船橋地方出張所
企業庁京葉建設事務所
浜町二丁目
ニチレイ船橋食品工場
金属鉱業事業団
地質調査船基地
ららぽーとテニス場
南船橋駅
船橋配水工事事務所
ららぽーとスキードームザウス

御子様方の遊園地
そして近代的な豪華施設…娯楽の殿堂
……上品で御気楽な楽天地！
然しここは所謂歓楽境ではありません。
ここは、飽くまで大衆のための保養場であり、健全な娯楽場として造られた施設であります。
（後略）

あくまでも「健全」「ヘルス」を強調し、男たちだけではない、家族揃っての行楽を、という点を強調しているところなど、やはり時代を感じさせてしまう。

東日本大震災で液状化したところは

ところで平成二三年（二〇一一）三月一一日の地震では、ここ船橋市でも沿岸部には相当の液状化の被害があった。市のホームページによれば、同年四月二五日現在の被害状況として「海に近い潮見町や日の出、栄町、若松などでは、液状化によって道路が陥没するなどの被害を受けています」とある。

たとえば日の出一丁目にある湊中学校ではグラウンドで液状化が発生、防球ネットの支柱が民家側に傾いたり、また地盤の不等沈下により校舎の各箇所でひび割れが生じたという。しかし最短五〇〇メートルしか離れていない湊町小学校（湊町一丁目）では被害が見られなかった。

湊中学校の場所を図1で見ると「海の家」の沖にあたる干潟であったのに対して、湊町小学校はすでに陸地であった。こちらは昭和戦前期に埋め立てられたのに対して、中学校のある干潟が埋め立てられたのは昭和三五年（一九六〇）と新しい。この違いが明暗を分けたのではないだろうか。ちなみに、この埋立地に名付けられた「日の出」という町名（当初は日の出町）は、まだ習志野市側の埋め立てが行なわれる以前で東側が海に面していたため、海面に上る日の出が見えたこと、また日の出の勢いで発展する工業地帯、という意味合いも込めて命名されたという。日の出の勢いで発展はしたけれど、まだまだ「地固まる」には至っていなかったということか。

日本一の町——荏原町

「大東京市」になった平塚村

昭和七年（一九三二）一〇月一日、東京市は周辺の五郡八二町村を編入して「大東京市」となった。現在の二三特別区域は、その後昭和一一年に北多摩郡の千歳村と砧《きぬた》村が合併して完成されたものだ。明治以来の旧一五区に新規編入の八二町村を二〇の新区として加えて計三五区、人口は二〇七万人から四九八万人と二・四倍、面積は八一・二平方キロから四六九・〇平方キロと実に五・八倍に拡大した（人口は昭和五年国勢調査）。この合併には急成長を続ける首都・東京市とその周辺町村がひと連なりの巨大な市街になりつつあったこと、これに伴う諸問題を解決するためには広域行政の必要が切迫感を増してきた背景がある。

日本では産業の近代化とともにサラリーマン階層が急増し、職住の分離が目立ってきたが、特に東京では関東大震災を経てから郊外住宅地への志向が高まっていた。東京市の旧一五区を取り囲む五郡、時計回りに荏原郡、豊多摩郡、北豊島郡、南足立郡、南葛飾郡の各町村では人口が急増していたが、なかでも人口増加率が八二町村中で最大だったのが荏原郡平塚《ひらづか》村、後の荏原《えばら》町であった。この村（町）の人口増加を東京市役所が昭和七年に発行した『大東京概観』で調べてみると、第一回国勢調査が行なわれた大正九年（一九二〇）に八五二二人だった平塚村は五年後の同一四年（関東大震災の二年後）に七万二二六五人と約八・五倍になっている。この時点ではまだ「村」を名乗っていたが、おそらく全国最大の村だったのではないだろうか。現在に至るまで、おそらくこの記録は破られていないだろう。

翌一五年には町制施行して平塚町が誕生した。「二階級特進」で市になってもおかしくない人口である。その翌年の昭和二年（一九二七）には神奈川県の平塚《ひらつか》町（現平塚市）と紛らわしいため、郡名をとって荏原町に改称している。相模《さがみ》国の平塚は遠く見えるかもしれないが、町内を通るメインストリートである中原街道の終点が平塚であるから、やはり改称せざるを得なかったのだろう。

第三回国勢調査のあった昭和五年（一九三〇）には一三万二一〇八人と、一〇年前の一五・五倍という激増ぶりを示している。一〇万人を超えても市制施行しなかったのは、同七年に東京市への編入が決まっていたからではないだろうか。荏原郡全体の人口も大正九年の二五万から一〇年間で八〇万に達している。

前置きが長くなったが、次ページの図1は平塚村時代の大正五年（一九一六）である。国勢調査の同九年の四年前で、おそらく人口はまだ八千人台だろう。まさに「純農村」の趣だ。村名の平塚は図

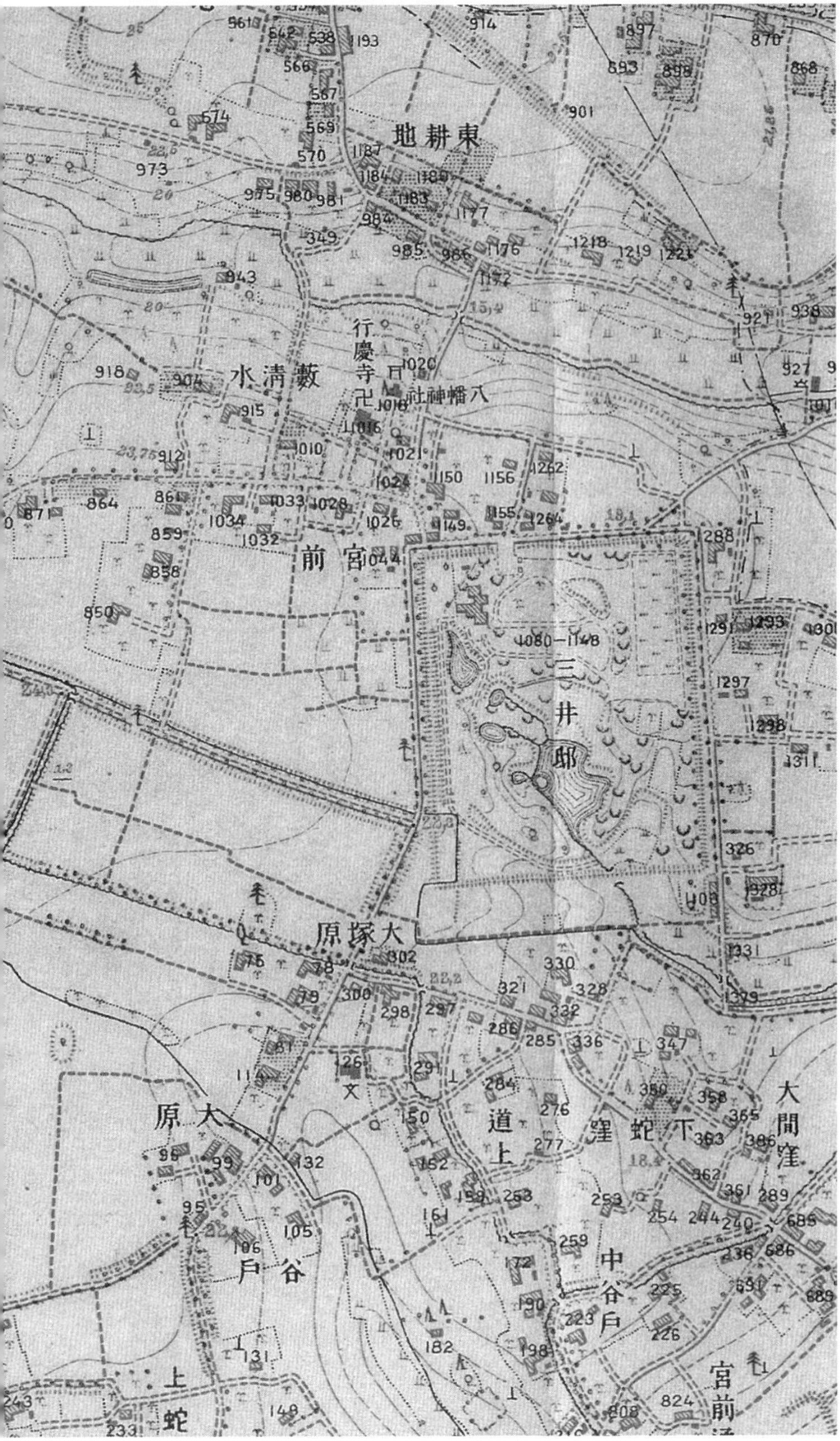

東耕地
藪清水
行慶寺
八幡神社
宮前
三井邸
大塚原
大原
上道
下蛇窪
大間窪
谷戸
中谷戸
上蛇
宮前

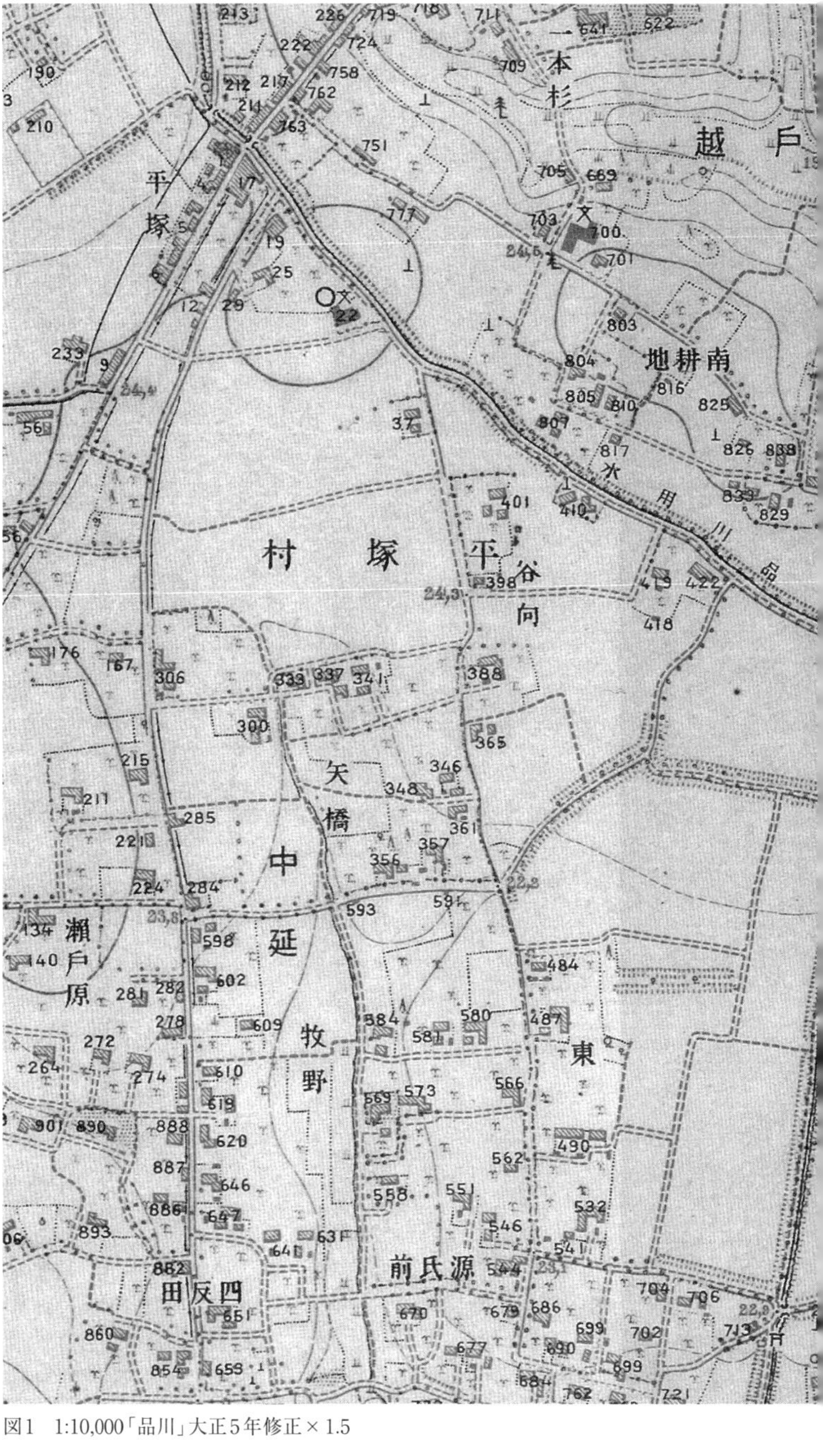

図1　1:10,000「品川」大正5年修正×1.5

の左上に見える大字荏原の字名に由来するが、ここは江戸時代から東海道のバイパスとして機能していた中原街道（図の左上）に沿った街村で、この道が品川用水を渡るのが平塚橋である。

品川用水は武蔵野村（現武蔵野市）の境で玉川上水から分水され、台地の「尾根」沿いを南東に流れてくるもので、江戸初期に開鑿《かいさく》された。その両側には小さな○印（実際には緑色）が点々と描かれているので、並木であったことがわかる。

用水の南北に広がっているのは畑だ。それほどまとまった集落はなく、農家がところどころに点在している。しばしば緑の網点が見えるのは「樹木に囲まれた居住地」であり、ぽつりぽつりと見られる「クリスマスツリー型の記号」は一本杉や一本松といった独立樹（アイスキャンディ型は広葉樹、たとえば欅《けやき》などの独立樹）。ゴシックで記された大字「戸越」の文字の左には「一本杉」という地名も見えるが、その文字の左に描かれた独立針葉樹はまさにその一本杉ではないだろうか。

右端に見える四角い土塁の内側は広大な「三井邸」で、もとは江戸初期の寛文二年（一六六二）に熊本藩主・細川越中守が抱《かか》屋敷として拝領した四万五千坪（約一四・九ヘクタール）であった。それが久松家（旧伊予松山藩・松平家）の所有を経て明治二三年（一八九〇）に三井家の所有となっている。それにしても広大な敷地であるが、現在の戸越公園の数倍に及ぶ庭園内にはいくつもの池が配され、起伏のある地形と豊富な庭木が図には描かれている。当時の三井財閥の幹部らはこの幽邃境《ゆうすいきょう》に佇みつつ、「帝国」を代表する商人としての世界戦略を廻らしていたのだろう。

人口が一五倍になるということ

図2はそれからわずか一三年後の昭和四年（一九二九）である。同五年の人口が一三万を超えているから、その前年で少なくとも一二万人台はありそうだ。前の図とは別世界のように住宅が増えているが、基本的な道路網は大正期とあまり変わっていない。これで一〇倍以上の人口を受け入れたのだから、学校教育や下水、ごみ処理などの行政の苦労は並大抵のものではなかっただろう。

このエリアの人口急増は、もちろん私鉄網の急速な発達を抜きに語ることはできない。現在の東急各線であるが、その前身である目黒蒲田電鉄がまず目黒〜丸子（現沼部）間を震災の半年前にあたる大正一二年（一九二三）三月一一日に開業、その後は昭和二年（一九二七）七月六日に同電鉄が大井町〜大岡山の支線を開業（大井町線）、同年八月二八日には蒲田から北上してきた池上電気鉄道（現東急池上線）が雪ヶ谷（現雪が谷大塚付近）から桐ヶ谷（廃止駅。第二京浜国道との交差点付近）まで延伸した。図に載っている二線は一か月の間隔をおいて相次いで開業したものである。

図の全体を比較してみると、畑や雑木林がことごとく住宅地に変わっているのがわかる。一三年間でこの激変というのは、平成の今ではまったく考えられないだろう。図の上端を東西にまっすぐ貫いているのは、図にも記されている通り「戸越銀座通」であり、ここは今なお長大かつ賑やかな商店街として存続している。大正時代は水田の広がる谷間だったところだ。宅地が広がると等高線が隠されるので、地形は見えなくなっていく。

三井邸の南西端近くに大井町線の蛇窪《へびくぼ》駅が見えるが、あたり一帯の大字は上蛇窪・下蛇窪であっ

三井邸
1080－1148
戸越農園
八幡神社
行慶寺
中谷戸
上蛇谷

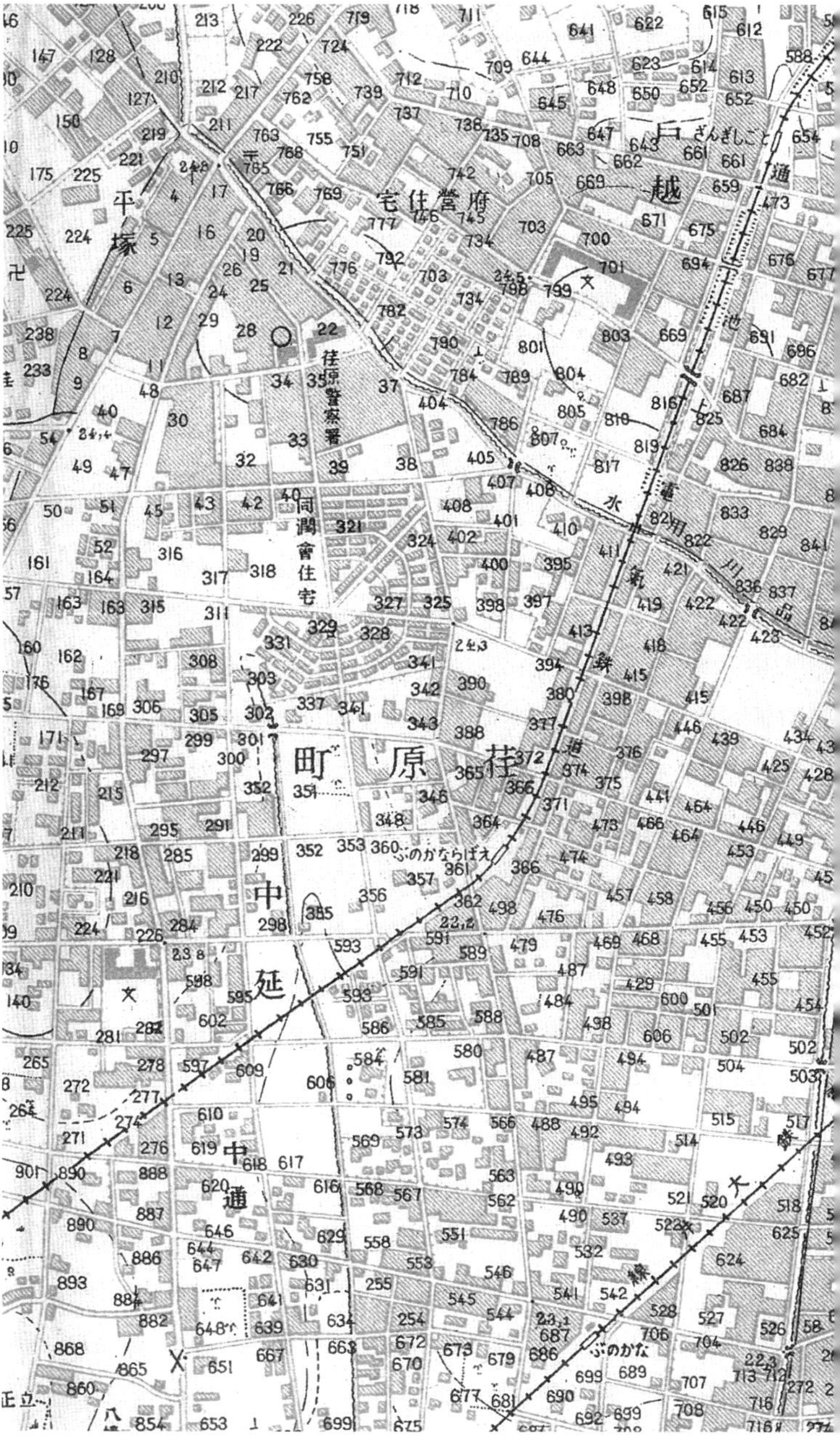

図2　1:10,000「品川」昭和4年修正×1.5

た。蛇窪は江戸時代以前からの由緒ある地名であるが、やはり新住民の間で「蛇」と「窪」の字面が嫌われたようで、その後は東京市に編入される昭和七年（一九三二）に上神明町・下神明町に変えられている。荏原町会議員が町名改正を求めて提出した建議書にも、「蛇窪が由緒ある地名であることは承知しているが、現在では一帯の都市化が進み、また蛇を忌み嫌う国民性も考えてぜひ改称を」という内容が盛り込まれている。

神明とは旧下神明町（現二葉一丁目）にある天祖神社にちなむ名称だが、上神明町・下神明町の二つの町名は、誕生して一〇年も経たない昭和一六年（一九四一）には早くも豊町と二葉の二つの町名に分割され、消滅してしまった。下神明の名は今では大井町線の駅名（東の欄外）に残る程度である。大井町線の蛇窪駅も昭和一一年（一九三六）に戸越公園と改称されて今に至っている。

池上電気鉄道（現東急池上線）の荏原中延駅の北西側には、部分的な環状道路が特徴的な「同潤会住宅」が見えるが（荏原町役場の南側）、同潤会とは関東大震災時に国内外から寄せられた義捐《えん》金を元に設立された財団法人（会長は内務大臣）で、家を失った多くの市民のために数多くの住宅建設が東京市内各所で行なわれた。この荏原普通住宅地もそのひとつで、現在では一部が荏原文化センターなどに変わっているが、今もその一画がわずかに往時の名残を留めている。

昭和七年（一九三二）に荏原町は東京市に編入されて単独で荏原区となる。どのような組み合わせで新二〇区（旧一五区と併せて三五区）を構成するかは全市的にいろいろな議論があったが、馬込町と荏原町で一区という有力案を退け、最終的には荏原町単独での区制施行となった。他の区で単独区制の例はないが、やはり一町だけで一三万人を超える人口が決め手となったのだろう。

用水は道路に、線路は地下へ……

図3は最新の地形図であるが、最も変わったのは幹線道路である。住宅地のまん中を南北に国道一号（第二京浜国道）が開通し、品川用水も昭和二五年（一九五〇）〜三〇年にかけて埋められ、都道四二〇号に姿を変えた。用水に架かっていた平塚橋もなくなり、今では交差点名に残るのみである。第二京浜の地下には昭和四三年（一九六八）に都営地下鉄一号線（現浅草線）が開業、戸越銀座通りに面して戸越駅が設けられた。また、第二京浜との平面交差があった大井町線の中延駅付近は高架化が行なわれ、また池上線は逆に地下化が進んでいる。池上線もかつては頻繁に踏切を過ぎる都会のローカル線といった雰囲気だったが、今では掘割り区間と地下区間が多く、荏原中延駅も平成元年（一九八九）に地下化されている。

なお荏原中延の駅名について、ウィキペディアでは「荏原地区と中延地区のほぼ中間に所在することに由来する」とあるが、これは現在の地図のみを見て推察したと思われる誤りで、荏原は当時の自治体名（荏原町）、中延はその中にある大字名である。開業時には目黒蒲田電鉄の中延駅がすでに存在したため、昭和二年八月に開業する池上電気鉄道の新駅名は、これと区別するために町名（前月に平塚町から改称したばかり）を冠したと考えるのが自然だろう。ちなみに現在の荏原（区内の町名）に相当する地域は当時は大字戸越の一部であった。荏原という地名はもともと古代以来の郡名であり、東京市に編入された時点でも現在の世田谷、目黒、品川、大田の各区にまたがっていた。荏原町はたまた町名↓区名に採用されたため、郡が消滅した後は現品川区の西部に限定されて存続している。

現在の戸越公園はかつての三井邸と比べると何分の一かに縮小され、邸跡にできた戸越小学校や大崎高校などの施設の「余り」といった風情で池の周りに限定されているが、それでもこの地域では緑の豊富な公園として近隣住民にとっては大切な存在になっている。昭和二五年（一九五〇）からは管理が都から品川区に移管された。なお荏原区は戦後の昭和二二年（一九四七）に東京都の行政区を二二区に再編成した際、旧品川区とともに品川区になって現在に至っている。

中原街道も見違えるようになった。広い四車線を夥しい数の自動車が途切れずひっきりなしに通っている。図1の時代をふたたび思い浮かべてみよう。なだらかな起伏の広がる畑の中を自然にカーブしながら続いていく道。一本杉やそこここに点在する雑木林、はるか向こうに聳える富士山を望みつつ、丸子の渡しへ向かった時代は、もうはるか遠くなってしまった。

図3　1:10,000「品川」平成11年修正×1.03

日本初の水力発電所と電車——京都・蹴上

四八ページの図1はなかなか珍しい。大正四年（一九一五）に大正天皇が即位した「御大典」を記念して、その一か月前にあたる一〇月一〇日に発行された。図式としては同時期の一万分の一地形図とほぼ共通しているが、随所に新たな試みがなされた意欲的な図でもある。

全体に美しい色遣いが印象的で、まずは電車が会社別に色分けされている。この部分に載っているのは三社だけだが、日本初の電車である京都電気鉄道が黒、大正元年（一九一二）から二年にかけてこの地域で開通した京都市電が濃緑、やはり大正元年に開業してまだ三年の京津《けいしん》電気軌道（三条大橋〜大津・札ノ辻）が赤で表現されている。

地形表現も凝っていて、等高線とともにケバ（細線）が併用されている。京都という地域特性から観光客の利用を想定してか、等高線に慣れていない「一般読者」に地形を一目瞭然に伝える試みであろう。また森林部分に緑色を敷くことにより、さらに視覚的にわかりやすいものとなっている。これだけ「美しさ」を強調しておいてモノクロの図版をお見せするのは申し訳ないが、想像で補っていただきたい。

一石四鳥？を目指した琵琶湖疏水

右下に見える水路のトンネルは琵琶湖疏水《そすい》である。琵琶湖の水面は、実は京都市街よりはるかに高い位置にある。京都駅の標高が二八メートル、四条河原町でようやく標高三七メートル程度であるのに対して、琵琶湖の水面は八五メートル。要するに、あの巨大な京都駅ビルの屋上の高さに満々と水が湛えられていると考えればわかりやすい。

その標高差を支えているのが、大津と京都を隔てる比叡《ひえい》山や東山などの山並みである。これをトンネルで貫いて琵琶の水を自然流下で導き、京都府側の上水や農業用水に使い、また各所で粉挽きなどに用いる水車の動力源として使い、さらに大津〜京都間には疏水上に船も運航させた。またその落差を利用して水力発電も行ない、後にはその電力で日本初の電車を走らせた。実に一石二鳥どころか三鳥、四鳥もの活躍を見せたのがこの琵琶湖疏水である。起工は明治一八年（一八八五）、完成は同二三年であった。さらに発電量増強と上水道確保のため、早くも明治四五年（一九一二）には第二疏水を開通させている。

京都は長らく天皇の居所であり、幕府がたとえ江戸にあっても「都城」であり続けていたのだが、明治維新でそれが崩れたことによる京都人たちの焦燥は察して余りある。そこで京都の命運を賭して

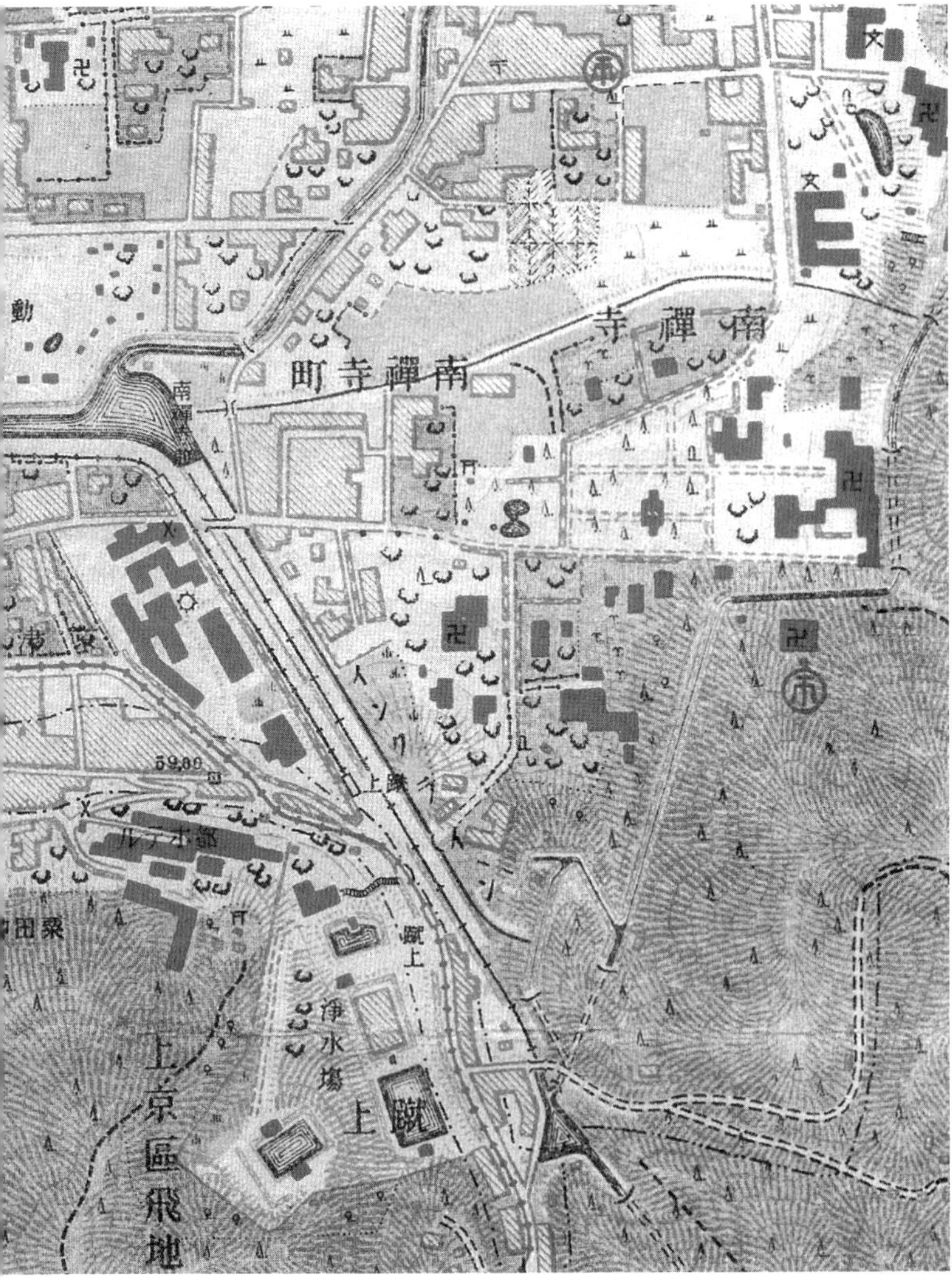
南禪寺町
南禪寺
都ホテル
インクライン
蹴上
浄水場
上京區飛地
59.80

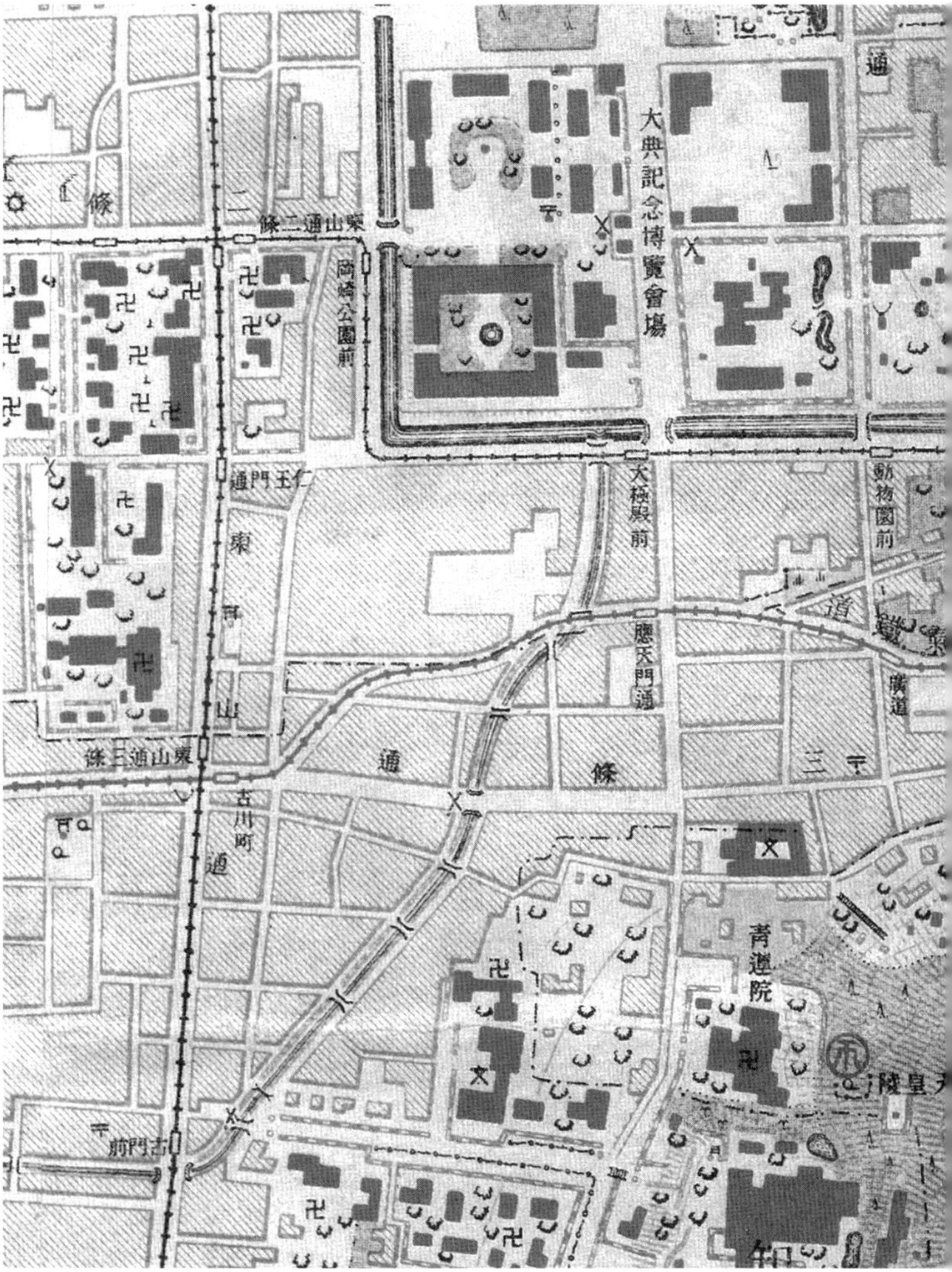

図1　1:10,000「京都近傍図・東北部」陸地測量部　大正4年発行×1.25

巨費を投じ、建設したのがこの琵琶湖疏水であった。いくつかのトンネルの出入口は煉瓦積みの立派なもので、それぞれ伊藤博文、山県有朋、三条実美《さねとみ》など錚々たる顔ぶれの揮毫《きごう》による扁額が掲げられているあたり、国家的なプロジェクトの意気込みを感じさせる。工事費は一二五万円という、当時としてはおそろしく高額となったが、これを第三代京都府知事・北垣国道は京都の未来のために断行した。

もちろん土木工事だけではなく、京都人はこの時期にとりわけ教育に最大限の努力と出費を惜しまなかったことを特筆しなければならない。それも町衆たちが自発的に小学校を作った。中央政府が学制を発布する数年前のことである。しかも町衆は各自の拠出金で金融業を営み、その利益を学用品や校舎の建築に当てるという、したたかで見事な事業であった。

日本初の水力発電所が走らせた電車

疏水の船が落差を通るための仕掛けが、有名な「インクライン」である。英語ではただ単に「傾斜」を意味する単語だが、ここではちょうどケーブルカーのように上下する幅広の台車に船を載せ、蹴上《けあげ》と岡崎の間を一〇～一五分で往復した。図上にもインクラインの上下にはそれぞれ船溜が見える。西側に見える建物群に工場の記号が見えるあたりが蹴上の発電所だ（なぜ発電所記号でないのか不明）。

これが明治二四年（一八九一）に完成した日本初の営業用水力発電所である。世界初の水力発電が実用化されたのがわずか三年前であるから、驚くほど迅速な対応ではないだろうか。疏水の水の一部はここで一気に鉄管を落とされ、タービンを回して得られる電力を利用、日本で初めて走ったのが京都電気鉄道である。開業は明治二八年（一八九五）、最初は京都駅前から伏見の京橋（油掛町）までの区間で、市内電車というよりは都市間連絡電車であった。

しかし馬が牽《ひ》くわけでもなく、また機関車もないのに車が動く珍しい交通機関の登場は、やはり京都市民にとっても戸惑いがあったようで、当初は接触事故が頻発したという。そこで混雑区間に差しかかると同乗の少年（告知人）が旗を持って降り、「危のおっせ、電車来まっせ、のいとくれやっしゃ」と電車の前を走ったという話はよく知られている。当初の電車は水力に頼りきっていたため、毎月一日と一五日には水路の藻を取り除くために発電所が停止、電車も運休となった。なかなか牧歌的なエピソードである。

岡崎の船溜の隣に「動物園」と見えるのは今に続く京都市動物園で、明治三六年（一九〇三）に開園、日本では上野に次いで二番目に長い歴史を持つ。その西側の区画「大典記念博覧会場」では、この図が発行される少し前の一〇月一日から一二月一九日までその博覧会が開催された。京都の生産品の展示と文部省主催の美術展覧会であったが、ここでは電車が開業した明治二八年（一八九五）にも第四回内国勧業博覧会が開催されている。それ以前は水田と蕪《かぶら》畑が広がっていた所だという。

この年、琵琶湖疏水の通船が廃止

次ページは図1から三六年後、戦後の昭和二六年（一九五一）修正の一万分の一である。古書店で

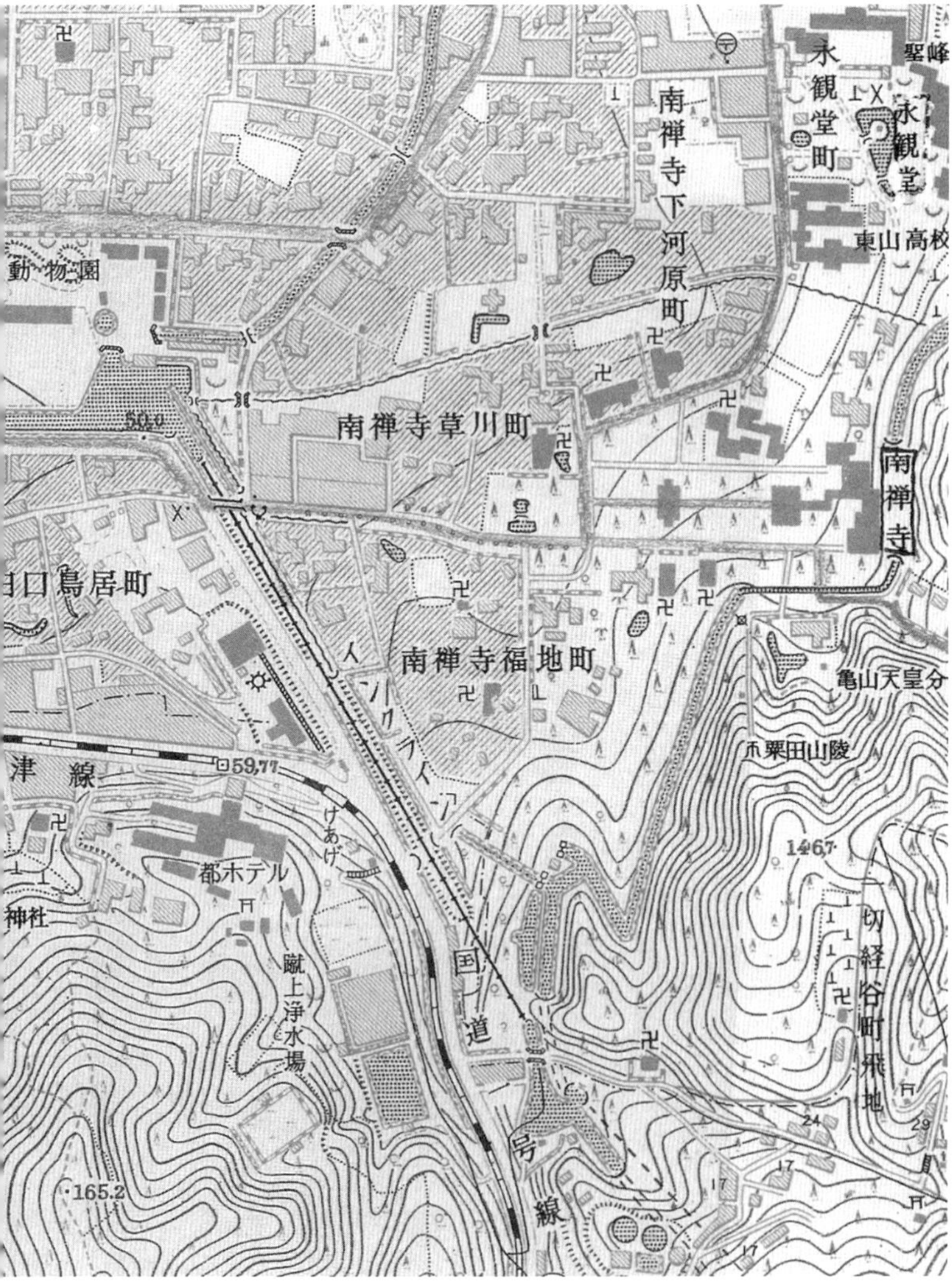

永観堂町
聖峰
永観堂
南禅寺下河原町
東山高校
動物園
50.0
南禅寺草川町
南禅寺
口鳥居町
南禅寺福地町
亀山天皇分
粟田山陵
津線
59.77
インクライン
けあげ
都ホテル
神社
蹴上浄水場
国道
号線
146.7
一切経谷町飛地
165.2

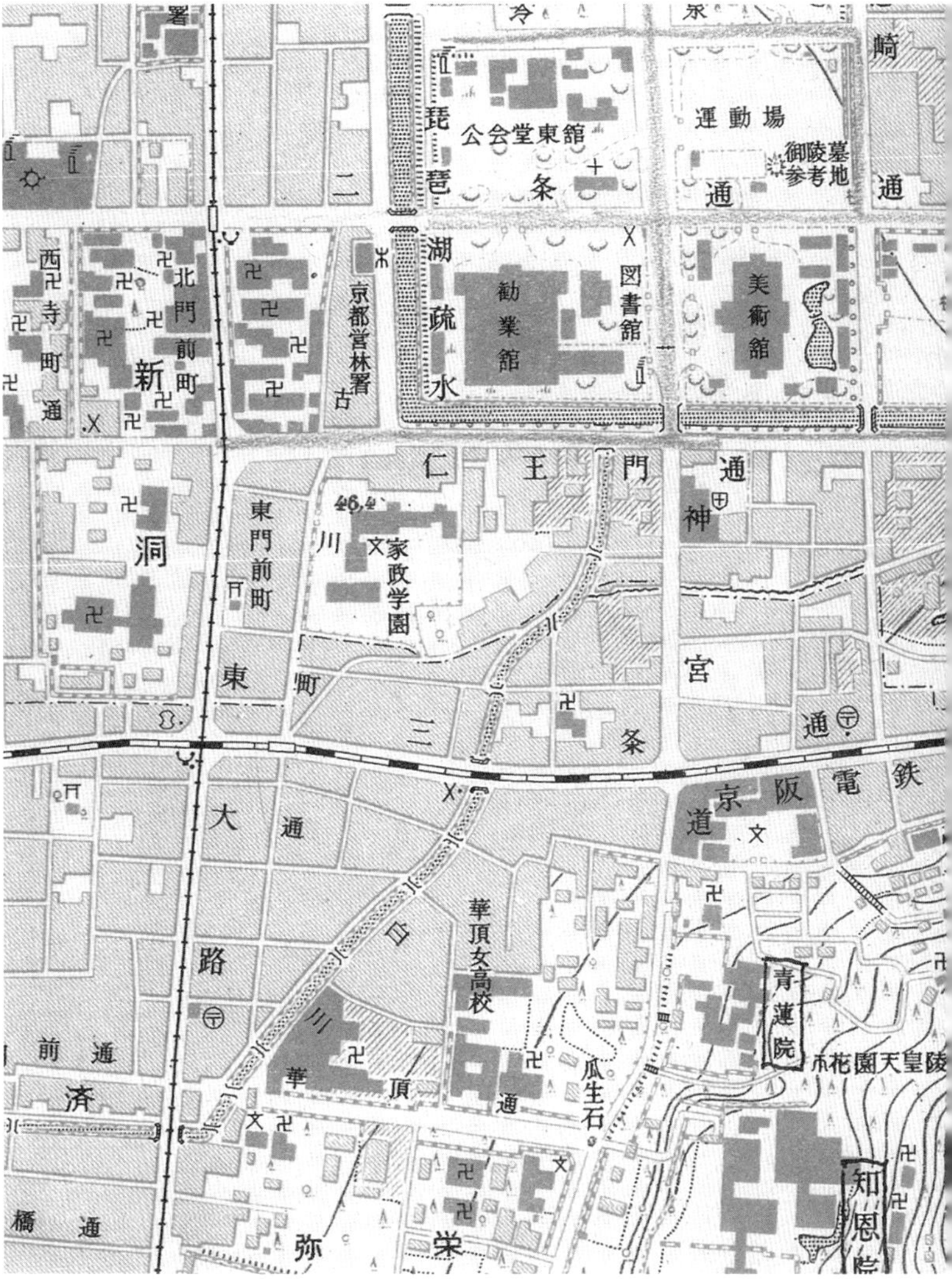

図2　1:10,000地形図「大文字山」昭和26年修正×1.25

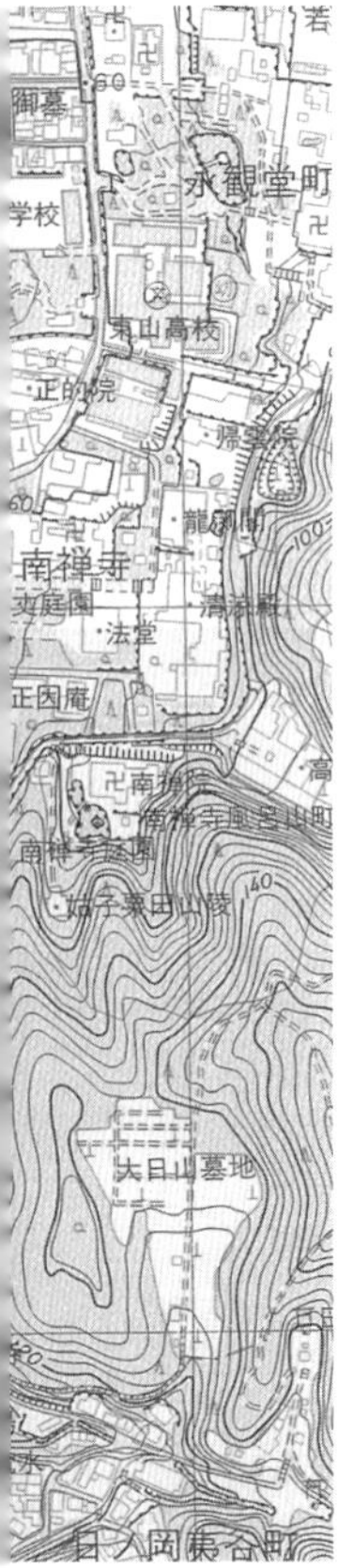

購入したものなので、ボールペンや赤鉛筆で書き込みがあるのはご容赦いただきたい。インクラインや疏水の通る南禅寺あたりはあまり変わっていないように見えるが、実はこの年の九月、インクラインは長い歴史を閉じている。最後に通ったのは砂利を運ぶ船だったという。前の図に現われたばかりだった京津電気軌道（現京阪京津線）が疏水のルートにほぼ並行して開業したのが大いに影響したようで、徐々に衰退してしまった。現在でももちろんインクラインはレールや枕木などを含めて国の「近代化遺産」に指定され、傍らに滑車なども置かれているが、線路の両側は桜並木になっていて、今では花見の名所でもある。その存在を脅かした京阪京津線（図2では大津線）は図1と図2ではルートが異なる。昭和六年（一九三一）に現在の広い道路上（つまり現在の国道一号）に移設されもので、旧線は細い道路になった。この時に広道、応天門通の二つの停留場は廃止されている。市電との交差はもちろん道路上の平面交差で、図1の当時は京津電気軌道が古川町、市電が東山通三条と名前が異なったが、図2ではどちらも東山三条に統一されている（記載はなし）。また、動物園の南側を通っていた市電蹴上線は京津線と並行していたためか昭和二〇年に休止、そのまま復活することなく廃止された。

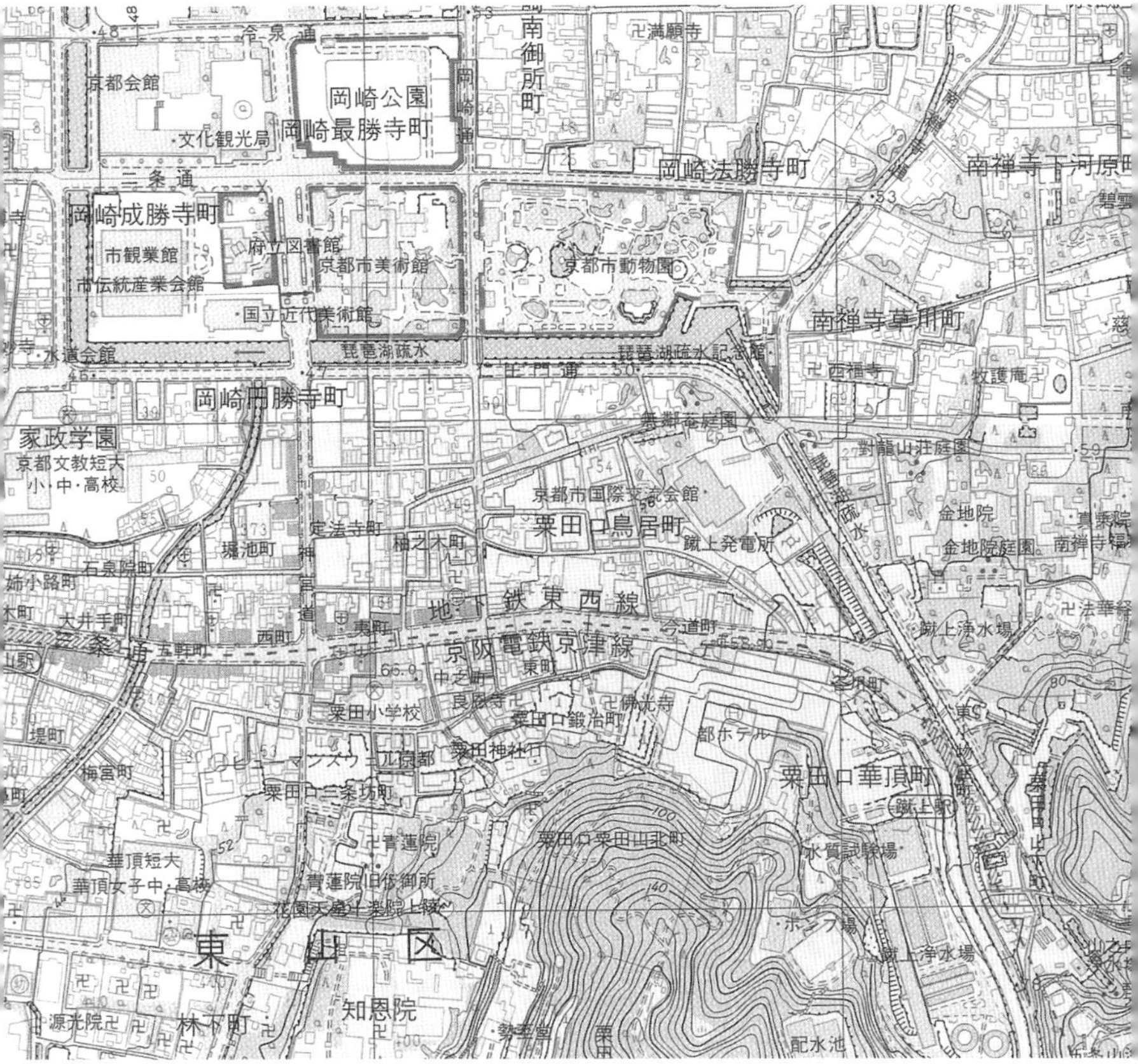

図3　1:10,000地形図「京都御所」平成8年修正×1.03

市電は全廃、京津線は地下鉄に

京都市電が昭和五三年（一九七八）に全廃されてから三〇年以上経過しているが、その後は貴重な路面電車区間であった京阪京津線も、遅ればせながら平成九年（一九九七）に地下に潜り、市営地下鉄東西線の一部として生まれ変わっている。この電車が路面を走っていた頃は最急勾配が旧国鉄日本一の急勾配・碓氷峠と同じ六六・七パーミル（一〇〇〇メートルで六六・七メートルの高低差）であった。なお、図3には地下鉄東西線と京阪電鉄京津線が一緒に記されているが、京阪京津線は御陵《みささぎ》駅から東側だけなので、直通しているとはいえ誤りだ。インクラインは現役を終えて史跡となっているので、図1・2にあった「線路」の表記はなくなり、白く細長い隙間がまっすぐ続くのみである。

変貌を続けている日本全国の政令指定都市にあって、京都のこのあたりは激変を免れている。もちろん明治の昔からここで市街を見下ろしている都ホテルからの眺めは、瓦屋根がだいぶマンションに入れ替わったかもしれないが、発電所は今も赤煉瓦でがんばっているし、動物園には相変わらず子供の歓声が響いている。浄水場は図1の頃と同じように毎日水をきれいにしているし、南禅寺は疏水を通すローマ水道橋のような「水路閣」ともども昔のままだ。京津線の電車は地下に潜ったが、相変わらずこの魅力的な観光ポイントを見るために世界中から多くの人が訪れる風景は変わっていない。

塩田と養魚場は京浜工業地帯へ――川崎

干潟の岬に建てられた徳本上人碑

五九ページ図1は広々とした干潟が沖合まで続く海岸。岬のような地形の突端には「徳本《とくごう》上人碑」。その少し東側にある◯印に三脚を取り付けたような記号は澪標《みおつくし》を意味する。昔ながらの航路標識で、大阪市の市章はこれを図案化したものだ。その内側には魚介養殖場がある。内陸には田んぼが広がり、そのまん中に新しく開かれた道の上を路面電車がまっすぐ走っていて、池上新田という停留場が橋のたもとにある。斜線で囲まれた家屋は「樹木に囲まれた居住地」の記号なので、おそらく木立の目立つ農家だろう。

昭和三年（一九二八）の修正というから、今からすでに八四年前であるが、現在の川崎市川崎区の臨海部である。お隣の鶴見では大正時代から海岸の埋め立てが行なわれ、アサノセメント（図の左下

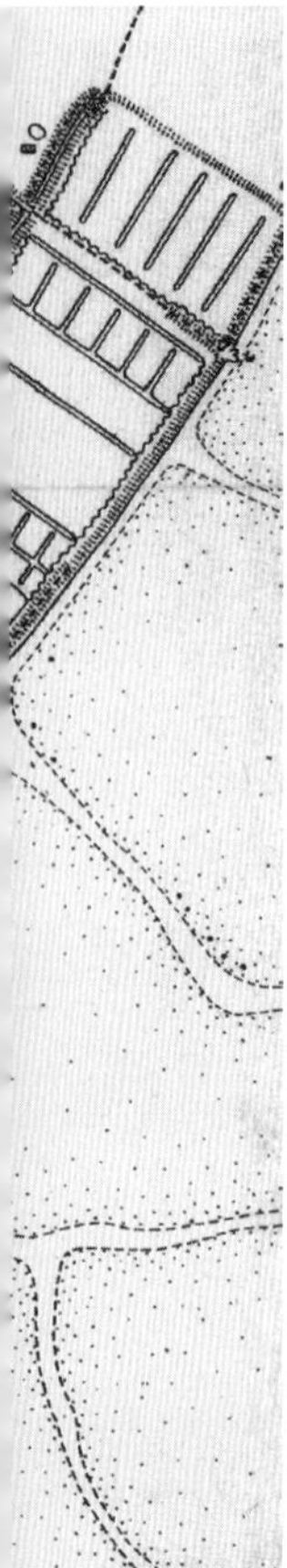

の欄外）で知られる浅野総一郎らが中心となって計画的に工業地帯が形成されつつあったが、川崎側は東京に近いにもかかわらず、工場の進出はまだまだ。行政区画としては川崎市内になっているが、市制施行された大正一三年（一九二四）以前、つまりこの図が修正される四年前までは神奈川県橘樹《たちばな》郡大師町（同一二年までは大師河原村）と称した。図の範囲の少し北側、多摩川沿いの地域には「果樹園」の記号が目立つのだが、これは梨畑で、一時期は梨の代名詞であった「長十郎」の名は、この大師河原村で品種開発をした當麻辰次郎の屋号である。

図を斜めに横切る路面電車、海岸電気軌道は、関東で最初に営業を始めた電車として知られる大師電気鉄道（明治三三年開業、現京浜急行）の大師駅（現川崎大師駅）から東進、やがて南に折れて文字通り海岸沿いに南西へ進み、鶴見沿岸部の京浜工業地帯を抜けて曹洞宗大本山の総持寺駅までを結んでいた。平間寺（川崎大師）と総持寺という二つの大きな寺院を結んで観光客を誘致し、併せて発展著しい京浜工業地帯の発展に期待するところが大きい路線であった。

さて、先に挙げた「徳本上人碑」は川崎大師に関係が深い。そのご本尊たる弘法大師像を漁師が海中から拾い上げた場所がこの付近だそうで、このあたりに念仏講を広めた徳本上人を記念して文化一三年（一八一六）に建立された。現在ではこの海沿いの地域は塩浜一丁目〜四丁目となっているが、その地名の通り江戸初期の寛文九年（一六六九）〜一一年に開かれた塩田があった。

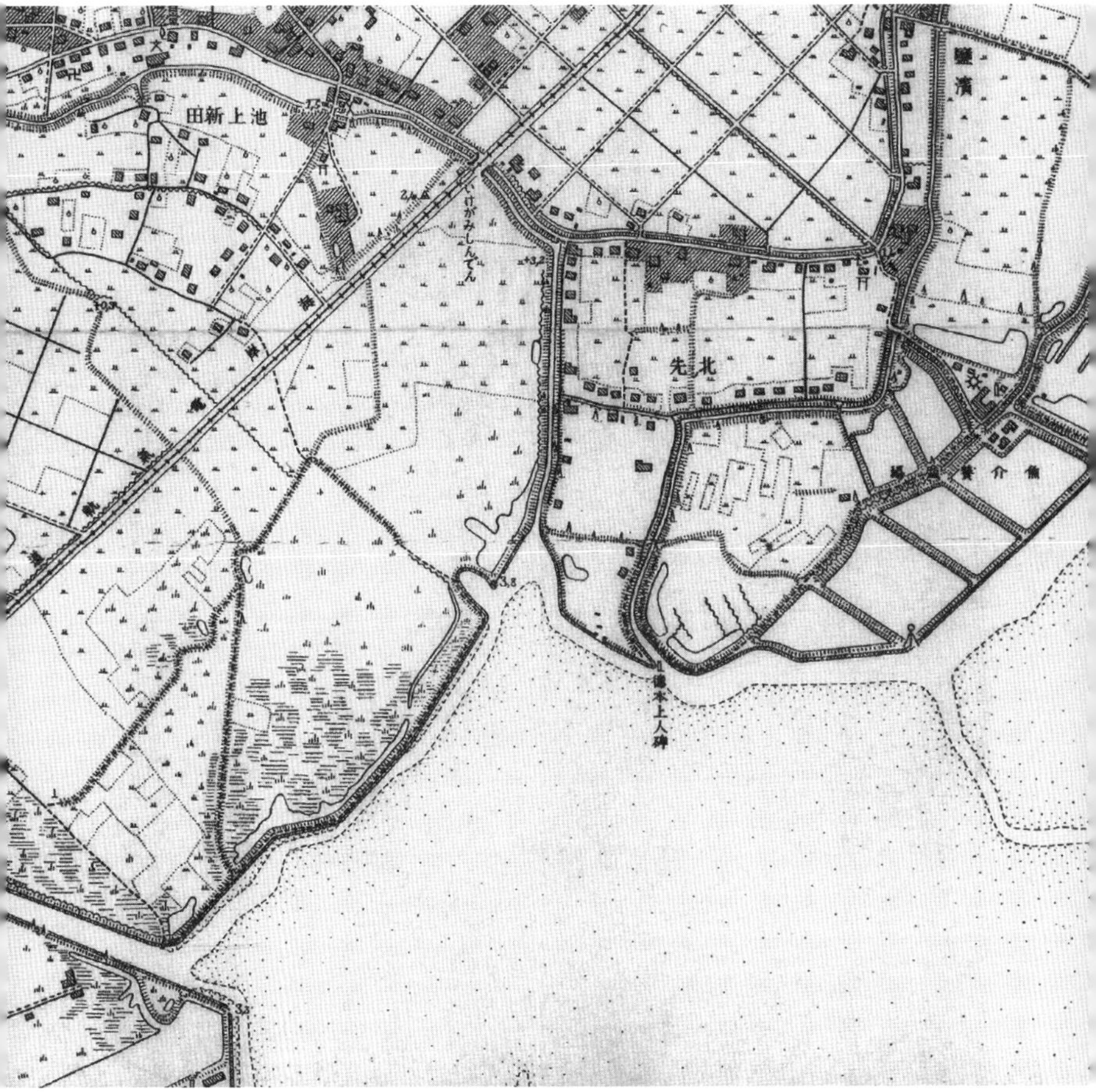

図1　1:10,000「川崎」陸地測量部　昭和3年修正×0.86

この地域の塩田は、徳川幕府が製塩地を江戸近郊で確保するため塩田開発を奨励した結果で、江戸湾の遠浅の海岸は適地だった。行徳と並ぶ有力塩田がこの塩浜だったのである。しかし図ではすでに塩田の記号が用いられていないので、おそらくすでに放棄されていたのではないだろうか。水路がいくつも切られている魚介養殖場の北側がその跡地だろう。ちなみに「徳本上人碑」の立っていた岬は埋め立てられ、碑は近くの入江崎児童公園に移転されて健在だ。

図2は図1からちょうど二〇年後、終戦からまだ三年の昭和二三年（一九四八）修正である。図にはまだ養魚場はありそうだが（注記はない）、その北東側に「特殊製鋼川崎工場」（現大同特殊鋼）の大きな工場、その南東側の埋立地には三共造船所が見える。この造船会社は根本造船所のホームページによれば第二次世界大戦中に企業合同で設立されたもので、根本造船所は江戸末期の慶応年間から大師河原村の塩浜で多摩川の砂利などを運搬する船、海苔や貝の採集船を建造してきた。戦後は三共造船所が解散され、昭和三四年（一九五九）に有限会社根本造船所が設立されている。現在は小型油槽船、鋼船バージ（はしけ）などの修繕に携わっているというが、農漁村から工業都市へ塩浜が激変していくなかで、船が運ぶ物も海苔や貝から石油などに変化していったのである。

造船所のある土地の埋立ては昭和一一年（一九三七）に県営で行なわれたが、夜光《やこう》という地名は明治二七年（一八九四）にできた夜光新田に基づくらしい。町名としては昭和四二年（一九六七）から

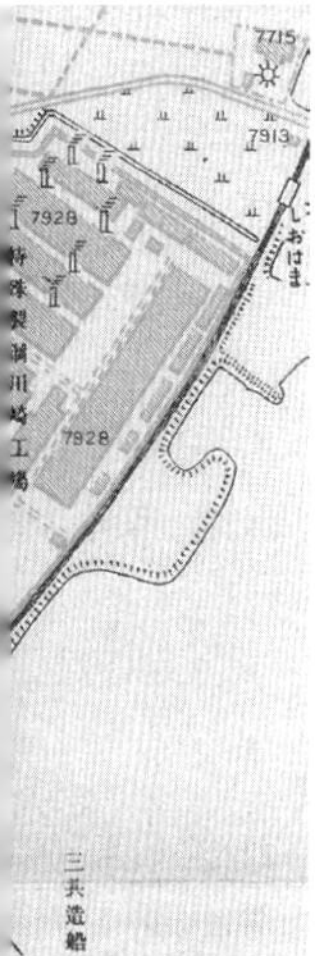

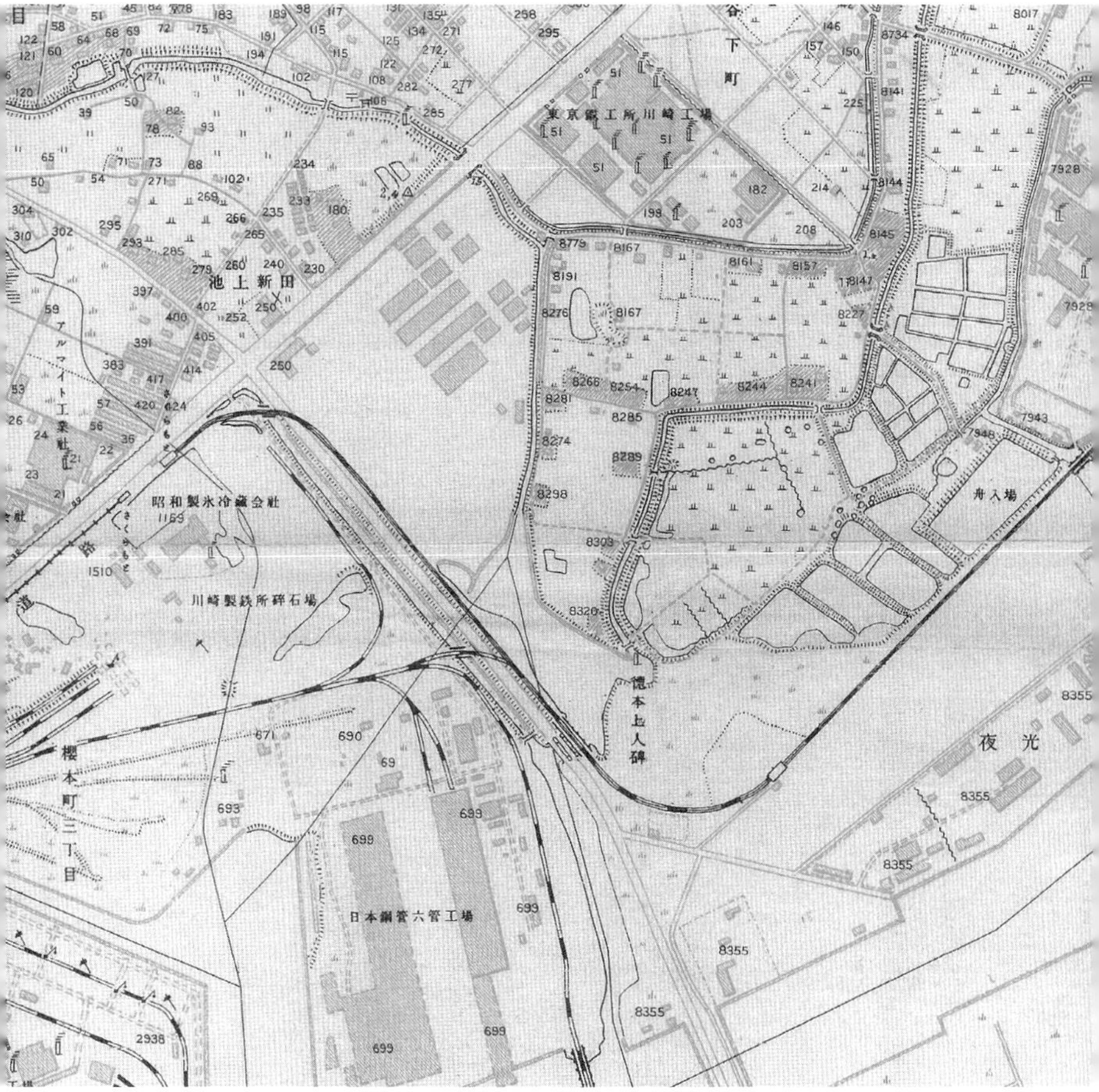

図2　1:10,000「川崎」地理調査所　昭和23年修正×0.86

の正式名称で、図の当時は川崎市大字大師河原字夜光と称した。

海岸電気軌道が戦前の昭和一二年（一九三七）に廃止され（廃止時は鶴見臨港鉄道軌道線）、その代わり終戦直後に全通した川崎市電の線路が桜本まで伸びており（図の左端）、そこからハタザオ線で描かれた京浜急行大師線（昭和二三年まで東急）が接続していた。当初は京浜川崎からここまで直通運転していたが、昭和二六年（一九五一）からは市電が桜本から塩浜まで乗り入れるようになり、翌二七年一月には塩浜〜桜本間が川崎市（市電）に譲渡され、川崎市電の路線になった。

以前は水田だった内陸部にもいくつか大工場が進出している。図1で池上新田停留場から橋を渡った先の水田、四谷下町には東京鍛工場川崎工場ができ、そのずっと北側の塩浜町にはプレス工業会社もできた（範囲外）。このうち後者はプレス工業株式会社として同じ場所に存続しており、同社ホームページの「沿革」によれば、創業は大正一四年（一九二五）で、当初は鉄道車両部品、建築材料類のプレス加工を行なっていたという。品川区から川崎市へ移転してきたのは昭和一二年（一九三七）、現在では自動車のシャシーフレームやサスペンションなどの部品を製造している。図には塩浜町の一という地番が表示されているが、現在でも同社の所在地（本社・川崎工場）は塩浜一－一－一だ。

もうひとつの東京鍛工所の方は平成二年（一九九〇）にTDF株式会社に社名変更している。同社のホームページによれば「わが国、民間における型鍛造の創始者」として大正七年（一九一八）に大崎町（現品川区）に創立された。川崎工場ができたのはプレス工業の進出翌年にあたる昭和一三年（一九三八）。その後は昭和五〇年に宮城工場に集約され、同五八年には跡地に県立大師高校が開校した。図2の昭和二三年時点では、まだこれら工場の周辺には住宅と水田が混在する状態だ。

図3　1:10,000「川崎」国土地理院　平成7年修正×0.72

市電の退場、東海道貨物線の開通

図3は平成七年（一九九五）の修正であるが、すでに現在より一六年前なので、少し変化している。大きなものとしては千代田プロテックの大きな工場が移転、跡地には「コストコ」が入ったことが挙げられる。大都市周辺では大工場の跡地に数へクタール単位の巨大ショッピングセンターが来るのは定番で、昨今では地方中堅都市や内陸部などでも同じような傾向が見られる。地元商店街への影響は相当に大きいものがあるだろう。

川崎市電は開業が昭和二〇年と遅いこともあり、モータリゼーションの進展で昭和四四年（一九六九）に全線廃止されるまで二四年と、全国的に見ても短命だった。京浜急行大師線も小島新田〜塩浜間が昭和三九年から休止となり（同四五年廃止）、その周辺に広大なヤードを持つ国鉄の塩浜操駅（操車場）が開業している。その後この貨物線は昭和四八年（一九七三）にここから北上、多摩川の底をくぐる羽田トンネルを経て東京貨物ターミナルまで延伸されて現在に至っている。平成二年（一九九〇）には駅名も塩浜操駅から川崎貨物駅と改められた。かつて市電の走っていた線路敷は一部で高架の東海道貨物線となり、また遊歩道になっているところもある。これは注意深く図2と図3を比較するとたどれるはずだ。しかし八〇年前にその先に広がっていた干潟の風景を想像するのはすでに難しい。

幕末以来の海軍の街――横須賀

戦前の横須賀は海軍一色の街であった。発展のきっかけとなったのが慶応元年（一八六五）に幕府が開設した横須賀製鉄所であるが、やはり江戸湾の入口を守る位置にあり、しかもリアス式海岸のため波も静かで水深も十分という点が評価されたのだろう。この製鉄所は明治新政府に引き継がれて横須賀造船所、その後は横須賀海軍工廠《こうしょう》となり、数多くの軍艦を製造している。明治一七年（一八八四）には海軍の司令部たる横須賀鎮守府が置かれ、「帝都」の玄関口・東京湾口に睨みを利かせていた。

もちろん戦前は横須賀市の全域が東京湾要塞地帯であり、明治期から詳細な地形図が作成されていたものの、それらの地形図や海図は「軍事機密」などの扱いであり、一枚一枚に個別の識別番号を付けて管理されていた。等高線の入ったまともな地形図が一般人の目に触れたのはようやく戦後になってからである。

それほど厳しく地図が管理されていたにもかかわらず、戦争末期には日本の地図情報は米軍によって詳細に把握されており、しかも昭和二〇年に入ると日本の防空能力が極端に低下していたため、米軍機による空中写真撮影による地図は、きわめて充実したものとなった。

テキサス大学の図書館は戦時に米軍極東地図局（AMS）が作成したアジアの地図の充実したライブラリーを持っているが、それらはインターネットで閲覧できる。「Japan City Plans 1:12500」はアルファベット順にAkashi（明石）からZentsuji（善通寺）まで日本の主要都市がリストアップされており、Yokosukaをクリックすると、当時の日本の地形図では到底及ばないほどの情報量をもつカラーの地図が閲覧できる。海軍の各部局の名前から基地内の隅々に引かれた専用線（引込線）がことごとく明らかにされているのを目の当たりにすると、戦時中に地図を隠してもほとんど無駄だったことが、あらためて思い知らされる。

この米軍の地図には、作成にあたって使用した資料が欄外に列挙されているが、およそ次の通りだ（原文はもちろん英語）。

一九四五年二月、同年四月、同年五月撮影の空中写真、大日本帝国海軍水路部作成の海図第一〇六二号（一九三六年）、第二一三号（一九四一年）、第二一四号（一九四〇年）、第二一五号（一九四〇年）、F・アキヤマ編集による二万分の一横須賀市街図（一九三三年）、「大百科事典」の七万五〇〇〇分の一横須賀市街図（一九三四年）、F・アキヤマ編集による二万分の一最新大横浜市街全図（一九三三年）、五万分の一「三浦半島交通図」大日本帝国陸地測量部（一九三二年。このリストではCommunications Mapとあるが、発行が陸地測量部になっており、かつ年号から推定）、国鉄時刻表（一九四一年）、および諜報活動による情報。

時刻表は駅名の確認に使ったのだろう。図上にはさらに「エンジン工場」「ハンマーヘッド・クレーン六台」「ディーゼル工場」「射撃場」「おそらく倉庫」などのように、いろいろな手段で得た情報を可能な限り記してあるのがわかる。一万二五〇〇分の一の大きな縮尺でこれだけ情報満載にするのはたいした手腕だ。横須賀線の横須賀駅から先には線内最長の横須賀トンネルがあって、これは空中写真から判読できないため、APPROXIMATE ALIGNMENT（おおよその経路）と書かれているが、これも相当な正確さだ。

ちなみに横須賀〜久里浜間が単線で開通したのは昭和一九年（一九四四）と遅い時期（大船〜横須賀間は明治二二年）だが、これは海軍施設のあった衣笠・久里浜への輸送確保のためである。ただし当時は極端に鉄が不足していたため、レールは御殿場線の複線を単線化して捻出したという。

次ページの図1は終戦から五年後の昭和二五年（一九五〇）に修正されたものだが、現在では旅客専用駅となった横須賀駅の西側にはいくつもの貨物ヤードが描かれ、東側には海沿いに貨物専用線が伸びている。この線路は米軍の地形図にも描かれているから戦前にできたものだろう。線路は巨大なガントリークレーン（門型起重機）のある横須賀海軍工廠のドック（図では「旧造船台」の付近）を経てさらに北上し、現在は米軍基地となっている半島の西岸に沿ってだいぶ北側まで伸びている。

この半島は現在でも南側に楠ヶ浦町と稲岡町、北側には泊町という町名があり、戦前の昭和一五年（一九四〇）に発行された分県地図『神奈川県』（和楽路屋）の裏面に載っている官公署一覧によれば、楠ヶ浦町には横須賀鎮守府軍法会議と海軍砲術学校、稲岡町には横須賀鎮守府、横須賀海軍経理部、

横須賀市
青山学院
清泉女学院
三笠園
カトリック教会
小川港
小川町
郵便局
市役所
青果市場
市警察署
大滝町
一丁目
二丁目
大映館
東宝館
関東配電
ガス会社
若松町
松竹館
よこすかちゅうおう
映画館
三丁目
図書館
龍本寺
本町二丁目
財務局支所
聖ヨゼフ病院
緑ヶ丘
良長院
京浜急行電鉄
信証高校
労働基準監督署
国道
運送
共済会病院
米浜通
深田台
市立病院
配水場

図1　1:10,000「横須賀」地理調査所　昭和25年修正×0.98

同建築部、同艦船部、同人事部、横須賀海軍工廠、同海軍病院、水交社、横須賀海軍工機学校と、海軍関係の部局や学校などが集中している。

図1で稲岡町（なぜか町名の記述がない）を見ると、右上端にある青山学院の文字が唐突だ。東京都渋谷区にあるはずの「青学」がなぜここにあるのかと思って調べてみると、現在この位置にある横須賀学院のホームページには「一九四七年に旧海軍機関学校跡に青山学院横須賀分校が発足するも、諸般の事情から閉鎖を余儀なくされた。プロテスタントの学校を横須賀の地からなくすなという強い希望のもと、米海軍横須賀基地司令官デッカー提督、日本基督教団議長小崎道雄氏（中略）らが中心となって一九五〇年創立される」とあった。

その西隣にある清泉女学院は、戦前に東京市（昭和一八年から東京都）麻布区三河台町にあった清泉寮学院の校舎が空襲で全焼、戦後に新制の四年制大学として創立したのが、図の修正年である昭和二五年（一九五〇）。ここも海軍の施設が並んでいたところだが、戦後になって軍用地が新制中学校や大学などとして使われるケースは多い。

現在の汐入駅から少し南へ坂を登ったところにある不入斗《いりやまず》中学校も横須賀重砲兵聯隊《れんたい》があった。この図1（欄外）に描かれている細長い建物は、米軍が作った図でも同じで、そこにはHeavy artillery regiment（重砲兵隊）の文字。新制中学校はこの兵舎を流用したのだろう。この長い坂道は現在「ちこく坂」と呼ばれている。正式には千石坂と書くのだが、元は「遅刻坂」（図1一番下）で、聯隊の兵士たちが横須賀で遊んだ帰り、門限に遅刻しないよう急いで駆け上った、というのが由来だそうだ。

ガントリークレーンのあった海軍工廠跡から最も近い駅は図1では京浜急行の横須賀汐留駅だが、昭和五年（一九三〇）に湘南電気鉄道の駅として開業した当時は横須賀軍港と称していた。まさにそのものズバリだが、これが一〇年後の昭和一五年に横須賀汐留に改称されたのは、防諜のためとして「軍事施設関連駅名の改称」が当局によって要請されたからである。二つ品川寄りの軍需部前駅もこの時に安針塚《あんじんづか》と改称されている。米軍の地図には昭和一五年以前の Gunko Station とあるが、これは資料に挙げられている昭和九年の横須賀市街図に従った結果だろう。

ついでながら、汐入の駅の近くに若い頃の芥川龍之介が大正五～七年（一九一六～一八）に住んでいたことがあり、図の「青山学院」の位置にあった海軍機関学校で英語を教えていた。その後大正八年に発表された小品が「蜜柑」で、奉公先へ向かう女の子が横須賀線の車内から、踏切で見送る弟たちに蜜柑を投げる情景が描かれている。

次ページの図2では横須賀駅西側に広がっていた貨物ヤードはなくなり、広い空き地になっている。平地の少ない横須賀にあってこれだけ広いと目立つが、さすがに駅前の一等地であり、現在はここに「ヴィンテージ・ヴィラ横須賀」「ウェルシティ横須賀天空の街」という高層マンションが建ち並び、かつての面影はまったくない。ただし海側に回れば海上自衛隊横須賀地方総監部があり、自衛艦が碇泊していて、まだまだ「海軍の街」は健在な印象だ。

汐入のドック跡地は図2では「ダイエー」となっているが、同店を含む大ショッピングセンター「ショッパーズプラザ横須賀」。国道一六号をはさんで南側には横須賀芸術劇場ができてガラリと風景が変わってしまった。ちなみに国道一六号は図1の当時国道三一号（東京～横須賀）であったが、昭

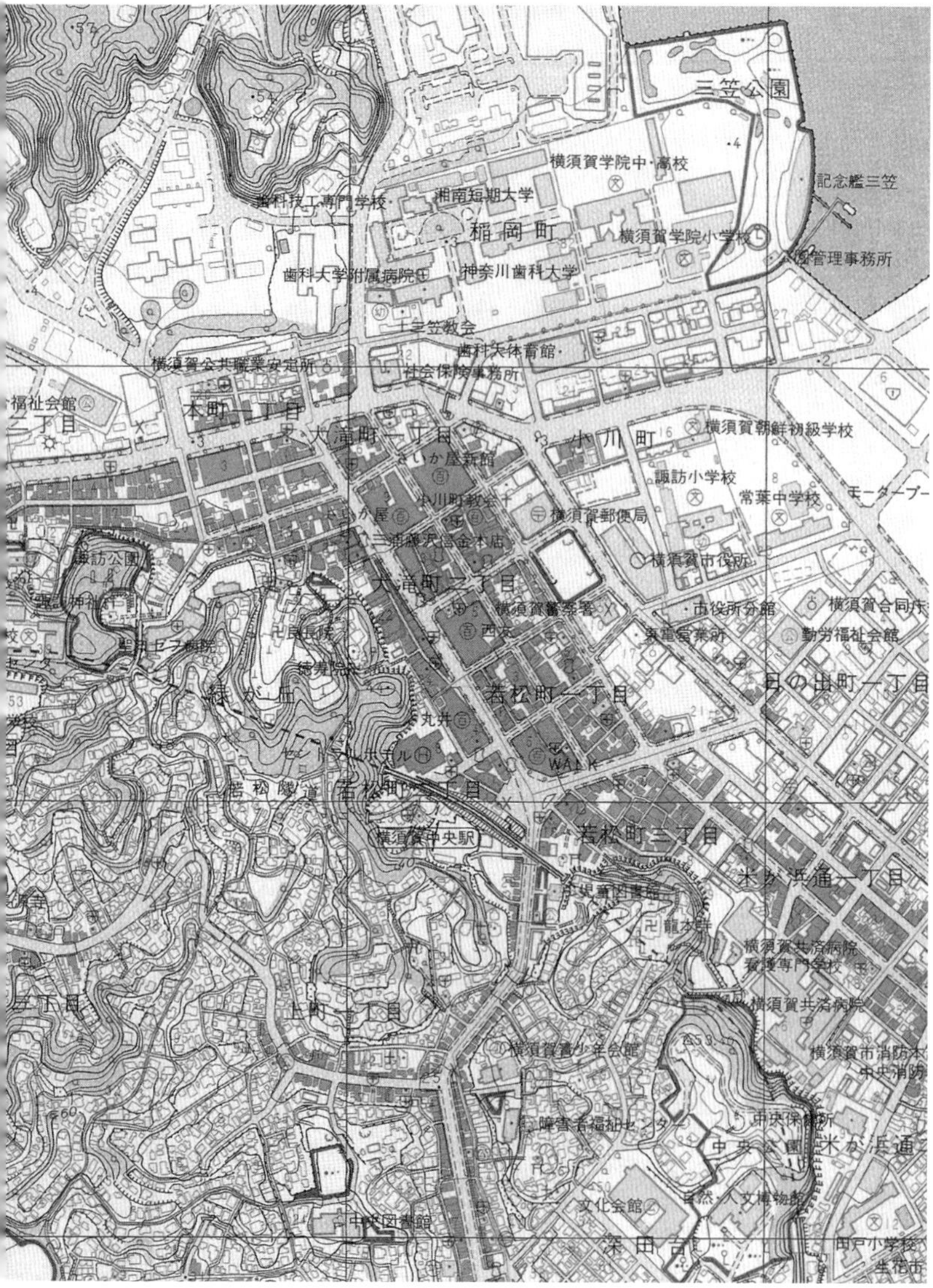
三笠公園
記念艦三笠
横須賀学院中・高校
歯科技工専門学校
湘南短期大学
稲岡町
横須賀学院小学校
管理事務所
歯科大学附属病院
神奈川歯科大学
三笠教会
歯科大体育館
横須賀公共職業安定所
社会保険事務所
福祉会館
二丁目
本町一丁目
大滝町一丁目
小川町
横須賀朝鮮初級学校
さいか屋新館
諏訪小学校
常葉中学校
モータープール
小川町教会
さいか屋
横須賀郵便局
三浦藤沢信金本店
横須賀市役所
諏訪公園
大滝町二丁目
横須賀警察署
市役所分館
横須賀合同庁
西友
東電営業所
勤労福祉会館
緑が丘
若松町一丁目
日の出町一丁目
丸井
セントラルホテル
WALK
若松隧道
若松町二丁目
横須賀中央駅
若松町三丁目
米が浜通一丁目
龍本寺
横須賀共済病院
看護専門学校
横須賀共済病院
上町一丁目
横須賀青少年会館
横須賀市消防本部
中央消防
障害者福祉センター
中央保健所
中央公園
米が浜通
自然・人文博物館
文化会館
中央図書館
深田台
田戸小学校
生花市

図2　1:10,000「横須賀」国土地理院　平成7年修正×0.98

和二七年に新道路法の指定で一六号となった。横須賀海軍工廠は終戦後、全国各地の陸海軍の基地と同様に米軍が接収したが、昭和三四年（一九五九）にはその一部が返還され、巨大なガントリークレーンのある第二船台は住友機械工業（現住友重機械工業）に払い下げられている。駅名も横須賀汐留から汐入に変わったが、これは駅付近の町名が昭和二四年（一九四九）に汐入町に編入されたためで、駅名は同三六年に改められた。

横須賀市の人口は平成二三年（二〇一一）八月一日現在で四一万六六九〇七人であるが、思えばずいぶん昔から四〇万都市だった。最近では「微減」が続いているが、地形を見ればこれ以上増えようがないのがわかる。三万人を超える従業員が働いていた横須賀海軍工廠を始めとする海軍関係とその家族を含めると、住宅を建てる平地はまったく足りず、戦前から家々は細い谷戸《やと》という谷戸を埋め尽くし、それでも足りずに山の中腹へと進出していった。横須賀が「トンネルが日本一多い街」なのは、そんな背景が生み出した必然である。

家が山に押し寄せたのはクルマ社会の到来前のことだから、山道や階段でしかたどり着けない家も多く、山の上の住民の高齢化も進む。しかしその一方で、最近では前述の横須賀駅前をはじめ各地に高層マンションが目立つ。これからどんな街になっていくのだろうか。

街のすぐ裏手が山で、少し登れば自衛艦が碇泊する港が見える、というのは全国的にも珍しい景観だろう。昔なら地元以外の人が裏山に登ればスパイ扱いだったかもしれないが、今はそんな心配もない。港や谷戸の風景を俯瞰しながら横須賀の尾根道を歩くのは気持ちが良いものである。

水田とグラウンドから大廈《たいか》高楼《こうろう》の街へ——武蔵小杉

横須賀線武蔵小杉駅の開業

渋谷へ一五分、横浜へ一〇分。真新しいホームから湘南新宿ラインの快速に乗った所要時間である。それまで南武・東横両線の武蔵小杉駅近くを通過するだけだった横須賀線にホームが設置されたのは平成二二年（二〇一〇）三月一三日のことである。湘南新宿ラインへの対抗で平成一三年（二〇〇一）から特急を走らせている東横線も所要時間でいい勝負だが、「成田エクスプレス」を最初から停車させるなど、JR東日本はこの「新駅」に相当力を入れているようだ。長らく各駅停車のみだった南武線にも快速列車が復活し、この地域の利便性の向上は近年めざましい。

七七ページの図1に見える昭和四年（一九二九）の頃はまだ牧歌的だった。当時の南武線は南武鉄道という私鉄で、東横線との交差地点に見えるのはグラウンド前駅。図に見える通り、第一生命のグラウンドが線路の北側に、また南側には横浜正金《しょうきん》銀行（現三菱東京ＵＦＪ銀行）のグラウンドが相対しているほかは、田んぼがずっと広がっていたことがわかる。

東横線は当時「東京横浜電鉄」と称したが武蔵小杉駅はなく、南武鉄道に乗り換える客は新丸子駅から西側の線路沿いを南下、グラウンド前駅へ歩いた。新丸子駅の左には中原町、その左に「橘樹」と郡名が隷書体で記されているが、まだ川崎市に編入される以前の神奈川県橘樹《たちばな》郡中原町である。

区名の「中原」は街道名

中原の名は現在も川崎市の行政区名に引き継がれているが、これは中原街道にちなむ。中原とは四〇キロほど南西に位置する現在の平塚市中原で、江戸時代には将軍が江戸から鷹狩りのために中原の御殿へ赴く街道と位置付けられており、一般的には相州《そうしゅう》道とも呼ばれ、東海道の「バイパス」として多くの人に利用された。そんなわけで、中原区の名は街道の行先を借用した珍しい地名である。言ってみれば千住に日光街道が通るからという理由で、足立区を「日光区」と名付けたようなものだ。ちなみに中原街道には多摩川を跨ぐ丸子橋（昭和九年架橋）はまだ架かっておらず、「丸子渡」が両岸を結んでいた。地形図によればそこの水深は一・六メートルであったことがわかる。

中原街道は図の上端を東西に走る道で、小杉が宿場町だった頃の街村の形状をよく留めている。宿場が屈曲しているのはよくあることで、これは防衛のため敢えて道を曲げる「遠見遮断《とおみ》」だ。南北に細い道が等間隔で並行しているのは、八世紀初頭に行なわれた条里制の名残で、実際に図上で測って

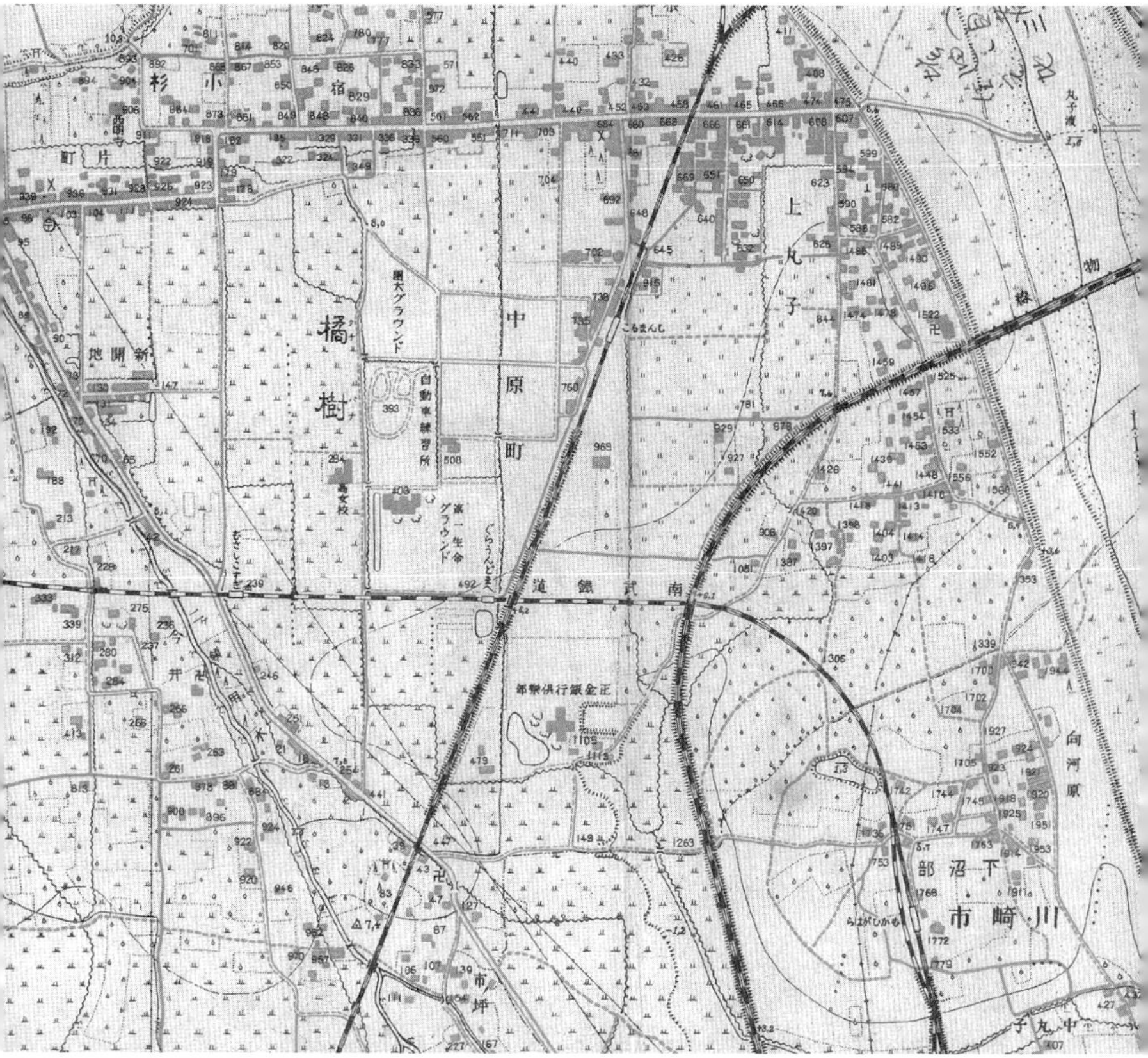

図1　1:10,000「田園調布」昭和4年測図×0.67

みると約十一ミリ、ちょうど一町（約一〇九メートル）間隔になっている。東西方向の道路は見えにくいが、一部に残っている。「遠見遮断」の屈曲もこの区画を利用したようで、南北を向いている区間がちょうど一町だ。

南武鉄道は昭和二年（一九二七）三月九日の川崎～登戸間の開業時、向河原《むかいがわら》から武蔵中原まで駅を設けていない（駅間は当時二・八キロメートル）。武蔵小杉駅とグラウンド前駅は開通から約八か月が経過した一一月一日にいずれも開業した。東隣のグラウンド前駅とは四〇〇メートルほどしか離れていないこともあり、駅の位置をめぐって紛糾した結果だろうか。五味洋治さんの『南武線物語』（多摩川新聞社、一九九三年、三刷）ではこの二駅を次のように紹介している。

> 企業のグラウンド利用者のために、わざわざ駅を造り、名前もグラウンド前とするとはいかにものんびりした話。
> 一方、駅前が民有地とあって。町の人は使いにくかった。しかたなく地元の有志が駅用地にと、土地を寄付した。それが武蔵小杉駅でちょうど今の中原区役所の前にあった。

やはり駅の位置決定に手間取った事情が垣間見える。旧武蔵小杉駅は宿場の家並みからだいぶ離れた二ヶ領《にかりょう》用水沿いの現府中街道との交差地点で、旧宿場からは少し歩くが妥当な位置かもしれない。

戦時中に国は「軍事上重要と認めた路線」に該当する私鉄を強制的に買収するが、石灰の輸送や沿線の軍需工場の従業員輸送を担っていた南武鉄道もその対象となった。戦時公債により二七四四万三九六二円と格安で買い上げられて国鉄南武線になったのは昭和一九年（一九四四）四月一日、その際に武蔵小杉とグラウンド前は統合され、グラウンド前駅の場所に現在の武蔵小杉駅ができた。隣の向河原駅は昭和一五年（一九四〇）からは日本電気前と称していたが、国鉄駅に私企業名は不適切とされたのか、それとも重要な工場を隠す目的があったためか、向河原の旧称に戻されている。

南武・東横の「上下問題」

ところで、東横線の開業は大正一五年（一九二六）二月一四日で南武鉄道の開業より一年早いのだが、なぜ同線の上を跨いでいるのだろうか。前述の『南武線物語』によれば、最初は五島慶太率いる東京横浜電鉄側と「どちらが下を通るか」で対立したが、南武鉄道の方が先に工事認可を受けていたことがあり、また鉄道省の仲介により、立体交差にかかる建設費を二社と鉄道省が分担することで収まったという。その直後に鉄道省も東海道貨物線（通称・品鶴《ひんかく》線）を建設しており、そちらとの関係もあったのだろうか。

その品鶴線に現在は横須賀線が走っているが、当初は貨物新線として建設された。輸送力が限界に達していた東海道本線のバイパスとしての役割を期待されたもので、図が測量された昭和四年（一九二九）に開業したばかりである。

横須賀線がこの線を走るようになったのは約半世紀も後の昭和五五年（一九八〇）のことで、これにより東海道本線と横須賀線の走る線路が分離されるのだが、昭和一一年（一九三六）に発行された鉄道旅行ガイドブック『旅窓に学ぶ』（東日本篇、ダイヤモンド社）ではこの貨物線について「最近その沿道が飛躍的に発展して、いづれは省線電車が貨車の間々に走ることになるであらうと云はれてゐる」と記しているが、まさかそれが半世紀近くも後になるとは思わなかっただろう。

図2は戦後一〇年が経った武蔵小杉周辺であるが、図1に比べて水田は激減し、住宅や工場が激増していることがわかる。昭和八年（一九三三）に橘樹郡中原町はすでに川崎市に編入されており、新丸子駅の西側には東横線開通直後から売り出された二万坪（六・六ヘクタール）に及ぶ「田園都市」の分譲地が広がった。これが川崎市内における大規模分譲住宅のハシリである。駅の東口には繁華街が発達しているが、これは昭和一〇年代から周囲に激増した工場の従業員たちがお得意さんだったに違いない。南武線武蔵小杉駅前の一等地には、正金銀行が東京銀行と名前は変わったものの、相変わらずグラウンドが占めている。

「東京銀行倶楽部」の南側は「東京機械製作所」「東京造機工場」、さらに品鶴線の東には「日本電気工場」と大工場が並んでいるが、このうち日本電気は昭和一一年（一九三六）に進出した。東横線にその名もズバリの「工業都市」という名の駅ができたのは同一四年のことであるが、府中街道を跨ぐガードのすぐ北側にあった。東横・南武双方は「立体交差問題」以来の仲の悪さが後を引いていたのか、両線の連絡駅となる武蔵小杉駅が東横線にできたのは戦争末期にあたる昭和二〇年（一九四五）六月のことである。新丸子、武蔵小杉、工業都市と短い間隔で駅が並んでいたが、昭和二八年には工業都市駅が廃止された。それでもしばらくの間は駅の階段とホームの痕跡が残っていたものである。

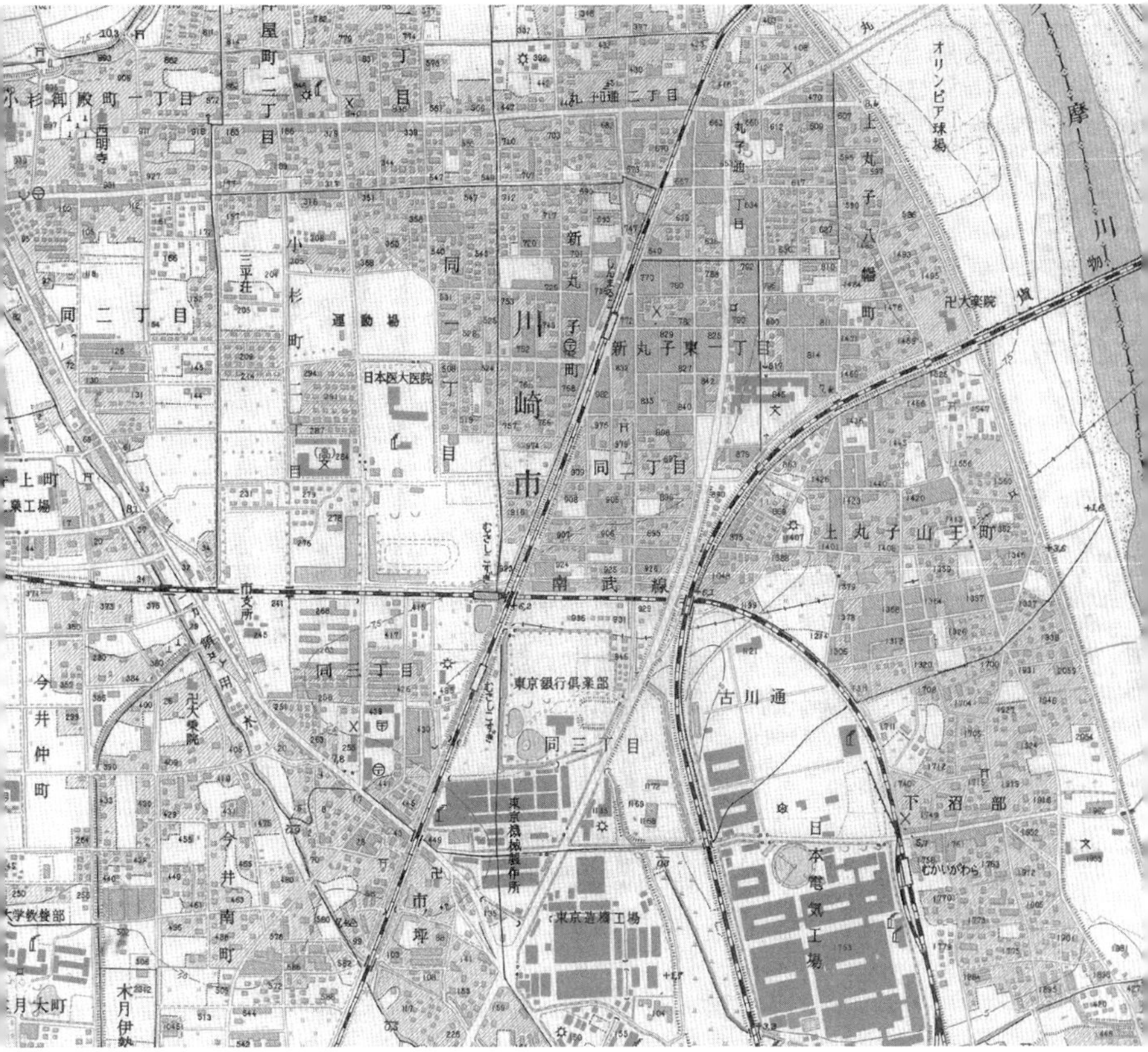

図2　1:10,000「田園調布」昭和30年修正×0.67

対岸の飛び地だけに残った下沼部

さて、日本電気玉川事業場の所在地は現在に至るまで下沼部《しもぬまべ》であるが、この地名は元はといえば東京都大田区側（旧荏原郡）にあった。そちらの本村からこちらへ小舟で渡って耕作に来る「飛び地」であり、そのために向河原の地名が付いたらしい。下沼部の町の境界は多摩川から西に飛び出した半円形を描いているが、これはかつて河道がこちらに及んでいた名残で、それがおそらく江戸時代に多摩川がまっすぐ流れるようになってから、小舟で往来するようになったと思われる。

かつてはこの飛び地も東京府荏原郡調布村大字下沼部だったが、明治四五年（一九一二）に行なわれた神奈川県との境界変更で神奈川県橘樹郡御幸《みゆき》村に編入され、同村の大字下沼部となった。それが川崎市となったあとも続いているわけだが、肝心の東京府の「本村」では、昭和七年に東京市に編入された際に「大森区田園調布」と改称されたため、東京府側の下沼部の地名はその時点で消えてしまった。従って川崎市側の下沼部は、飛び地であったために消滅を免れた貴重な存在なのである。

この下沼部を取り巻く旧河道を、ふたたび図1で振り返って見ると、北側では一面の果樹園となっている（南側は記号がないので畑または空地）。『角川日本地名大辞典』によれば、下沼部では大正初期から昭和一〇年頃まで桃作りが盛んだったという。川崎といえば「長十郎」に代表される梨を思い起こすが、ここは土壌が桃に適していたのだろうか。いずれにせよ旧河道だから砂地であったはずだ。

図3は一万分の一としては最新の図だが、すでに十二年も前の状態である。横須賀線の武蔵小杉駅は手描きで入れてみた。その十二年間にもいろいろと変わっている。南武線と横須賀線、それに新幹

図3　1:10,000「武蔵小杉」平成12年修正×0.67

線の線路に挟まれた場所に「日本電気玉川事業場」が広大な敷地を占めているが、新幹線の西側にあった不二サッシの大工場はなくなり、平成二〇年（二〇〇八）にできた四九階建ての高層マンション「ザコスギタワー」をはじめ、リエトコートウエストタワー（四五階）、同イーストタワー（四五階）など高さ一〇〇メートル級の超高層マンションに姿を変えている。向河原駅の東方には昭和四八年に開通した南武沿線道路が見えるが、府中街道のバイパス的な機能があり、南武線沿線の工業地帯の物流を支えている。

多摩川の水質はもちろん地図には描かれないが、流域の下水道の整備のため最近では見違えるようにきれいになった。高度成長期の一時期には東横線の多摩川鉄橋から車窓を見ると、橋の脇の堰堤に洗剤由来と思われる泡が巨大な山のように盛り上がっていたものだが、そんな風景はすでに昔話だ。武蔵小杉周辺に限らず、川崎市内の工場もだいぶ減っている。

そういえば二年ほど前に羽田の多摩川河口を訪れる機会があったが、わずかに残った干潟は無数の蟹の大群で、大袈裟でなく覆い尽くされていた。彼らにとって「地獄」であったはずの高度成長期、いったいどこに息を潜めていたのだろうか。

砲兵工廠の最寄り駅から大阪北東のターミナルへ——大阪・京橋

京街道に架かる京橋は大阪の東口

「東海道五十七次」という言い方がある。これは江戸を起点とする東海道の本来の終点である京の手前から大坂（大阪）への区間を含めた言い方で、伏見・淀・枚方《ひらかた》・守口の四宿を足して五七になるという（京都の手前、逢坂関の西にあたる追分で分かれるので京都は含まない）。

この道は大阪から京都へ通じる路なので京街道と呼ばれており、その道が寝屋川を渡る地点に架けられたのが京橋である。擬宝珠《ぎぼし》勾欄《こうらん》の公儀橋、つまり幕府が管理する橋で、「八百八橋」などと称される大坂で十二しかなかった公儀橋のひとつであり、その重要度がわかる。ここには中河内《かわち》方面からの寝屋川の水運も通じており、古くから大阪の東の玄関口として位置づけられていた。それにしても現在の京橋駅が橋より一・二キロメートルも東に離れているのはなぜだろうか。

最初にこの地に通じた鉄道は浪速《なにわ》鉄道である。現在のJR学研都市線こと片町線（図1中央の「かたまち」から東へ向かう線路）の前身であるが、明治二八年（一八九五）八月二二日に片町〜四条畷《しじょうなわて》間を開通させている。その時に設置されたのは放出《はなてん》、徳庵《とくあん》、住道《すみのどう》の三駅のみで、京橋駅はまだない。そのわずか二か月後の一〇月二二日、今度は浪速鉄道の上を直角に跨ぐ形で大阪環状線の前身にあたる大阪鉄道が開業、浪速鉄道の線路の上に京橋駅を設けた。本来の京橋とはだいぶ離れているが、京橋の方へ通じているから、と知名度のある橋の名を付けたのだろう。考えてみれば「京橋」を名乗るなら、先に開通した浪速鉄道の片町駅の方がその名にふさわしかったが、後の祭りだ。ちなみに片町線にも京橋駅ができたのは大正二年（一九一三）のことである。

図1は明治四一年（一九〇八）の測量による正式二万分一地形図で、前年に鉄道国有法による買収で関西《かんせい》鉄道（旧大阪鉄道・浪速鉄道）がすべて国鉄になった。大阪環状線には「城東線」とあるが、これは第二次世界大戦後の昭和三六年（一九六一）に環状運転が始まって大阪環状線になるまで、長らく市民に親しまれてきた呼び名だ。

京街道はその城東線の城と東の字の間を斜めに北東から入ってくる道で、片町駅の西で今はなき野田橋で鯰江《なまずえ》川を渡り、四・一一メートルの水準点から相生《あいおい》町を抜けて京橋に至る。ちなみに城東線との交差地点の北東、市街の外れで道路に二条の帯が示されているのは「幅員二間（約三・六メートル）以上」を意味しているが、そこから北は田んぼになっている。今は市街地や学校になっている場所だ。京橋駅の北西に見える網島《あみじま》駅は短命に終わった。網島は近松門左衛門の人形浄瑠璃「心中天網島」の舞台である。

図1　1:20,000「大阪東北部」明治41年測図×1.1

この駅は手狭だった片町駅に代わる新ターミナルとして建設され、明治三一年（一八九八）にはここから名古屋まで関西鉄道経由で列車が走ったこともあるが、二年後には湊町（現ＪＲ難波）が関西鉄道の大阪側の起点になったために不要になった。廃止は大正二年（一九一三）である。

京阪京橋駅のルーツは田んぼの中の小駅

「軌道の記号」で描かれた京阪電気鉄道は明治四三年（一九一〇）の開業で、測量時にはおそらく建設中であったが、図の発行が同四四年なので、開業線として記入されている。城東線の東側に描かれた蒲生《かも》駅へたどり着くための道が見当たらないのも、製図時に未開業だったからだろう。今でこそ京阪線内第一位の乗降客数を誇る駅だが、経歴の最初は、田んぼに囲まれたこの場所であった。しかも駅のすぐ西側を横切る小川に描かれた二点鎖線の東側にあるのは、この駅が大阪市から外れた東成《ひがしなり》郡鯰江町（明治四三年に鯰江村が町制施行したばかり）にあったことを示している。

京橋駅の南東部は広大な田んぼだ。かつては宝永元年（一七〇四）までの大和川の川筋にあたる寝屋川と淀川の合流地点で、たびたび水が溢れたところである。ここに朝日紡績の工場が進出したのは大正二年（一九一三）のことで、二年後には合併により鐘淵紡績（カネボウ）大阪支店となるが、この一帯が大阪市に編入されるのは大正一四年（一九二五）四月一日のことであった。

この日、大阪市は西成・東成両郡に属する四四町村を一挙に編入して西淀川・東淀川・西成・東成・住吉の五区を新たに設置、大幅に市域を広げている。その結果人口は二一一三万と、関東大震災の直後で二〇〇万人を切っていた当時の東京市より多い「日本一の都市」になった。この大合併による新市域を指す「大大阪市」という呼び名は、この頃しばしば用いられている。

京阪電車の経路は今と異なるが、天満《てんま》橋の起点はもちろん地上で、天満橋南詰のすぐ脇に乗り場があった。当時の京阪は「路面電車が郊外も走ります」という風情だったようで、今のターミナル駅とは大いに異なっている。地形図によれば停留場は寝屋川の上にあったようで、そこを出た電車は大川（淀川）との間の堤の上を走って次の停留場に着く。この堤は淀川が水位の高くなった時に寝屋川へ水が逆流して洪水となるのを防ぐため、江戸中期の明和八年（一七七一）に築かれたものだ。その堤を踏み固めるように電車が走っていた。堤の東端が京橋停留場である（開業した八か月後、明治四三年一二月に廃止）。図に駅名が記されていないが、文字通り京橋のすぐ近くにあった。要するに片町線の京橋駅と京阪の京橋停留場は一キロメートル以上も離れていたのである。

城東線の列車で京橋駅から南へ向かうとすぐ寝屋川で、渡った先の線路の西側は大阪砲兵工廠の敷地。森ノ宮（当時、駅はなし）まで延々一・五キロメートルほども続く「東洋一」を誇った巨大な兵器工場であった。大口径の火砲や戦車を中心に製造していたが、明治・大正期にあっては重工業の分野で最高レベルの技術を持っていたため、大正七年（一九一八）には国産自動車第一号も製造している。昭和二〇年（一九四五）まで日本陸軍の主力兵器工場として活躍していたが、終戦前日の八月一四日の大空襲で施設の大半が破壊され、ほぼ壊滅した。

次ページは図1の四四年後である。城東線の西側、弁天町の砲兵工廠跡地は大阪製鋼の工場となっているが、その南側の広い土地は「大阪工廠跡地」と表記されたままだ（掲載範囲外）。こちらの跡地は

不発弾が多く危険だとして、長らく閉鎖されていたという。図1で田んぼだった所にできた鐘紡の工場はすでに移転して社宅だけが残っている。寝屋川を渡る朝日橋は短命だった朝日紡績の名残だろうか。その西側を南下する細長い空地は運河の痕跡で、かつては紡績会社の原料や製品の輸送に用いられた。

全体に市電の線路が目立つが、この当時は市電路線網のほぼ最盛期にあたり、路線の総延長は一一一キロメートルに及んだ。戦後になってからも新規開通区間がいくつかあり、図の東野田（桜宮橋の東にある交差点）から蒲生方面へ伸びる路線は昭和二五年（一九五〇）に開通したばかりだ。しかしそれもつかの間、昭和三〇年代も後半になると自動車が激増していった。同四一年三月の大阪市議会では「昭和四四年三月末をもって市電を全廃し、高速鉄道（地下鉄）を中心とする新しい交通体系を確立する」旨の議決を行ない、その予定通りのスケジュールで全廃されていく。

寝屋川や鯰江川のルートはだいぶ変わっているが、明和年間に築かれた大川と寝屋川の間の堤は明治四二年（一九〇九）の新淀川（後の淀川放水路）の完成により不要となり、鯰江川は野田橋付近で寝屋川に合流、さらに寝屋川も以前より手前で大川に合流するようになった。鯰江川のルート変更は、世界恐慌直後の昭和五～六年に失業対策事業で行なわれたもので、これにより野田橋は姿を消している。野田橋は京阪の駅名としてしばらく残ったものの、昭和三〇年にはすぐ近くの国鉄片町駅に合わせて片町と改称された。その京阪の片町駅も昭和四四年（一九六九）の路線変更に伴って廃止される

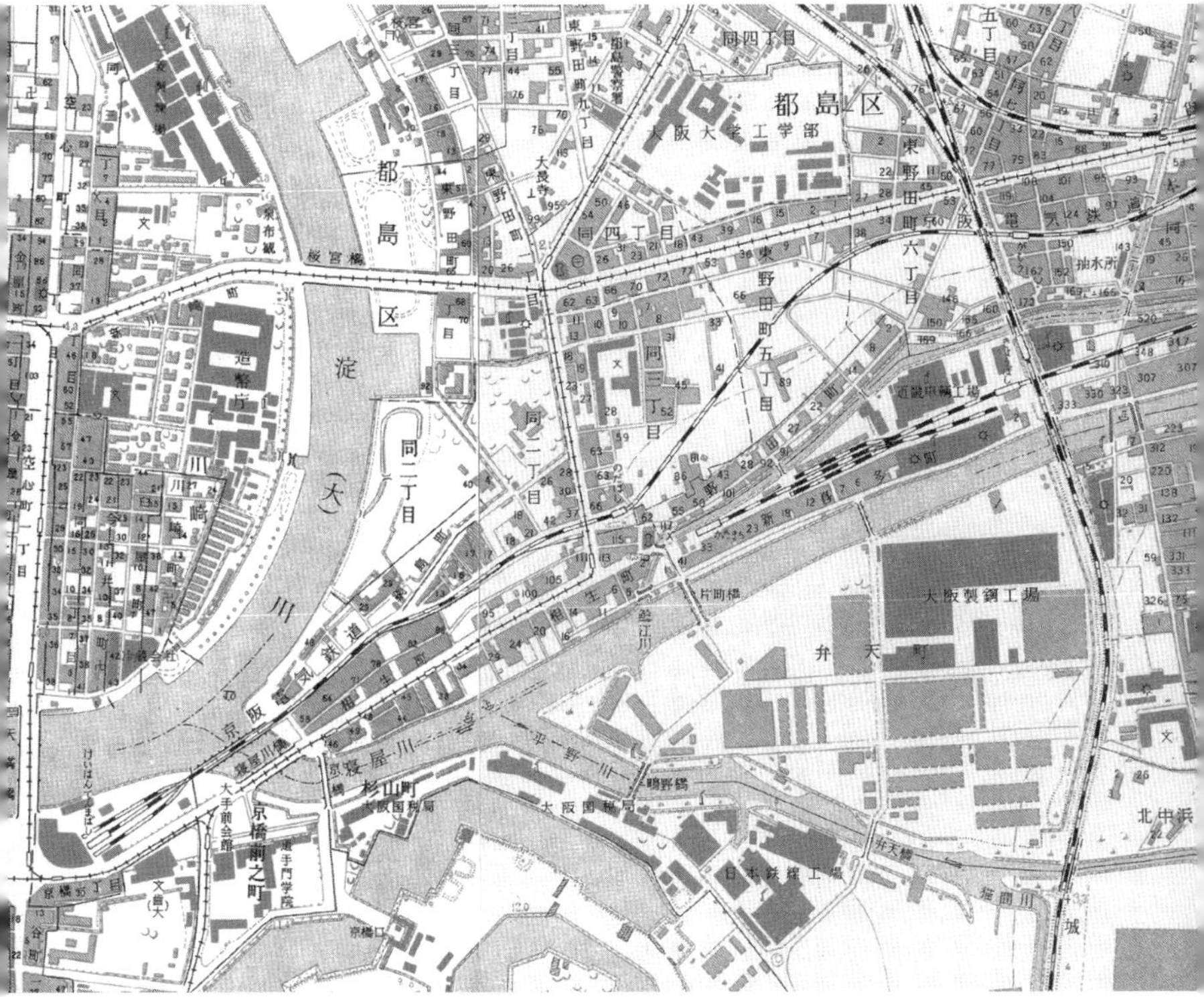

図2　1:10,000「大阪首部」「大阪東部」各昭和27年修正　×0.67

が、もともと片町という町名は存在しなかった。それではなぜ、浪速鉄道がターミナルとして「存在しない片町」を名乗ったのだろうか。駅の所在地はずっと新喜多《しぎた》町であったが、これが「片町」だったからだ。町は本来は道の両側に発達するものだが、道路の片側が川や武家屋敷などのため家並みが片方にしかない、という場合、これを一般に「片町」と呼んだのである。

新喜多町もやはり南側が寝屋川のため北側だけに延々と家が並んでいた。これが通称・片町として人口に膾炙していたのではないだろうか。それだけ有名になった町名であるためか、昭和四四年（一九六九）の住居表示に伴う町名変更では新喜多町と相生町などが合併して片町が正式な町名として登場した。駅が二つとも失われた今も町名は健在である。ついでながら京阪の蒲生《がもう》駅は、昭和七年（一九三二）に旧蒲生駅～守口（現守口市）間が複々線化した際に城東線京橋駅の近くに移転した。図2ではまだ「蒲生」になっているがこれは誤りで、昭和二四年には京橋と改称されたはずである。

鉄鋼工場はビジネスパークへ

高度成長期に輸送量を急増させていた京阪は連結車両数の増加でこれに応えていたが、駅の前後にカーブや踏切が存在し、ホームの京都寄りが上り勾配に差しかかっていたこともあり、駅を含む前後

図3　1:10,000「大阪城」平成17年修正×0.67

の区間を根本的に改良することになった。昭和四四年に路線変更が行なわれたが、北に湾曲していた線路が京橋〜天満橋にかけてだいぶ直線的になっている。併せてこれまで大阪環状線の下をくぐっていた線路も高架化されて上下関係が逆転した。現在では京阪最大の乗降客数を誇る駅にふさわしく大規模な駅となっている。線路跡はその線形のままの道路として残っており、図3でも一目瞭然だ。

一方、片町線の方は京橋〜尼崎間を結ぶ地下路線であるJR東西線が開通した平成九年（一九九七）に京橋〜片町間が廃止され、これに代わる東西線は京橋駅の西側から地下に入って北西を向き、大阪城北詰駅を経て大川の下をくぐる経路になっている。「桜の通り抜け」で有名な造幣局、これも明治初期からここにあるが、その北端をかすめて北新地へ向かう。大都市の小さな行き止まり駅として貴重な存在であったターミナルの片町駅は廃止、片町橋を渡った南側には地下鉄長堀鶴見緑地線に大阪ビジネスパーク駅ができた。そういえば京橋の北側にデルタ線を含む貨物専用線が図2の頃には走っていたが、それらも多くが廃止されている。

ビジネスパークといえば、図2では大阪製鋼の巨大な工場があった場所である。ここまでは京橋からペデストリアンデッキも整備され、有名企業のオフィスビルや劇場、ホテルなどが並ぶ一画として面目を一新し、副都心的なエリアになりつつある。平野川を隔てた南側には大阪城ホールが見えるが、図2の頃は大阪鉄線の工場で、さらに遡れば戦前はここも大阪砲兵工廠だった。

村山貯水池を目指した三本の鉄道——多摩湖畔

都人士にとりて理想的の自然遊園

多摩湖の名で知られる村山貯水池の周囲には昭和一〇年代前半まで、この貯水池を名乗る駅が三つもあった。しかもすべて別々の鉄道会社である。多摩湖鉄道（現西武多摩湖線）の村山貯水池駅、西武鉄道（旧）の村山貯水池前駅、それに武蔵野鉄道（現西武池袋・狭山線）の村山貯水池際《ぎわ》駅。これらの三線はその後すべてが西武鉄道になっているが、それにしても貯水池、貯水池前、貯水池際。この紛らわしさは尋常ではない。

村山貯水池は首都・東京の膨大な水需要を安定的に支えるために建設されたもので、江戸初期に建設された玉川上水と同じく羽村から取水し、はるばる地中を狭山《さやま》丘陵まで送水して貯水池に蓄えるものである。水没する一六一戸の農家の大反対に遭いながらも無理矢理に建設され、上貯水池は大正一三年（一九二四）、下貯水池は昭和二年（一九二七）に完成している。村山貯水池は東京府内だが、すぐ北側の府県境を越えた北西には埼玉県内に山口貯水池（狭山湖）も昭和九年に完成、上水の供給に万全を期している。

村山貯水池の近くに位置するこれら三駅は、貯水池完成の直後にあたる昭和四〜五年に相次いで開業した（多摩湖鉄道は現武蔵大和駅付近に設けられた仮駅）。各社それぞれ支線（多摩湖鉄道は本線）をわざわざ湖の近くまで伸ばしているから、それなりの旅客需要を見込んでのことだろう。実際に観光開発は積極的に行なわれ、戦前の西武鉄道の路線案内図の裏面では、他の沿線観光地より群を抜いて大きなスペースを割いてこの貯水池を紹介している。その一部を抜き出してみよう（引用者により漢字を新字に変更、途中で改行）。

村山貯水池の周囲は四里に亘り、樹木鬱蒼として茂り、宛ら山湖の如き情趣に富み、碧空に聳ゆる富士、大山等の連峰を遥に望見することを得、山…森…水…と三拍子備はつた近郊第一の一大自然公園で、その自然の美と人工の妙との調和は、東京市の持つ自然公園としての大狭山公園の声価を益々高からしむる所以であります。

そして此の自然公園はあらゆる方面より見て、都人士にとりて理想的の自然遊園で、家族連れの散策、又は中小学校生徒或は会社工場等の勤労者の運動会又は遠足会等に絶好の地であり、春は新緑、桜、つゝじに秋は黄葉、紅葉又は茸狩、栗拾ひ、いも掘等に都塵と喧噪とを逃れ、清澄の空気の中に思ふ存分の紫外線を浴び、一日を楽しく過す事が出来ます。

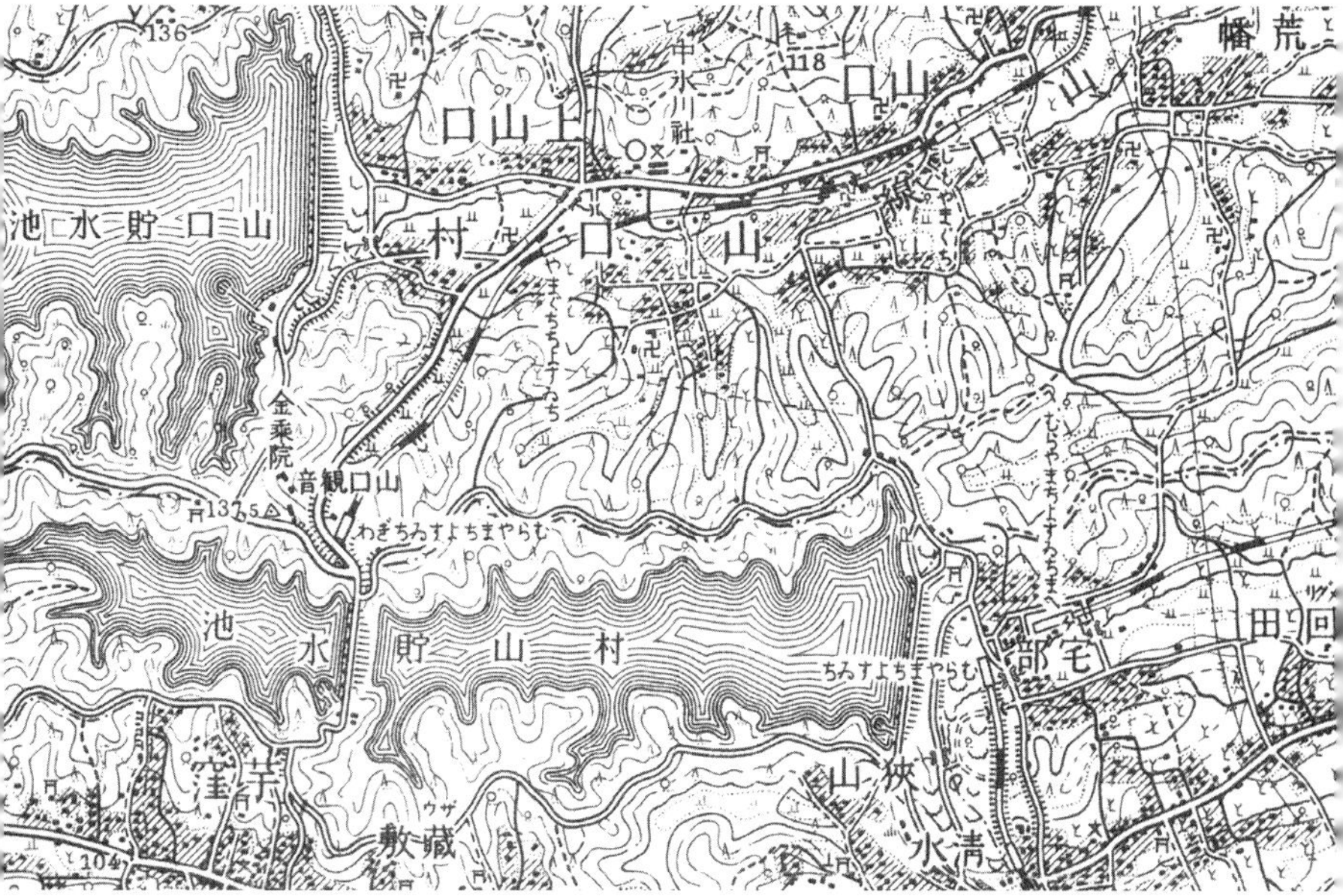

図1　1:50,000「所沢」昭和12年資料修正×1.2

現在では貯水池といえば「ダム湖」であまり良い印象を与えないからか、貯水池という駅名は存在しないが、昔は「自然の美と人工の妙」といったイメージを喚起したようで、むしろ誇らしげに命名したようだ（今も近くに貯水池下、貯水池入口というバス停はあるが）。ついでながら「思ふ存分の紫外線を浴び」るのが歓迎されていた時代でもある。

『武蔵野夫人』の舞台になったホテル

しかし昭和一六年（一九四一）になるとこれら三駅はほぼ一斉に改称する。村山貯水池は狭山公園前、村山貯水池前は狭山公園、村山貯水池際は村山、という具合だ。これは全国的に軍事施設等の駅名を、敵にそれと気付かせないように改めた時期に一致する。貯水池は軍事施設ではないものの、万一攻撃されれば甚大な影響を及ぼすので改称の対象となった。

戦後になるとその種の問題はなくなり、まず昭和二三年（一九四八）に狭山公園が村山貯水池と改められた（復旧したが「前」が外された）。また同二六年には狭山公園前が多摩湖、村山が狭山湖と改称されている。図2の左に見える堰堤は村山貯水池の下堰堤で、東側には狭山公園前改め多摩湖駅、そしてすぐ隣にあった村山貯水池駅（旧村山貯水池前駅）は姿を消している。どちらも現在は駅のない場所で、破線で描き入れた村山貯水池駅などは昭和二六年（一九五一）に線路ともども廃止された。

堰堤の北端の延長上に見える建物は村山ホテルで、これは昭和三年（一九二八）に開業した白く洒落た外観をもつ三階建てで、旧西武鉄道が村山貯水池への観光客を誘致するために建設したものである。先に引用した文章のように、目の前の湖面と背景の雑木林、遠く富士から大山・丹沢の連山が一望できる絶景が得られたという。

大岡昇平の小説『武蔵野夫人』は昭和二五年の発表であるが、ホテル名は特定していないものの、明らかにこのホテルが重要な舞台になっている。大学教授の妻・道子とその従弟の勉が台風のためにここに泊まらざるを得なくなったという設定だ。小説ではこのホテルをこんなふうに紹介している（新潮文庫一二一ページ）。観光客誘致とは微妙に異なる位置付けになっているのは、その後の客層の変化であろうか。

南の谷を埋めた村山貯水池は、昭和初期の銀座文化にとって手ごろな遠出の場所であった。湖畔の同伴ホテルはその需要を充たすために生まれたものであるが、無論戦争中からさびれて、和洋折衷の異様な建物をいたずらに荒廃させているだけである。現在池畔を賑わすほとんど唯一の客である修学旅行の児童たちは、そういうところでは休まない。地形学の興味からここを訪れた勉は、無論ホテルの存在も知らなかった。

ホテルは小説が発表された昭和二五年（一九五〇）に多摩湖ホテルと改称されている。同年には西武園（現西武園ゆうえんち）も開園した。図2は昭和二六年の測量だから開園翌年の状態だ。村山ホテル改め多摩湖ホテルが描かれており、その南側に都県境が通っているのでホテルは埼玉県所沢市内

（市制施行は昭和二五年一一月）にある。遊園地にはまだ遊具がそれほど揃っていなかったのか、図に描かれているのはウォーターシュートと東に見える競輪場だけだ。

当時の多摩湖駅は現在の西武遊園地駅より四〇〇メートルほど南にあった。屋根に集電のためのポールが付いた一両だけの電車が往復していたそうで、東大和市にお住まいの原万次さんのホームページ「わが故郷・東大和」では、昭和二三年（一九四八）以降の話として、次のように回想されている。今でも全線が単線で長閑な雰囲気を漂わせている同線ではあるが、別世界のような話だ。

始めは一両でポールで走っていた。終点まで行くと、ポールに付いてる紐を引き、向きを変える。その後はパンタグラフになり小型の電車を二両連結して走ったが大揺れで乗り心地は悪かった。その後は大型車両が一両、やがて二両と増えてゆく。子どもの頃（いつかは定かでない）多摩湖駅（終点）で車止めを乗り越えて電車が落ちそうになったことがあった。一度、電車が鉢合わせになったこともあったが事故にはならなかった。乗客の数も多くなかった。客は駅員と顔みしりになり定期券を忘れても乗せてくれたり、遅れると電車が待ってくれた。事故は多くなかったが、手動で扉を開け閉めしていたために戸に手を挟まれて大けがをした人、電車に巻き込まれて片腕を失った人がいた。いっとき満員で扉にぶら下がって走っているのを見たことがあるがいつの頃か定かでない。（二〇一〇年九月二四日記）

図2でホテルの前から湖畔を西へ向かっているのは、やはり昭和二五年に開業したばかりのオトギ

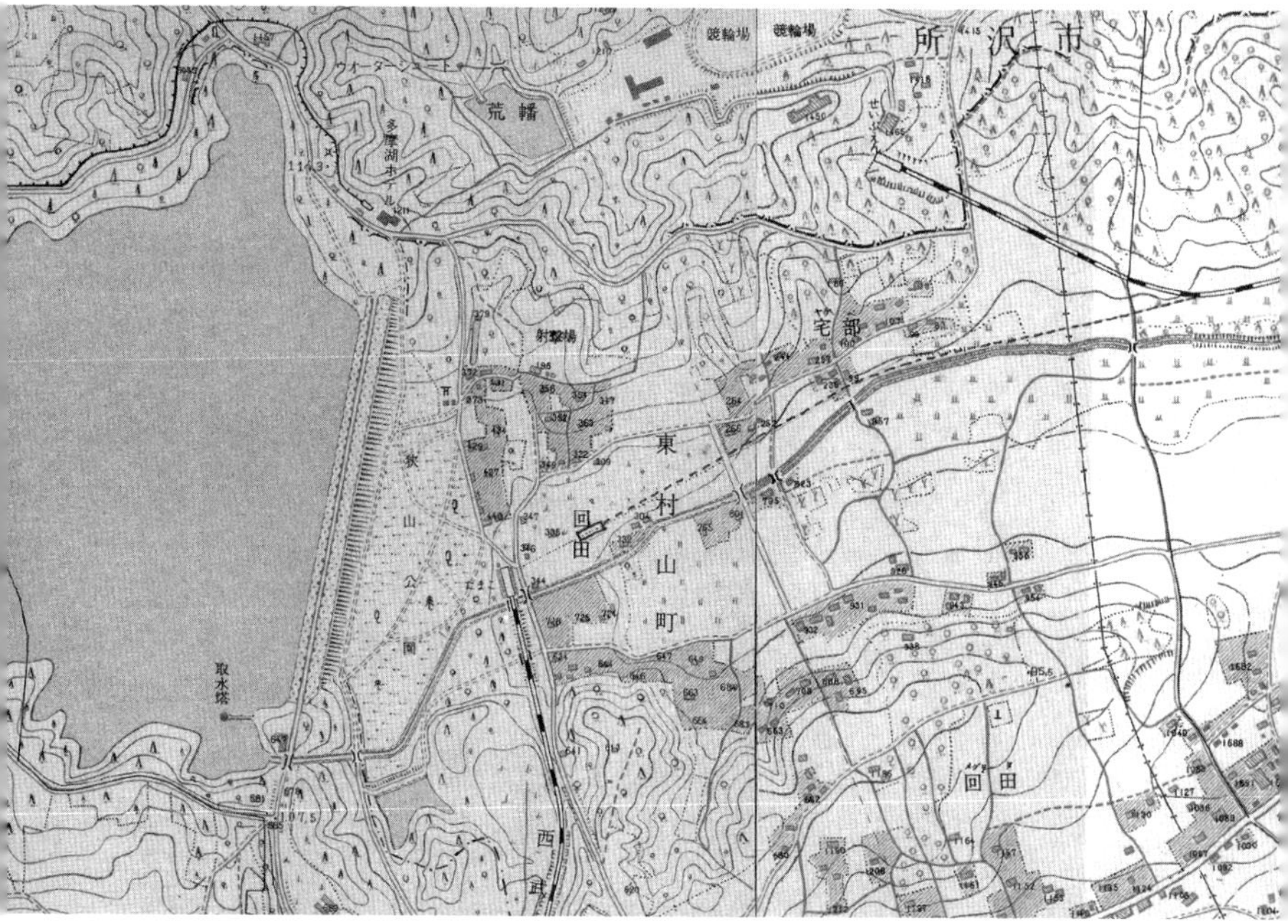

図2（上）　1:10,000「村山貯水池」+「東村山」各昭和26年測量　× 0.7
図3（下）　1:10,000「所沢」平成10年修正 × 0.7

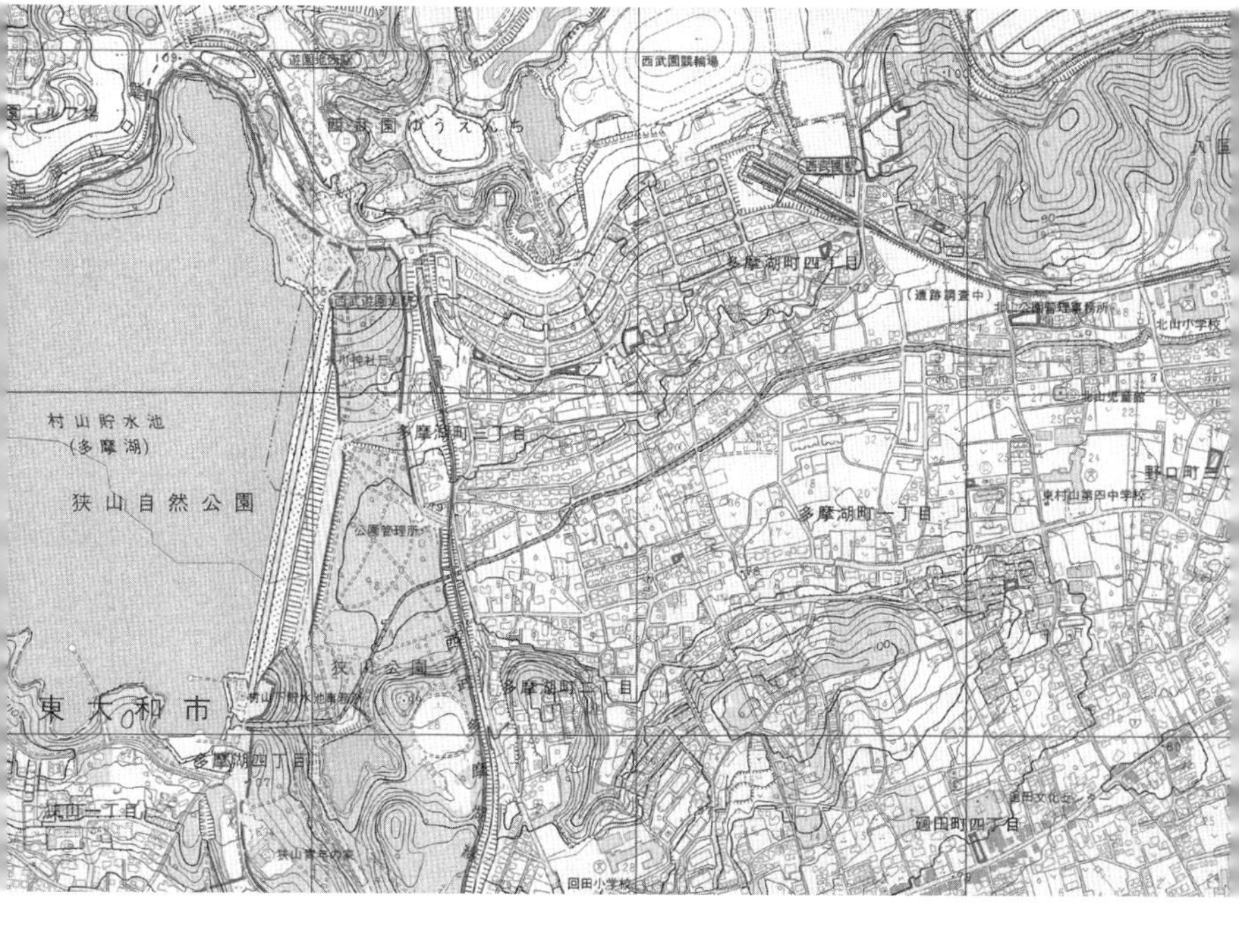

電車（おとぎ列車）である。駅名も当時は「多摩湖ホテル前」と称したが、地形図には記載がない（昭和三八年に西武遊園地と改称）。西の終点はユネスコ村駅であった。軌間は七六二ミリという軽便鉄道の規格で、バッテリーで走る機関車が小さな客車を牽いていた。当初は園内を走る「遊戯施設」の扱いだったが、同二七年に地方鉄道免許をとって西武山口線と改められている。その後はかつて新潟県の頸城《くびき》鉄道で走っていた蒸気機関車が運転され、多くの鉄道ファンが集まったものだ。

西武園と多摩湖を訪れる観光客に親しまれた西武山口線も、後にゴムタイヤで走る新交通システム（側方案内軌条式）への転換が決まり、昭和五九年（一九八四）には運休、翌年に廃止された。同六〇年に開業した新しい山口線は「レオライナー」として生まれ変わっている。

貯水池と宅地開発に消えた歴史的地名

図3はだいぶアトラクションが増えた西武園ゆうえんち。多摩湖駅（旧村山貯水池駅）は昭和三六年（一九六一）には現在地まで延伸・移転され、遊園地への足として便利になった。昭和五四年（一九七九）にはさらに西武遊園地と駅名を改めている。図1では二社の駅が貯水池前で角を突き合わせていたが、結局どちらも西武鉄道になったことで二駅併存の意義を失い、東村山（東方）から伸びてきた旧西武の線路を少し北へ曲げ、西武園駅を昭和二五年（一九五〇）に新設して競輪場の最寄り駅とした。競輪場も図2と図3を比べるとかなり規模が拡大された。図2に破線で描き入れたのが旧線

と初代・村山貯水池前駅である。

図2では多摩湖ホテルの南東にあった「射撃場」も消えている。軍の射撃場などと比べると距離も短いし、図を見ただけではどこからどこへ射撃したのかわからない。どのような性格の施設だったのだろうか。前述の原さんのお話によれば「競技は数人で競うものですが、一人で練習する人もいました。銃を構える人の立つテラスの様な建物の左右と正面の地下に円盤の発射台があり「マーク」と叫ぶと発射台から円盤が飛び出します。（中略）打ち落とすのが大変のようでした。射撃場は一応囲いはありましたが、囲いの外の松林に散弾が飛び散り、それを拾い集めて鉛としてクズ屋（金属を買う人）に売ったという話を聞きました（後略）」とのことである。

「一応あった囲い」は射撃場の北側に屈曲して描かれている「塀」の記号だろう。その後は分譲住宅となったため、現在は当時の姿をまったく留めていないようだ。地名も宅部《やけべ》から多摩湖町に変わっている。宅部は村山貯水池に大半が沈んでしまった村の名で、地名としては室町時代以前から宅部郷として記録されている古い広域地名だ。江戸期の宅部村は現在の東大和市域であるが、こちらの宅部は大字回田《めぐりた》（江戸期は廻り田村）の小字で、『角川日本地名大辞典』では、中世には宅部郷内であったかと推定される、としている。

しかしこの一帯は昭和三九年（一九六四）に多摩湖町一丁目から四丁目に変えられて地名は消滅してしまった。ひょっとすると一〇〇〇年に近い歴史を伝えていた宅部の地名も、西側は貯水池の湖底に沈み（現在は東大和市多摩湖一丁目〜六丁目）、東側は戦後になって不動産価値の上がりそうな地名に差し替えられた。時代とはいえ少々寂しいものがある。

大正時代に出現した田園の遊廓――名古屋・中村

秀吉の故郷を行く単線の路面電車

田んぼの中の一本道を単線の軌道が西へ向かっている。終点は中村公園だ。今もあるこの公園は明治一六年（一八八三）に時の県令・国貞廉平《くにさだれんぺい》が「豊太閤遺跡保存会」を設立し、ここに豊国神社を創建したことに始まる。図の頃はまだ小さいが、大正一〇年（一九二一）に当地が名古屋市に編入された後、公園は大幅に拡充された。

豊太閤とはもちろん豊臣秀吉のことで、この愛知郡中村の出身である。中村は上下に分かれており、江戸期には上中村と下中村と称していた。全国で行なわれた明治二二年（一八八九）の町村制施行時にはこの両村と稲葉地村が合併して織豊《おりとよ》村と命名された。織田信長も「この一帯の生まれ」とし、織田と豊臣から各一文字ずつとったものである。同三九年にはさらに愛知県内での大合併が行な

図1　1:50,000「名古屋北部」大正９年修正＋「名古屋南部」大正９年修正　×1.5

われ、その際に日比津村・鷹場村と合併して「中村」が誕生した。

単線の線路は大正二年（一九一三）の開業で、「名古屋土地株式会社」という会社が運営した路面電車。図に見える通り、名古屋駅南側で東海道本線を跨ぐ明治橋の西詰近くに明治橋停留場を設け、そこから西進して稲葉地に至り、北折して中村公園南端の「公園前」停留場までの路線であった。

「名古屋土地」はその名の通り不動産業者で、その後同社は中村の一〇ヘクタール余りの広大な土地を「旭廓《くるわ》土地株式会社」に売却している。旭廓とは現中区の大須観音（名古屋駅の南東約一・五キロメートル）近くに明治八年以来続いてきた遊廓で、名古屋市街の膨張に伴って風紀問題が何かと取り沙汰され、移転することとなった。その移転先が中村だったのである。

地形図に見える「遊廓造成中」

図1は大正九年（一九二〇）修正版であるが、そこにも約一〇ヘクタールの土地はちゃんと載っている。線路沿いに「下中」という文字のある右上にあたり、線路の北側は荒地、その北側は空地だ。ここが中村遊郭予定地である。遊郭の構造は東京の吉原に倣ったもので、区域は東西三〇〇メートル、南北三五〇メートルほどの長方形で、吉原にもあった「お歯黒溝《どぶ》」と同じような幅一間（約一・八メートル）の濠で囲まれており、これは現在もほぼ一間幅の道として残っている。四隅の道は放射状に配したのが特徴的だ（図2に明瞭に描かれている。吉原にはない）。

土地の造成は大正九年に始まったというから、まさにこの図の修正年である。中村は翌一〇年の夏に名古屋市に編入されているが、もちろん遊廓の造成も編入を前提に行なわれたに違いない。要するに都市における「必要悪」は、都市計画にきちんと組み込まれていたのである。そのような例は名古屋市だけでなく全国各地に存在する。

ネットで探していたら昭和四年（一九二九）発行の『日本遊里史』（上村行彰著）の「日本全国遊廓一覧」を書き写してリストアップしたサイト（現在は閉鎖）があり、名古屋に二か所あった遊廓を載せていた。このうち旭廓が貸座敷数一七一・娼妓数一四九七、現港区の稲永《いなえ》遊廓（藤前干潟近く）が貸座敷数二二・娼妓数一七六という規模になっている。発行年にはすでに中村遊廓が開業しているはずだが、リストだけ少し古いのか、旭廓のままだ。これによれば娼妓数一四九七は中部地方では最大で、東京・吉原の二三六二人や洲崎の一九三七人には及ばないものの、相当に大規模な遊廓であったことがわかる。

遊廓埋め立て用に掘った場所は池に

遊廓造成前の土地を明治期の地形図で調べてみると、多くが水田で一部に畑が混じっており、造成にあたっては多量の盛り土をした。土は遊廓西側の田畑だった土地に求めたため、ここには大きな池ができた。そこは「遊里ヶ池」と呼ばれるようになり、周辺住民の憩いの場となったという。

図2には「中村遊廓」の北西に接して青く着色された池（遊郭北西の濃いグレーに見える部分）が描かれているが、これが遊里ヶ池と思われる。陸地測量部（国土地理院の前身）の五万分の一地形図に

はもっと正確な形が描かれていて、南側から小さな半島が突き出しており、神社の記号と社殿が見える。ここに琵琶湖の竹生島《ちくぶしま》から勧請された弁財天が祀られた（名古屋市中村区ホームページ「大門かいわいの魅力を探る」）。しかしその後は池の土地に日赤病院が建てられることになり、埋め立てられた。病院ができたのは昭和一二年（一九三七）のことである。

名古屋土地の路面電車はその後分社化して大正一五年（一九二六）からは中村電気軌道となった。しかしその後はバスが名古屋駅と直接、中村公園や遊廓を結んで走り出すに至り、名古屋駅からかなり離れた明治橋をターミナルとする中村電気軌道には不利で、乗客は大幅に減少していく。この図2はバスとの競争に苦しんでいる時期であるが、昭和五年（一九三〇）一〇月号の時刻表によれば、明治橋〜公園前間の三・二キロメートルを二〇分と遅いスピードながら、「五分毎ニ運転」と頻繁に運転されていたようだ。

その後は昭和一一年（一九三六）から翌一二年にかけて、名古屋市電気局（現市交通局）は市電路線網の周辺に位置する路面電車会社を相次いで買収していく。新三河鉄道（八事《やごと》方面）、下之一色《しものいしき》電車軌道（南西方面）、築地電軌（現港区方面）とともに、中村電気軌道も昭和一一年に買収され、市電の路線網に組み込まれた。このあたりの経緯は、市街地の膨張が続いていた東京市電や大阪市電と、時期は前後するが同様である。不便な明治橋の起点も買収の翌年には笹島町まで延伸され、市電と接続して栄町方面の都心へ直通できるようになった。

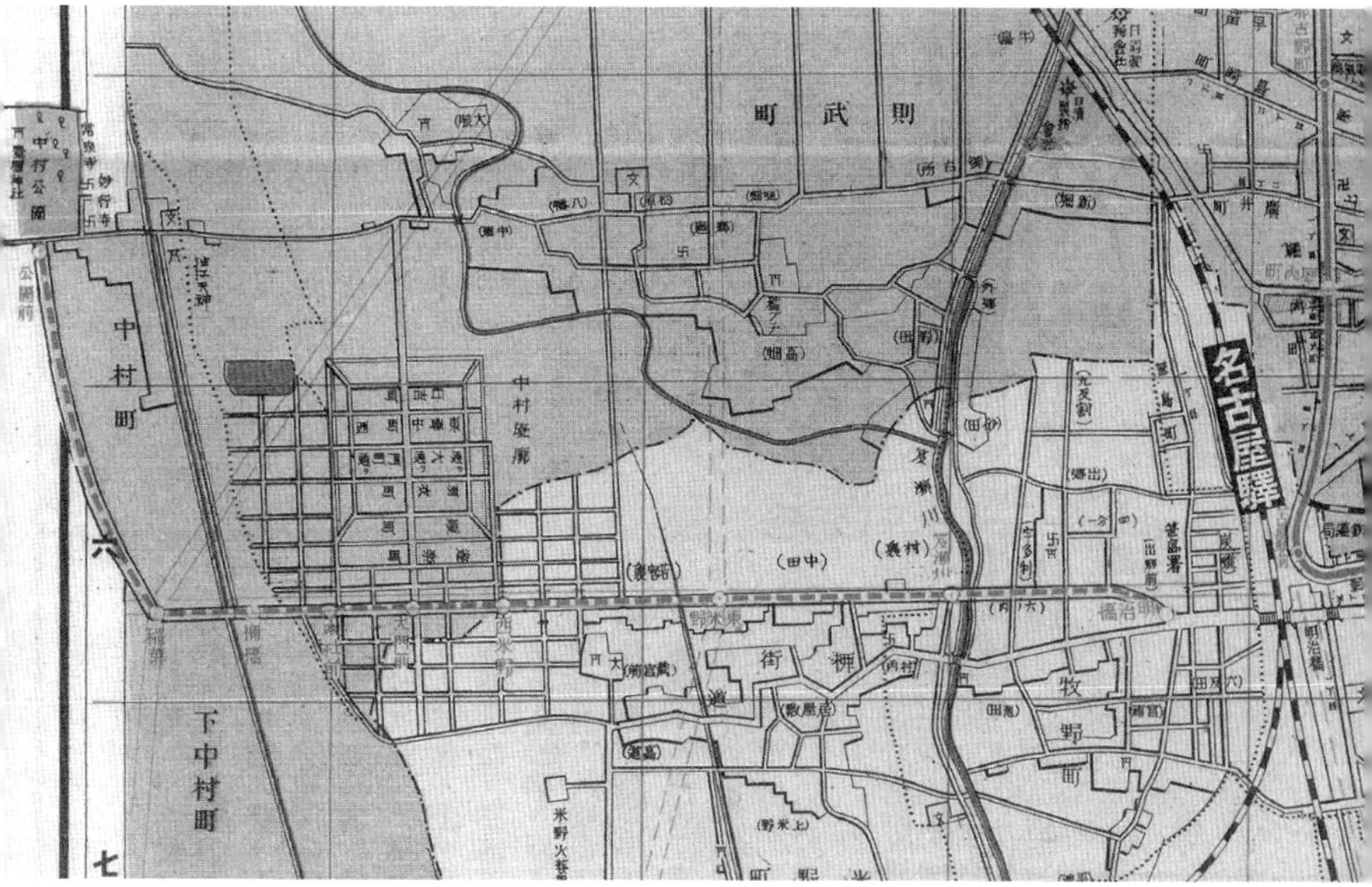

図2 「名古屋市街全図」武内時雄，六楽社　昭和4年発行×0.74

市街地の中に浮かび上がる遊郭の正方形

図3は戦後の昭和二八年（一九五三）である。遊廓の息の根を止めた「売春防止法」が施行される五年前で、まだ中村遊廓は存続している。しかし昭和二〇年にはその名を「名楽園」と改めた。市電通り（現太閤通）の名楽町はそれにちなむものだ（町名は昭和二五年から）。遊里ヶ池はその後埋め立てられて日赤病院になっているが、遊廓の北西端にも中村病院が見える。この病院はもともと駆黴院《くばいいん》と称し、娼妓を対象とする検診・治療施設であった。東京・吉原遊廓に隣接して設けられた吉原病院（現都立台東病院）と同様の発祥である。中村病院が一般の患者に開放されたのは昭和二五年のことだ。

一万分の一と縮尺が大きいので、遊廓に設けられた五つの町、南から順に賑《にぎわい》町・羽衣町・大門《だいもん》町・寿町・日吉町がわかる。いかにも「戦前の瑞祥地名」の代表格といった地名群であるが、これらの町は遊廓が完成した少し後の昭和二年（一九二七）に、西区則武《のりたけ》町と日比津町の一部を割いて設けられた。五町の境界の外周に濠が廻っていたが、この時期にはすでに道路になっていたようだ。

遊廓正面の停留場は「だいもんどおり」とある。しかし地元では大門をもっぱら「おおもん」と呼んでいたようで、現在の公式町名は「だいもんちょう」だが、戦前の地図などには停留場名として「おおもんどおり」の記述も見られる。ついでながら東京・吉原の大門も「おおもん」である。

中村病院の左下に隣接している神社は素戔男《すさのお》神社で、遊廓の商売繁盛を祈って建立された。妓楼名を記した奉納物が今も残っているという。中村病院の「中」の左の寺院記号は光明寺で、豊臣秀吉が子供の頃に手習いをした寺として知られている。

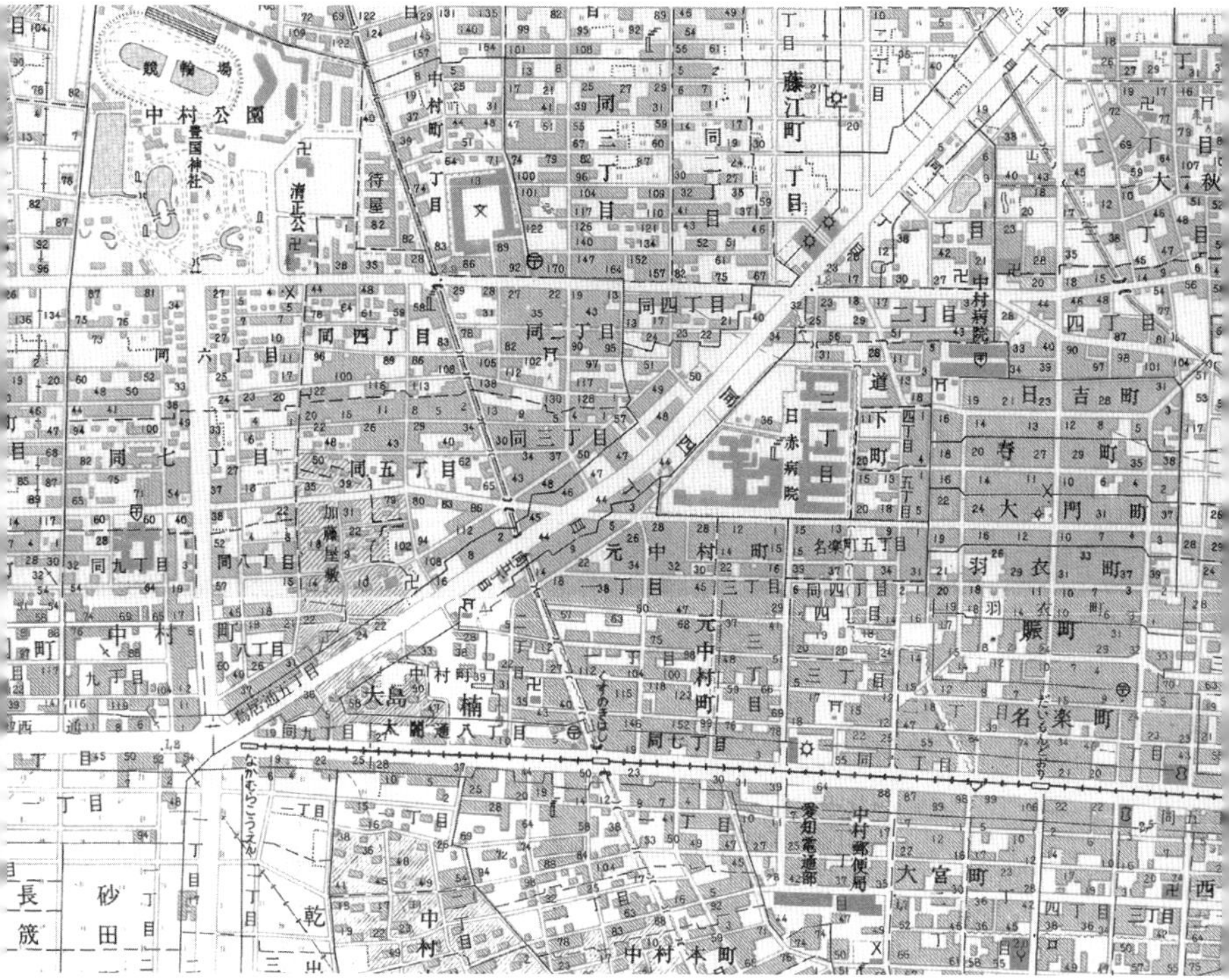

図3　1:10,000「名古屋西北部」昭和28年修正＋「名古屋西南部」昭和28年修正　×0.8

妓楼の中庭も表現されている地形図

売春防止法が施行された後は全国各地の遊里と同様、五町に櫛比《しっぴ》していた妓楼もそれぞれ相次いで廃業や転業していくが、その中でも設備投資がそれほどかからない旅館や飲食店となるものが多かったようだ。名古屋駅から遠く離れた地区にもかかわらず、そのようなサービス業が集中するさまは、歴史を知らない人にとっては異様に映ったかもしれない。

しかしすでに法の施行から半世紀以上が経過し、建ち並んでいた木造の立派な妓楼建築も徐々に姿を消している。最近ではマンションや事務所のビルも増え、言われなければ中村遊廓の面影は感じにくくなった。それでも前述のホームページ「大門かいわいの魅力を探る」によれば、それらの建物の一部は、料亭となったり、デイサービスセンターとして今も使われているものがある。

そういえば、図4下の拡大図で大門町の通りの南側に並ぶ家を見ると、いずれもまん中に「穴」が開いているのがわかるが、これらはいずれも妓楼で流行した、中庭を取り囲む「ロの字形」の木造建築だ。「近代建築撮影日記」というホームページの「名古屋の近代建築その一（中村篇）」、それに加えて「まっちの街歩き　大門（名古屋市中村区）」にそれらの木造建築が多数紹介されている。

このあたりは地下鉄東山線が昭和四四年（一九六九）という早い時期に開通、中村日赤駅が開業しており、名古屋駅からはわずか五分である。その地の利が影響して最近も少しずつこれらの建築は取り壊しが進んでいるらしいが、名古屋の「近代裏面史」において決して無視できない歴史の証人として、少しでも長く残っていってほしいものだ。

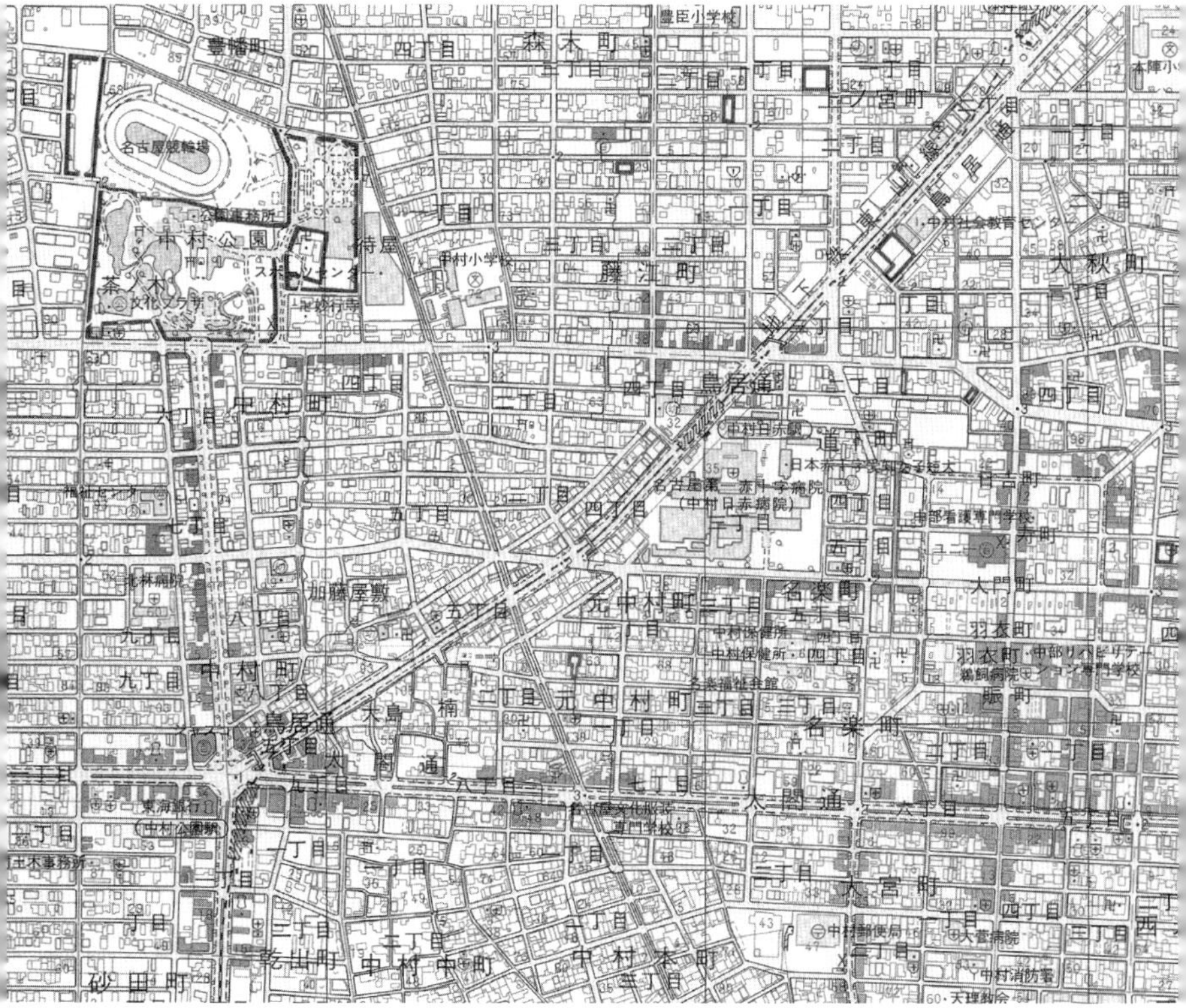

図4　1:10,000「甚目寺」平成5年修正＋「八田」平成5年修正　×0.8
右はその拡大（×2.0）

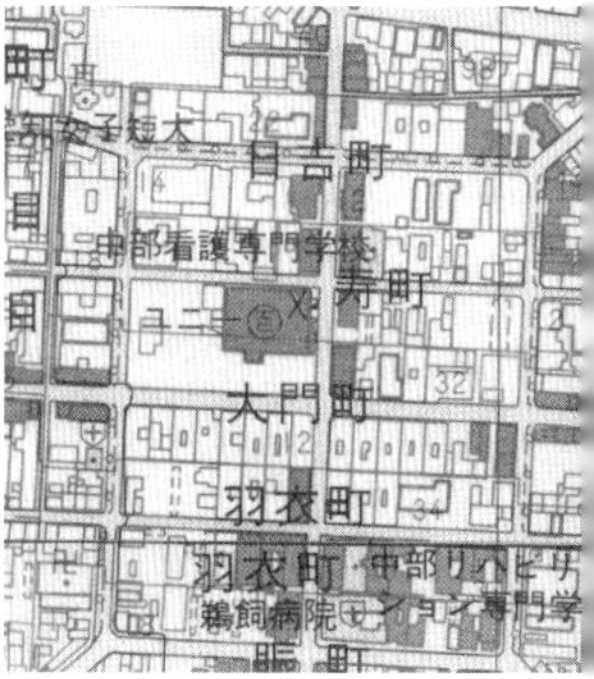

埼玉から東京へ移籍した村――浮間

蛇行する暴れ荒川と府県境

奥秩父のどんづまり、甲武信岳の東側に源を発する荒川は全長一七三キロメートル、流域面積は二九四〇平方キロメートルに及び、埼玉県の三分の二がこの川の流域に入っている。荒川はその名の通りよく氾濫を起こし、周辺の村々はそのたびに大きな被害を蒙った。特に明治四三年（一九一〇）八月の台風に伴う集中豪雨はまさに激甚災害で、利根川なども含む関東各地の河川が氾濫を起こし、死者・行方不明者は一三七九人にも及んでいる。

この大洪水を機に翌四四年から本格的な河川改修工事が始まった。工事は結局二〇年の長期に及ぶが、赤羽の少し下流に位置する岩淵に水門が築かれ、荒川放水路（現荒川本流）が新たに開鑿《かいさく》された。これにより流域の水をすべて引き受けていた隅田川の負担は劇的に軽減され、その後は明治四三年のような東京下町の大半を浸水させるような水害は起きていない。

大正七年（一九一八）からはさらに上流部の改修も始まる。かつての荒川は入間川との合流地点あたりから南側で特に蛇行が激しかったが、それをまっすぐに付け替える工事が大規模に行なわれた。洪水に備えるため河川敷を非常に広くとり、さらに流れを緩和させるために通常の堤防に加えて、流れに向かって突き出す横堤《よこてい》がいくつも設けられた。川幅が最大なのは鴻巣《こうのす》市と吉見町の境界付近の二五三七メートルで、ここは「川幅日本一」として知られている。


次ページの図1は荒川改修の最中の図である。大きく蛇行する荒川本流と、それをショートカットしてつなごうとする工事中の河川敷が広大な「荒地」で表現されているが、その逆S字形に蛇行した袋状の内側に浮間《うきま》の集落がある。工事中の新河道に面して堤防が築かれつつある一方で、従来の蛇行した荒川との間に堤防らしきものは何も見えない。つまり以前は氾濫したらなす術がなかったのだろう。浮間村は文化文政の頃（一八〇四〜三〇）の家数が五〇で、明治九年（一八七六）でも六〇軒と記録にあるから、ほぼ同じ規模でずっと推移してきたようだ。

左端を南北に走るのは中山道で、右下方が板橋宿である。板橋からずっと武蔵野台地を通ってきた道はここで志村の坂を下って荒川の沖積低地へ出るが、志村坂上までは地下を通ってきた都営地下鉄三田線も、ここで自然に地上へ出てくる。線路が上がったというよりは、地面が下がったために線路が地上に現われた、という按配だ。

江戸期の道中図を編纂した『五街道細見』（岸井良衛編、青蛙房、昭和三四年発行）という本によれ

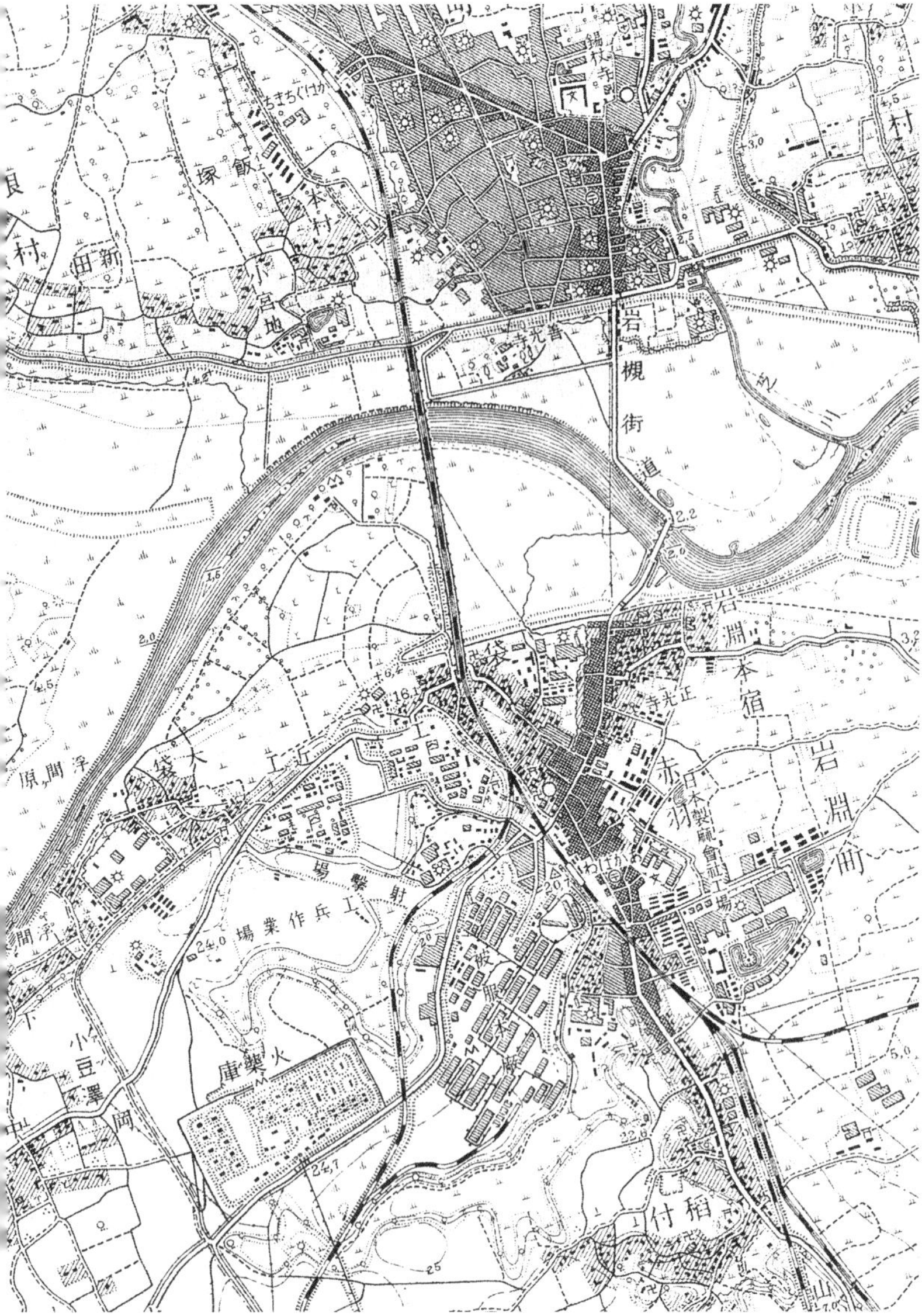
錫杖寺
飯塚
本村
小宮地
新田
善光寺
岩槻街道
岩淵
本宿
正光寺
袋
浮間原
赤羽
日本製麻會社工場
岩淵町
射撃場
工兵作業場
火薬庫
小豆澤
稲付

図1　1:25,000「赤羽」大正10年修正×1.05

ば、志村から先は「この間廿丁　野原道」とある。二〇町は二・一八キロメートルである。なるほど地形図には田んぼもあるが畑、荒地、樹林などが交錯する。しかし人家はほとんど見当たらない。つまり広大な氾濫原ということだ。同書の「戸田の渡し」には「此の川水増しの時は志村まで川ひらき舟も及ばず。此の時は江戸に入るには、岩淵、千住へ廻るなり」（文政版）とある。洪水時は台地の裾にある志村の坂下まで水が来て、川がまるで湖のようになったのだろう。今のように頑丈な連続堤を造る重機もなく、洪水の時は一帯が水浸しになるのを覚悟して住民は生活を営んできたわけだ。しかし氾濫で上流から運ばれてきた土は養分に富み、作物にとっては良かった。モノを持ちすぎている現代人の感覚では、堤防のない川辺に住むことを理解しにくい。

図1では戸田の渡しは姿を消していて、そこに今よりずっと小ぶりな戸田橋が架かっている。明治八年（一八七五）に架けられた木橋（記号が細いのでそれとわかる）で、同三一年までは橋銭を徴収していたという。橋の左に水深二・五メートルと記されているが、やはりこれだけ小さな川幅に流域の水をすべて集めるのだから、この水深はうなずける。河川改修が終わった後の昭和七年（一九三二）に架けられた新しい鉄橋は、河川敷も跨ぐため五二九メートルという長いものになった。

河川改修工事が終わると浮間の村はその大半が川の南側となり、その部分は大正一五年（一九二六）に埼玉県から東京府の岩淵町へ移管されることとなった。これにより従来は「埼玉県北足立郡横曽根村大字浮間」だった住所は「東京府北豊島郡岩淵町大字浮間」に変わっている。岩淵町は赤羽の東に位置する岩槻《いわつき》街道（日光御成《おなり》街道）の宿場として発達したところで、赤羽駅も同町内だ。

赤羽は武蔵野台地の突端に位置しており、台地上は明治に入ってから広大な軍用地として使われる。図1に見えるものだけでも、赤羽駅西側の台地上には陸軍被服本廠、引込線の西側には陸軍の火薬庫、北側に工兵作業場と射撃場、その右上には「近工」こと近衛工兵大隊、その東に「工一」、工兵第一大隊の兵営が連なっている。ちなみにMの記号は「陸軍所轄」、旗のような記号は陸軍兵営（このMが二重線なら海軍兵営）、火薬庫の建物の周囲を点々と取り囲む築堤状のものは土塁である。

赤羽の北側の荒川橋梁はすでに新しい川幅に合わせた鉄橋になっており、川の北に見える善光寺は堤外地（川の側）に閉め出されてしまった形だ。ちなみに東北本線の前身である日本鉄道中仙道線が明治一六年（一八八三）に開通する前、新しい機関車をイギリスから輸入した。官営鉄道の新橋工場で組み立てたのだが、それを日本鉄道の線路へ運ぶ際に、まだ線路が繋がっていなかったので、この機関車を荒川（当時はもちろん隅田川）を経由して陸揚げすることになった。しかし機関車を載せた艀《はしけ》が重さに耐えられず沈没し、それを善光寺の檀家が総出で荒川から引き揚げたという。それにちなんでこの機関車には「善光号」の愛称が付けられた。この善光寺は最近になって隣の舟戸小学校などとともに「スーパー堤防」上に嵩上げされている。

近衛工兵隊が架けた「孤島」への橋

図2の縮尺は一万分の一、浮間のクローズアップである。岩淵町はその後昭和七年（一九三二）に東京市が周辺八二町村を編入した際、王子町とともに王子区となっている。これにより「東京府北豊島郡岩淵町大字浮間」は、「東京市王子区浮間町」と都会的な住所になった。前述の改修工事で本流

から切り離された蛇行部分は、その一部が新河岸川《しんがし》として利用されている。もともと新河岸川は川越と江戸を結ぶ物流の大動脈であり、かつては現朝霞《あさか》市のあたりで荒川に合流していたが、改修後は荒川本流に合流することなく、岩淵水門の南側からそのまま隅田川に流れ込む。

この川に架かっている唯一の橋・浮間橋は「浮間かいわいねっと」という地元ホームページ「浮間橋の碑」によれば、浮間の住民が六千円を醵出《きょしゅつ》し、近衛工兵大隊に架橋を依頼したものだという。これにより昭和三年（一九二八）五月に幅二間（約三・六メートル）、長さ六五間半（約一一九メートル）の木造橋が完成した。昭和三年に建てられた漢文の碑には「岩淵町に合併したが（放水路の完成により＝著者注）孤島の如くなってしまった。船に頼る日常は万一の事故を思うと憂慮せざるを得ず工兵隊に依頼、その尽力により今日ようやく架橋が成った」といった意味のことが彫られている。昭和九年には鋼板鋼桁橋に、さらに同一五年には鉄橋に架け替えられたという。これだけ頻繁に架け替えるのは不自然な気もするが、おそらく工兵隊の架橋演習を兼ねたのだろう。

中央南寄りにある中外製薬の工場は今もここに健在で、操業を始めたのは大正一四年（一九二五）という昔だ。浮間町の東側に集まっている工場はその後の進出だが、「昭和二〇年部分修正」の地形図にはすでに載っているから、この地域の工業化はかなり早かったと言えるだろう。

南西に広い敷地を占めている「資源技術試験所」は昭和二七年に燃料研究所（大正九年設立）と鉱業技術試験所が合併したもので、その後は「公害資源研究所」となり、昭和五五年につくば市に移転した（中央省庁再編に伴って平成一三年からは独立行政法人産業技術総合研究所）。跡地は現在「水再生センター」が完成し、その屋上は「浮間子どもスポーツ広場」になっている。

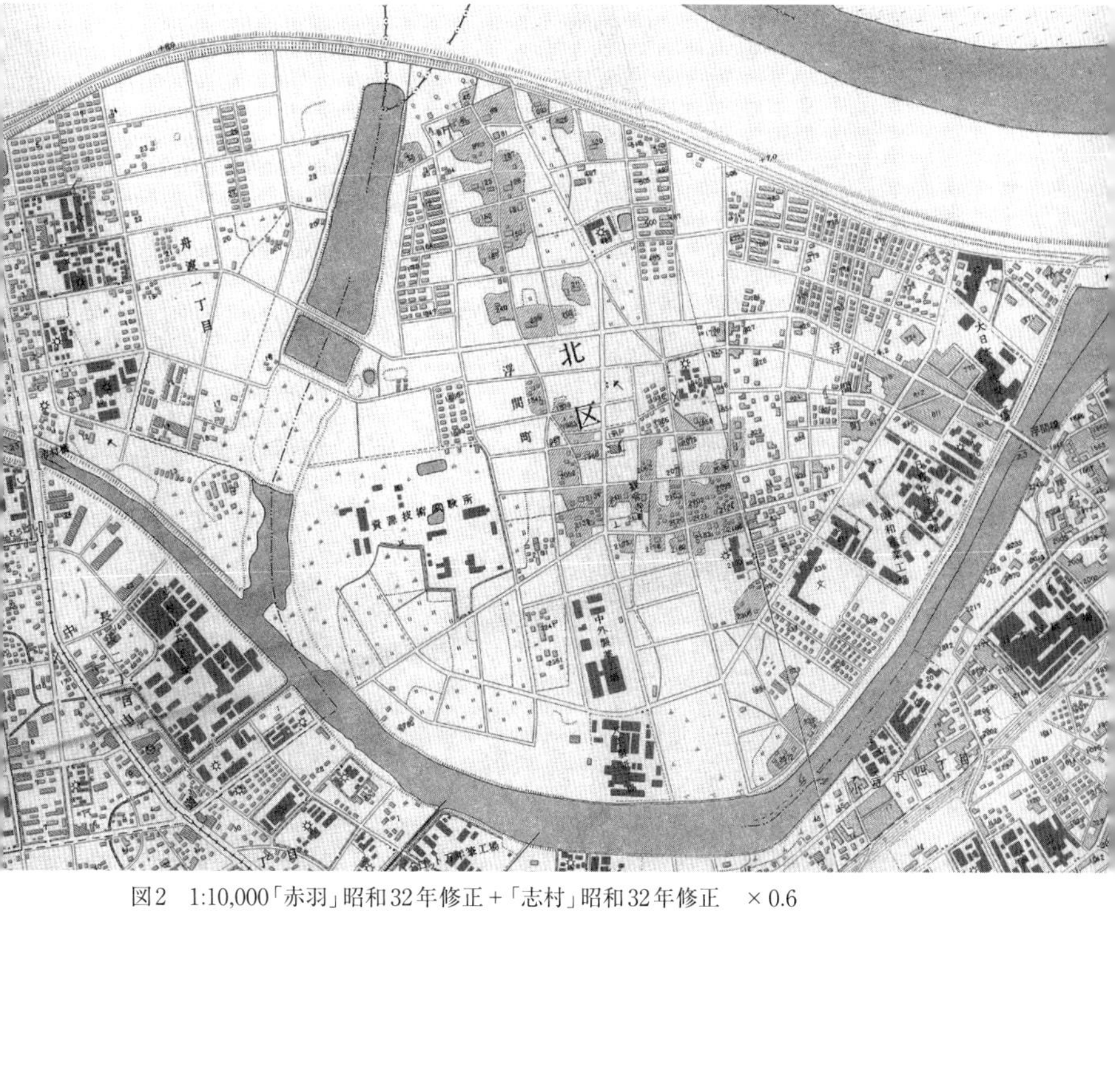

図2　1:10,000「赤羽」昭和32年修正＋「志村」昭和32年修正　×0.6

図2の左下の中山道（国道一七号）には都電の線路が見えるが、志村〜志村橋のこの区間は四一系統（巣鴨車庫前から）が運転されていた。開業は昭和三〇年（一九五五）と、都電の新規開業としては最終期に近く、廃止が昭和四一年だから、わずか十一年しか走らなかった路線である。

この地域の交通を根本から変えたのが埼京線の開通だ（図3）。赤羽〜大宮間の東北新幹線の建設にあたって、地元は「通勤新線を併せて建設してほしい」という要望を出し、東北新幹線が昭和六〇年（一九八五）三月に開通した半年後の九月三〇日、要望を受けた通勤新線こと埼京線が開業している（正式には東北本線の別線）。その後は川越線と直通運転を開始、現在では埼玉県南部の交通に不可欠な大動脈となっている。埼京線では浮間に二駅が設けられた。いずれも旧河道上であるのが興味深い。北赤羽駅は新河岸川を跨いで赤羽北と浮間の両側に出入り口がある。図2で周囲に多かった工場もだいぶ移転して、跡地はおおむね団地に変わった（図の「王子運送倉庫」は現在マンション）。浮間舟渡《ふなど》駅は北区浮間と板橋区舟渡に跨がり、双方の地名を繋いだ連称駅名である。ここも旧河道だった所だが、すでに埋め立てられているので大正一五年（一九二六）まで東京・埼玉の府県境だったとは、言われなければ気付かないだろう。

図2ではだいぶ残っていた浮間西側の旧河道も半分ほどが埋め立てられ、残りは浮間公園の浮間ヶ池としてかすかに荒川旧河道の「記憶」をとどめている。橋もずいぶん増えた。浮間橋は埼京線・新幹線の建設時に再度架け替えられ、南側には新河岸橋、新河岸大橋が架かった。北赤羽駅から新宿までわずか一七分。もはや「孤島」どころではない。

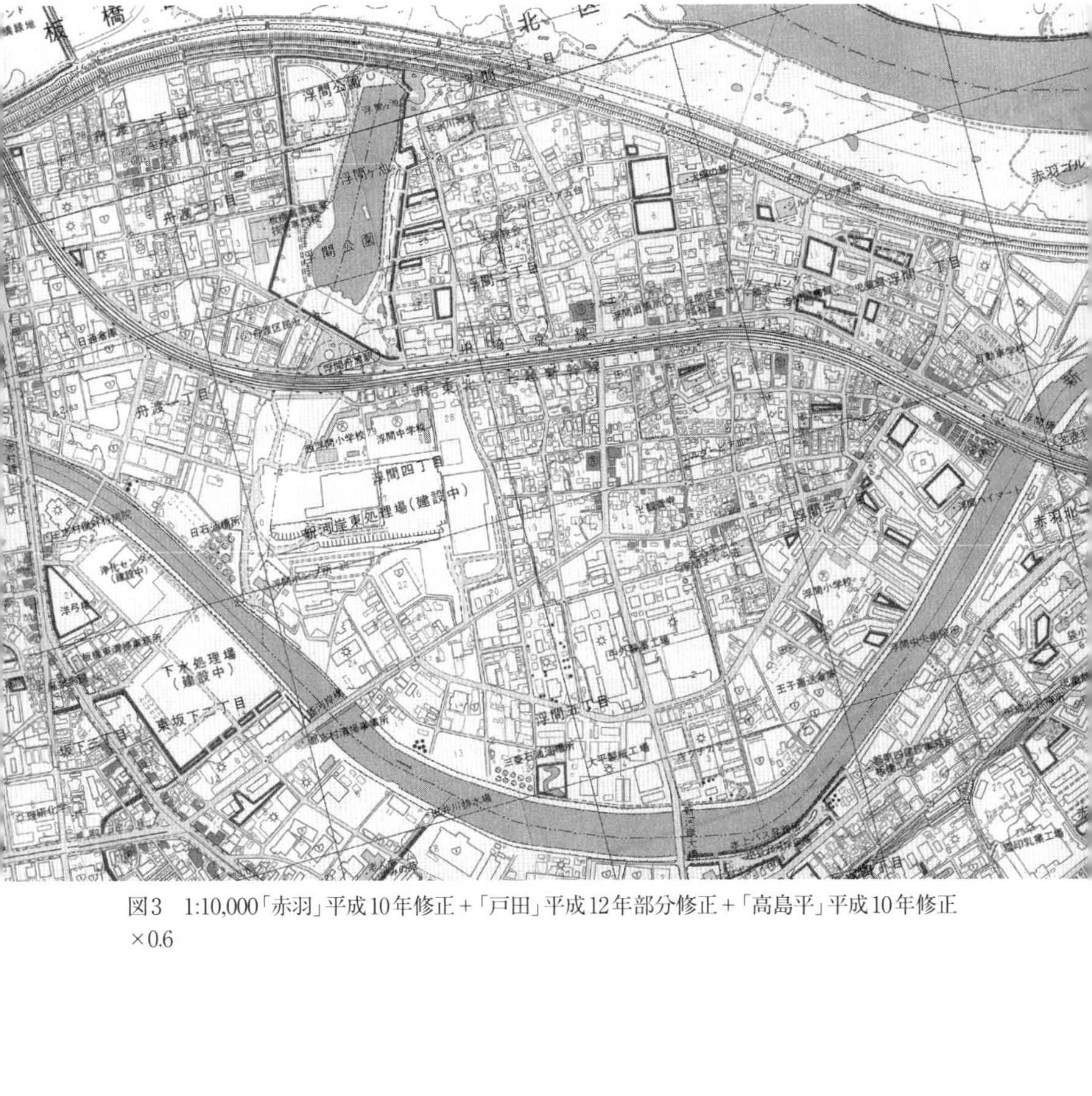

図3　1:10,000「赤羽」平成10年修正+「戸田」平成12年部分修正+「高島平」平成10年修正×0.6

「空都」から多摩の中心へ——立川

農村にできた旧制中学校と飛行場

東京都の多摩地区には栃木・群馬の両県を合わせた人口とほぼ同じ約四〇〇万人が住んでいる。その多摩地区の駅の中で最も利用者が多いのは立川駅だ。最近になって商業の集積が進み、平成二二年度には一日平均一五万八千人（乗車人員）と、同じ中央本線の八王子駅に二倍近い差をつけている。

その立川市の人口は現在一七万八八二四人（平成二三年一一月一日現在）を数えるが、明治二四年（一八九一）にはわずか二二二八人の立川村。その後に一緒になる北隣の砂川村の方が四一三八人と多かったほどだ。立川に初めて鉄道が開通したのは明治二二年（一八八九）四月一一日、中央本線の前身の甲武鉄道である。立川村は明治一四年（一八八一）までの柴崎村を改称したものだ。同じ北多摩郡内に柴崎村が二つあったため（一方は現調布市柴崎）、中世までの立川郷（立河郷）の名を採用

図1　1:25,000「府中」昭和5年部分修正×0.88

した経緯がある。もし柴崎村が一つだけだったら柴崎駅・柴崎市だった可能性が高い。当初の起点は新宿駅で、開業日は東京市中から多くの人が集まる沿線の名所「小金井の桜」の花見の時期に間に合うよう設定されたという。

その甲武鉄道が中野から立川まで一直線であることは有名だが、それだけ武蔵野台地は地形が平坦、かつ途中の人家はたまに農家が点在する程度であった。立川が交通の結節点としての第一歩を記すのは明治二七年（一八九四）に青梅《おうめ》鉄道が立川〜青梅間を開業した時のことである。この軽便鉄道（当初は軌間七六二ミリ）は青梅付近の石灰石や森林資源の搬出を目的に地元資本で敷設された。株主の八割以上が三多摩地区在住ではあったが、後に浅野セメントを設立する浅野総一郎が大株主として加わっているのは、やはり石灰輸送鉄道としての将来性を見込んでいたからだろう。

明治三四年（一九〇一）には立川駅の約五〇〇メートル南に東京府第二中学校（現都立立川高校）が開校した。中学校としては多摩地区初で、八王子町と競った結果ここに決まっている。当時の多摩で都市らしいところは八王子しか存在しなかったにもかかわらずこのように決定されたのは、青梅鉄道との結節点で地理的に見て将来の「多摩の中心」となることを見越したものだったのだろうか。

図1は昭和五年（一九三〇）の部分修正。もともとの立川村は駅の南西、役場の〇印の西側が中心であったが、駅舎は北側に設けられている。これは蒸気機関車に必要な水の供給の都合らしい。いずれにせよ駅前は発展し、図の修正された昭和五年当時では北口の新市街に比べて南は桑畑と対照的だ。それでも南側が市街地的な区画になっているのは、将来の発展を見越して耕地整理事業を早期に

行なったためである。このため無秩序な市街の膨張を防ぐことができた。

第二中学校の西には「原蚕種製造所」が見える。周囲の土地利用を見れば一目瞭然だが、台地上の土地には桑畑が目立つ。養蚕は江戸期から行なわれており、明治に入って日本の輸出品に生糸が躍り出てから一帯には養蚕農家が激増、生糸工場もできた。最盛期は明治から大正にかけてである。

立川から国際線が飛び立った時代

駅の北側に目立つ飛行場は、大正一一年(一九二二)に陸軍航空第五大隊が置かれて以来のもので、一四八・五ヘクタールに及ぶ山林原野と畑が造成された。航空隊の影響は大きく、大正一〇年に四七七二人だった立川村の人口は同一二年には六八九五人と一・四倍に急増して砂川村を抜き、同年に町制施行している。航空機や航空隊に関連する施設も進出していることが図にも表われており、飛行場の北西には陸軍航空本部技術部、北東には飛行機製作場、南西には御国飛行学校、朝日新聞格納庫、日本飛行学校、航空輸送会社格納庫などが見える。

「航空輸送会社」とは昭和四年(一九二九)に運航を開始した日本航空輸送会社で、昭和五年の時刻表(鉄道省編纂『汽車時間表』一〇月号　日本旅行協会発行)によれば東京(立川)~大阪~福岡~蔚山《ウルサン》~京城《けいじょう》(現ソウル)~平壌《へいじょう》~大連という航路に一往復(日曜を除く)が運航されていた。

東京を朝八時四〇分に発った飛行機は大阪に一一時一〇分着、二〇分後に離陸して福岡に一四時四〇分に到着する。翌日午前一一時五〇分に福岡を飛び立つと京城でまた一泊、終着の大連には三日目の一三時四〇分（南満洲時間＝一時間遅れ）というダイヤであった。昭和六年（一九三一）には民間航空用の羽田飛行場ができて旅客機の発着はそちらに移されるので短期間ではあるが、この立川から国際線が飛んでいたのである。

その年には満洲事変が勃発、「帝都」に隣接した陸軍飛行場として立川は重要性を増した。民間航空の羽田移転に伴って民間人の飛行場内への立ち入りは制限され、また周辺地域には軍の航空関係の施設が増強されていく。昭和一〇年（一九三五）に設立された陸軍航空技術研究所をはじめ、陸軍航空技術学校、陸軍航空廠立川支廠、立川陸軍病院、立川憲兵隊などが置かれ、昭和飛行機や立川飛行機（当初は石川島飛行機製作所）などの工場も周辺に続々と進出して、立川は一躍「空都」としての名を轟かせることとなった。立川町には軍人の他にも軍需工場で働く従業員とその家族などの住宅地が建設され、人口はますます急増していく。

飛行場の南辺中央あたりの病院は立川町立病院、その右にあるのは、当時の市街地図によれば「空都」らしく航空神社と称していた。きっと乗員、おそらく乗客も空の安全を祈ったのだろう。昭和一一年（一九三六）発行の『立川町々勢一覧』には「現今の立川町」として次のように発展の様子が綴られている（漢字は新字に改めた）。

然ルニ昭和四年陸軍航空本部技術部及石川島飛行機製作所等移転シ来リ、以来戸口急激ニ発展膨脹して翌五年国勢調査ノ際ニハ世帯数二千七百三十五、人口一万三千五百十一ヲ算セリ。又昭和十年度国勢調査ノ結果ニ拠レバ世帯数四千五十三、人口二万三百八十八ニシテ前回ニ比シ五割余ノ増加率ヲ示シ町制施行当時ニ較ブレバ実ニ四倍ノ増加ヲ示セリ。加フルニ昭和四年六月立川迄中央線ノ電化セラル、ト共ニ新シキ文化住宅日ニ多キヲ加ヘテ其ノ発展真ニ驚クベキモノアリ。

南東から立川駅に接続している鉄道は現在のＪＲ南武線。当時は浅野セメント系の私鉄・南武鉄道で、青梅や五日市方面からの石灰石を浜川崎のセメント工場まで運んでいた。昭和四年（一九二九）一二月に分倍河原《ぶばいがわら》〜立川間の開業で全線開通したばかりで、立川町内には立川の他に西国立と東立川の両駅が設けられた。このうち東立川駅は昭和一九年（一九四四）四月の国鉄買収の際に廃止されたが、昭和五年の立川町の地図には同駅の西側に「指定地」（おそらく三業指定地）とあるから、歓楽街であったことがわかる。ただし図は鉄道開業直後なので駅周辺には何も建物が描かれていない。

占領下の立川——基地の町

「空都」として人口を急増させていた立川町は、昭和一五年（一九四〇）には三万五千人を超えて市制施行する。それに伴って同一七年には市内に柴崎町、曙町、高松町、錦町などの「町」が設定された。曙町はその字の通り東に位置する区域に、また飛行場の区域は翼の連想からか「羽衣町」が予定されていた。しかし軍部から「羽衣町など軟弱で、飛行機が墜落しそうだ」とクレームが入り、急遽両者を入れ替えたというエピソードが伝えられている（現在では旧飛行場の区域は緑町）。

しかしその発展とは裏腹に、翌一六年末に始まった太平洋戦争は次第に日本の旗色が悪くなり、昭

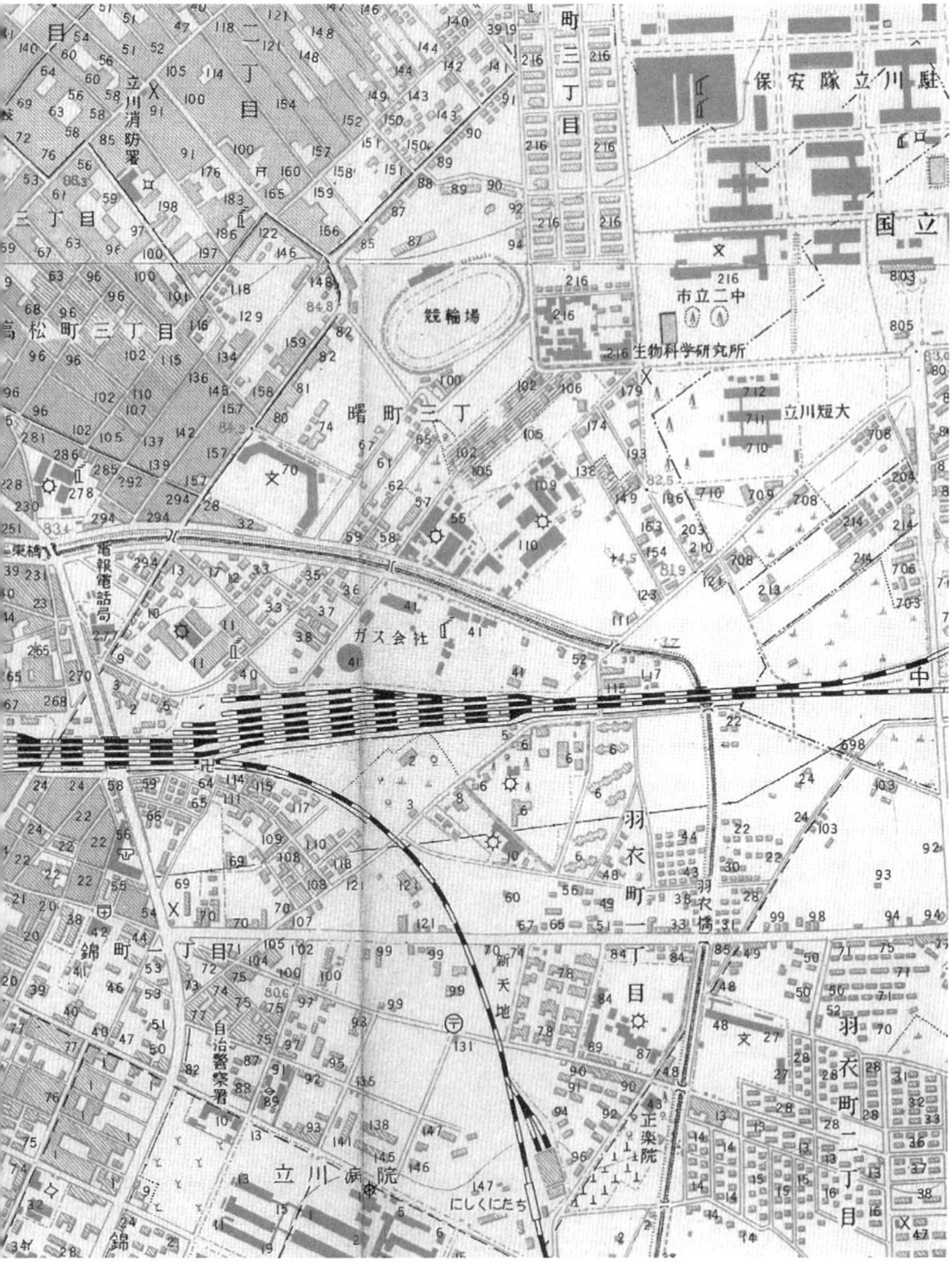
保安隊立川駐
国立
市立二中
生物科学研究所
立川短大
競輪場
曙町三丁
高松町三丁目
三丁目
立川消防署
電報電話局
ガス会社
羽衣町一丁目
羽衣橋
錦町一丁目
新天地
自治警察署
立川病院
正楽院
にしくにたち
羽衣町二丁目

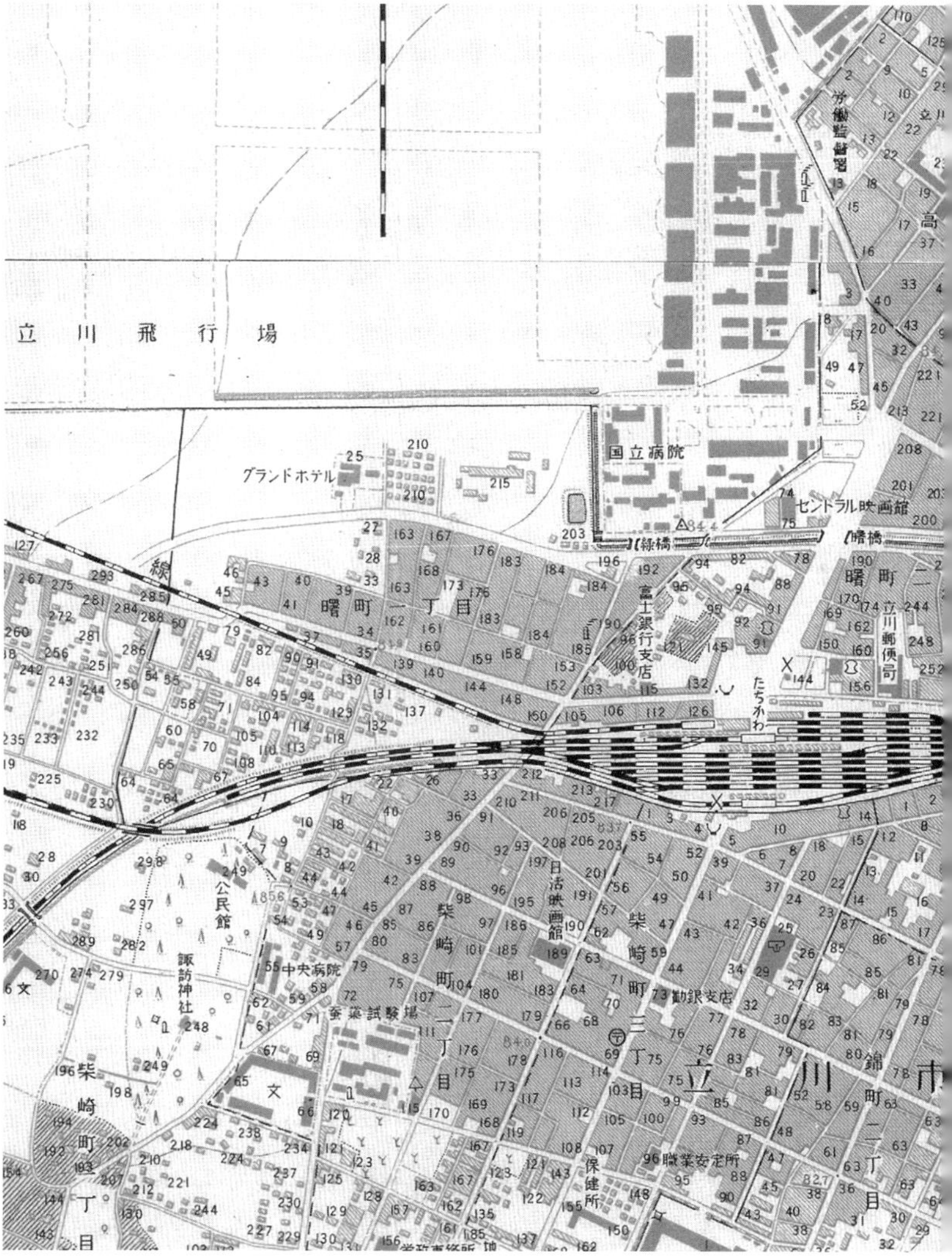

図2　1:10,000「立川北部」昭和27年測図＋「立川」昭和27年測図　×0.98

和二〇年（一九四五）には他の都市と同様に立川も空襲の被害を受けた。終戦直後に復員庁第一復員局が調べた空襲被害のデータによれば、立川市の戦災被害は全焼・全損が四九〇戸となっている。これは八王子市の一万二八九五戸に較べるとはるかに少ないが、おそらく占領後に米軍が飛行場をすぐ効率よく使えるように、あまり徹底した攻撃を行なわなかったのではないか。それでも、総務省の「一般戦災ホームページ」によれば、立川市内では昭和二〇年二月一六日以降一三回に及ぶ空襲があり、合計三四〇人の犠牲者が出ている。このうち一五五人は立川飛行機の工場内であった。

図2は昭和二七年測図の一万分の一である。街路の形は現在とあまり変わらないが、北西に広大な立川飛行場の一部が目立つ。米軍は終戦直後の九月に立川に進駐、空軍極東司令部をここに置いた。町には米兵が目立つようになり、前述のホームページによれば、立川駅北口には露天やテント張りの闇市が建ち並んだという。昭和二五年（一九五〇）には朝鮮戦争が始まるが、この頃は立川ではまさに朝鮮特需で、米兵相手の商売が繁盛する。

しかし戦争に直結する米軍基地の存在は住民との間で必然的に軋《きし》みをもたらす。昭和三〇年（一九五五）に起こったのが「砂川事件」である。米軍の要請で立川飛行場を北へ拡張しようとする計画が持ち上がったところ、砂川町（昭和二九年町制施行）の住民が反対運動を起こす。昭和二五年からの朝鮮戦争でこの基地が出撃拠点となったこともあり、日本が間接的に戦争に荷担することへの反対世論も後押しし、激しい町民の抵抗の前に、結局は翌三一年に拡張工事の測量は断念されている。

一方でアメリカからは東アジアの「防共」戦略の一翼を担うため、防衛力強化が要請されていく。

右上に「保安隊立川駐屯地」が見えるが、まさにこの図が測量された昭和二七年一〇月に警察予備隊から改編されて誕生したのが「保安隊」である。ここは戦前、軍馬に関する施設、陸軍獣医資材廠の広大な土地であった。立川駅からは同廠を経由して北回りで立川飛行場に至る専用線が敷かれていたが、戦後これが南へ延伸されている。左上の飛行場内の線路がそれだ。

基地の町から多摩の中心商業地へ

次の図3は平成一一年(一九九九)の修正である。前年一一月に立川北〜上北台間に多摩都市モノレールが開通したばかりだが、翌一二年には立川北〜多摩センター間も延伸して全通となった。これによって日野・多摩市内や北に位置する東大和市などからの集客力は急増し、ますます立川への商業集積は進んでいる。私の住む日野市内の中高生なども、モノレール開通以降は立川へ気軽に遊びに行くようになった。人の流れが交通路の新設で変わっていく、さらには新たに生まれる好例であろう。

モノレールの立川北駅の右に見える大きな無名の建物は建設中の伊勢丹百貨店で、東側の店舗からその後移転した。旧店舗の場所は現在ビックカメラになっている。モノレールに沿ったパレスホテルの西には現在シネマ・コンプレックスがあり、たくさんの人を集めているが、かつては図2の立川駅の南西に「日活映画館」、北口の曙橋近くに「セントラル映画館」などが点在していた。

図2の立川駅北口、国立病院の北に並ぶ赤い長方形の建物は、図1でもわかるように飛行第五聯隊以来の兵舎であった。長らく廃墟として放置されていたが、平成になってから取り壊されて現在は再

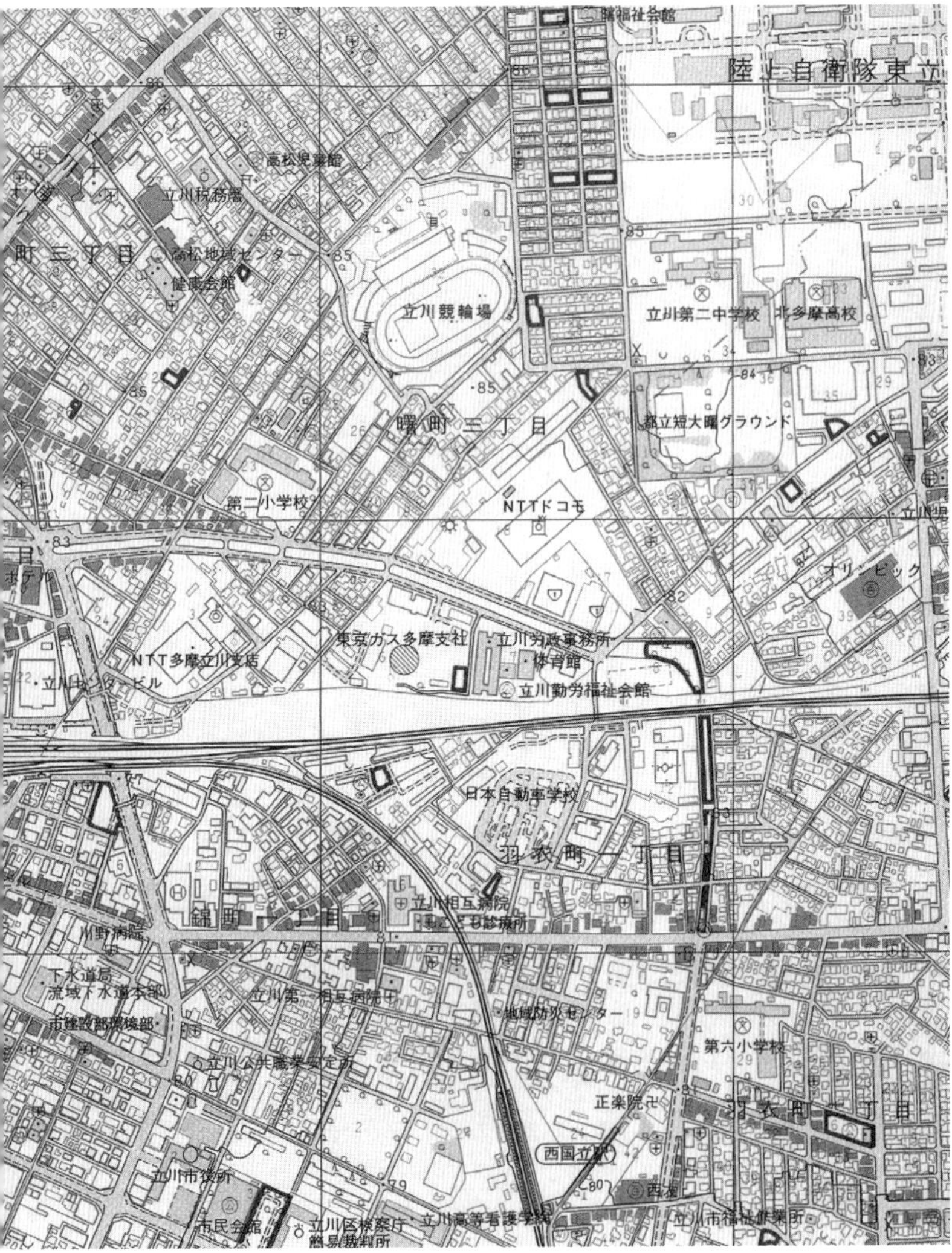
陸上自衛隊東立
高松児童館
立川税務署
町三丁目
高松地域センター
健康会館
立川競輪場
立川第二中学校
北多摩高校
曙町三丁目
都立短大曙グラウンド
第二小学校
NTTドコモ
オリンピック
ホテル
東京ガス多摩支社
立川労政事務所
体育館
立川勤労福祉会館
NTT多摩立川支店
立川センタービル
日本自動車学校
羽衣町一丁目
錦町一丁目
立川相互病院
川野病院
下水道局
流域下水道本部
市建設部環境部
立川第一相互病院
地域防災センター
第六小学校
立川公共職業安定所
正楽院
羽衣町二丁目
西国立駅
立川市役所
市民会館
立川区検察庁
簡易裁判所
立川高等看護学校
立川市福祉作業所

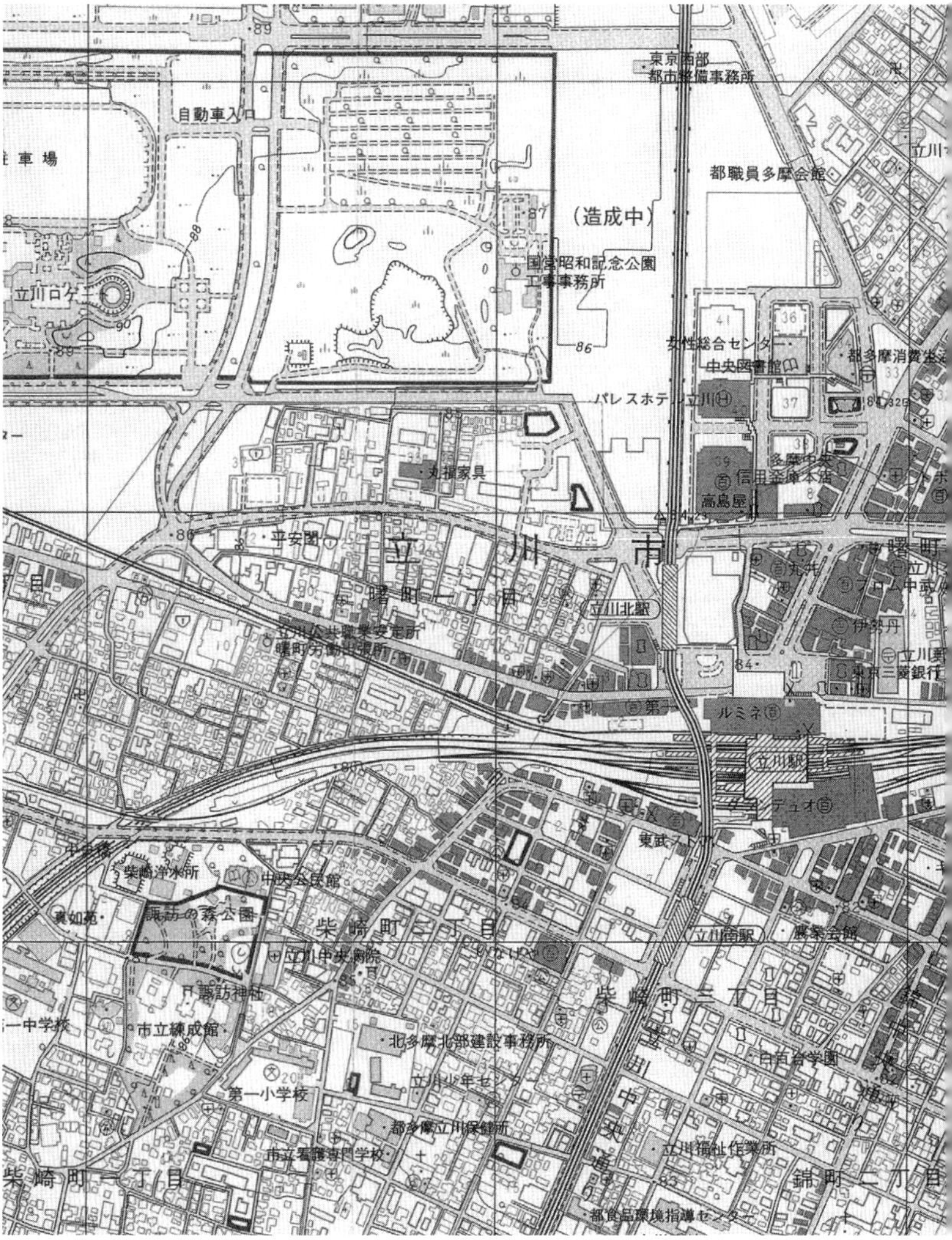

図3　1:10,000「立川」平成11年修正×0.98

開発中である。曙橋の下を東流していた緑川は、もともと立川飛行場の排水のために掘られた人工河川で、これは暗渠化されて今は中央分離帯になっている。

立川飛行場は戦後も長らく米軍の管轄下にあったが、昭和五二年（一九七七）には全面返還され、跡地の一部は昭和記念公園として生まれ変わった。図3の左上端にはその立川口ゲートが見えている。駅の東側で中央本線をくぐる立川通りを南下した所に見える立川市役所（図2では自治警察署）は、最近になってずっと北方のモノレール高松駅付近に移転した。そのすぐ近く（掲載範囲外）には東京地裁八王子支部から移転してきた立川支部（家裁・簡裁も同居）が、また国立国語研究所や自治大学校など、飛行場跡地には次々と行政機関を中心に施設が進出している。これだけまとまった開発ができるのも、基地跡地という広大な平坦地があったからである。「多摩の中心」として、まだしばらくは立川駅の乗客数も増え続けそうな勢いだ。

仙台南隣の宿場町は「副都心」へ――長町

江戸道中の宿場・長町

仙台市街の南方、東北本線では仙台のひと駅手前にあたる長町駅が見える（図1）。そのすぐ南側で斜めに交差するのが陸羽街道、すなわち奥州街道だ。仙台では江戸道中と呼ばれた。長町は仙台の南隣にあたる宿場町で、家並みは駅の西側に細長く続いている。その「長い町」がまさに地名の由来だ。長町の北を流れるのは広瀬川で、そこに架かる広瀬橋を渡れば仙台城下町の最南端にあたる河原町に入る。宿場の南側から西へ分岐しているのは笹谷《ささや》街道。宮城・山形県境にある笹谷峠を経て山形城下に達する仙山間の最短ルートとして、古代の多賀城から出羽国府への交通路以来の歴史を積み重ねた道だ。市街の西の山の中に「茂《も》ヶ《が》崎《さき》村」とあるのは、図が測量された明治三八年（一九〇五）当時に長町が所属していた村名である。茂ヶ崎は明治二二年（一八八九）の町村制施行の時、長町村と郡山村（図の南側）、それに仙台区の一部が合併した際の新命名で、かつて茂ヶ崎城のあった丘陵東端の山名だ。大年寺山とも称し、ここには伊達家の墓所もある。

長町は名取郡内では有力な町であり、郡役所も置かれた。図上で町並みのまん中あたりにある長円形の記号がそれである。茂ヶ崎村役場がその右上。一二・七四メートルの水準点の右は茂ヶ崎小学校だ。大正四年（一九一五）に茂ヶ崎村は町制施行し、その時に「長町」と改称したのに合わせて、茂ヶ崎小学校も長町小学校に改称、現在は宿場町の西側に移っている。

軍事停車場で始まった長町駅

この地に東北本線が開通したのは明治二〇年（一八八七）で、当時は日本鉄道という半官半民的な私鉄であった。その当時は岩沼から仙台まで一七・六キロメートルもの間に駅がなく、長町駅ができたのは七年後の同二七年一一月である。当時は日清戦争の最中で、まず軍用停車場として第二師団の兵員輸送のために設けられた。一般の旅客・貨物を扱うようになったのは二年後の同二九年のことである。その後は東北最大の都市・仙台駅の南隣という位置もあって大正期には駅の東側に機関区や操車場が設置された。昭和一一年（一九三六）にダイヤモンド社から発行された鉄道旅行案内書『旅窓に学ぶ』東日本篇では、長町駅を次のように描写している（漢字は新字に改めた）。

（前略）名取川橋梁を渡る。地は既に仙台市都市区域内に入り、長町操車場構内を走る。沢山な

図1　1:20,000「仙台南部」明治38年測図×0.98

貨車や客車が並列して大仙台市の運輸交通上に於ける重要位置を暗示して居る。構内側線延長二九、八九二米、その間に長町停車場を通る。此の駅から仙台市内を経て塩竈港までの間を、ガソリン気動車が本線列車の間々に頻繁に運転し、乗客の多い区域の補助運輸機関となつてゐる。

ガソリン気動車とは昭和八年（一九三三）から長町～塩竈《しおがま》（後の塩釜港駅、現在は廃止）間で運転されたもので、同九年一二月改正の時刻表によれば、この区間一九・五キロメートルを約三五分で走り、一日一九往復が運転されていた。小回りの利くガソリン気動車は昭和初期から全国で導入が進み、従来の駅の間にガソリン気動車専用の駅を新たに設けて沿線の利便性を高めた。仙台では長町～仙台間に行人塚《ぎょうにんづか》と三百人町、仙台～東仙台間に小田原東丁の駅がそれぞれ設置されている。昭和一五年一〇月からは、当時の日本の大陸政策に反対するアメリカの対日石油禁輸のため「ガソリン消費規正強化」が実施されたのに伴い、全国の気動車の運転は大幅に削減される。ところが、仙台では軍需工場などへの通勤輸送で例外扱いとされたのか、昭和一八年の時刻表にも気動車の列車がまだ載っている。気動車専用駅の廃止は同一九年のことだ。

操車場と市電の時代

次の図2は図1から半世紀近く経った昭和二八年（一九五三）の測量である。名取郡長町はすでに昭和三年（一九二八）に仙台市に編入されているが、明治二五年（一八九二）設立の青果市場（広瀬橋南詰西側）もあって長町は仙台の台所として栄えた。仙台市内になって市街化が進み、工場も進出する。

鉄道も戦後は貨客ともに輸送量が順調に伸びた。長町操車場・長町機関区の多くの線路が長町駅の東側を埋め尽くし、まさに「鉄道黄金時代」を物語っている。長町駅の右下に見える弧を描いた建物は機関車を収容する扇形庫で、中央には転車台が置かれていたはずだ。

駅の東側にはいくつか工場や倉庫などが見える。北側から東北ゴムの工場と東北電力の倉庫、日通の巨大な倉庫とその南には振興ゴム（昭和二九年に東北ゴムに吸収合併）の工場。南側の欄外には東北金属の大きな工場もあった。いずれも敷地には専用線（引込線）が入っており、それぞれ製品や原料などの輸送は鉄道貨物が担っていた。ほとんどがトラック輸送に取って代わられた今では隔世の感であるが、ここに限らず各社から集まった貨車は操車場で方面別に組み立てられ、全国各地へ出発していった。東北本線の西側に並行する陸羽街道（当時は国道四号）には仙台市電の線路が見える。都心から延伸された市電が広瀬川を渡って長町に入ったのは昭和一一年（一九三六）で、以後は廃止される昭和五一年（一九七六）まで四〇年間、市民の足として活躍した。

市電から地下鉄へという流れは東京、大阪、名古屋などの大都市で昭和四〇年代に急速に進み、それらの大都市の市電はほとんど姿を消した。仙台や福岡などでは少し遅れたものの、輸送量がそれほど多くないこれらの都市でも結局は「地下鉄」が都市交通の主軸として選択され、広島などの例外を除いて路面電車は次々と廃止されていった。ドイツなどの一部の国では路面電車を近代化（専用軌道化や混雑箇所のみの地下化など）して存続・活用の方向へ舵を切ったが、日本はおおむねそれとは反対

の「廃止路線」をひた走っていく。

西へ延びる私鉄は秋保《あきう》電気鉄道で、その長町駅に近い市電の停留場は「秋保電鉄前」と称していた。一六キロメートル離れた秋保温泉まで、山形へ向かう笹谷街道に沿って走る電車で、当初は石材を運搬する馬車鉄道の「秋保石材軌道」と称したが、大正一四年（一九二五）に電化して湯治客を運んだ。昭和三六年には廃止され、その頃に市電の停留場名も秋保電鉄前から長町車庫前に変わっている。その市電の車庫は、図では本線から分かれて西へ向かう線路末端にある建物。昭和二五年にできたばかりだ。現在では図の「日電製作所」の一部を含む敷地が市バスの車庫（交通局長町営業所）になっている。

秋保電気鉄道の線路は長町を出て間もなく、田んぼの中を一直線に走るが、線路の北側には広い敷地に東北特殊鋼の工場。昭和一〇年（一九三五）に設置された長町裏町駅の前に同社が進出、駅名も同一六年に「東北特殊鋼」と改められた。工場の通勤輸送には便利な駅であったに違いないが、なぜか終戦直後の昭和二一年に廃止されている。

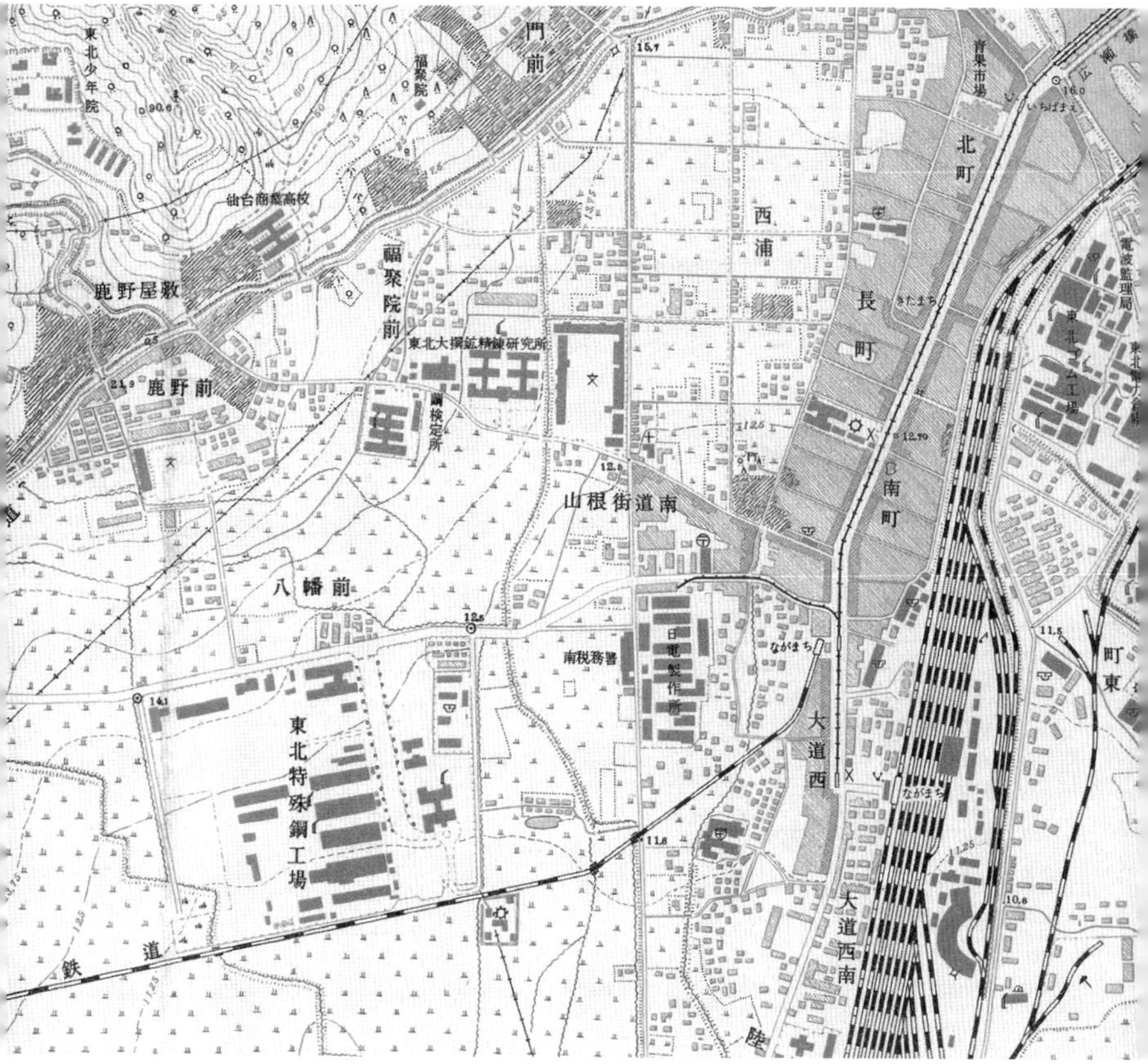

図2　1:10,000「仙台南部」昭和28年測図×0.76

田んぼ転じて巨大モール、そして被災地

その廃線跡を図3でたどってみよう。図2からさらに半世紀が経っている。昭和六二年（一九八七）に開業した仙台市営地下鉄南北線長町駅の西、中央児童館から南西にまっすぐ続く道路がそれだ。途中で切れて大通りに合流する。東北特殊鋼の大工場は「ザ・モール仙台長町」という東日本最大級のショッピングセンターが平成九年（一九九七）に開店し、その他は仙台南郵便局、長町南小学校などに姿を変えた。図に見えるモール西側の空き地には、現在さらに「ララガーデン長町」が進出している。それらの目の前には長町南駅（場所だけで言えば東北特殊鋼駅の後身）、その駅前南側に太白《たいはく》区役所がある。仙台が政令指定都市になって行政区が設けられたのは平成元年（一九八九）のことだ。周囲の田んぼはこの半世紀でことごとく住宅地に変貌している。

ＪＲ長町駅の東側は見事に線路がなくなって区画整理中だ。長町機関区は平成一一年（一九九九）に東仙台駅の東側に移転、仙台総合鉄道部となった。貨物列車のコンテナ化に伴って操車場もなくなって久しい。それらの敷地がいかに広大であったかは、空地になって改めて実感するが、再開発地区は九一・五ヘクタールに及ぶ。一平方キロ近い副都心開発であるから、仙台市ではおそらく最後の巨大開発となるだろう。町名も「あすと長町」という、どこかショッピングセンターを思わせるものに

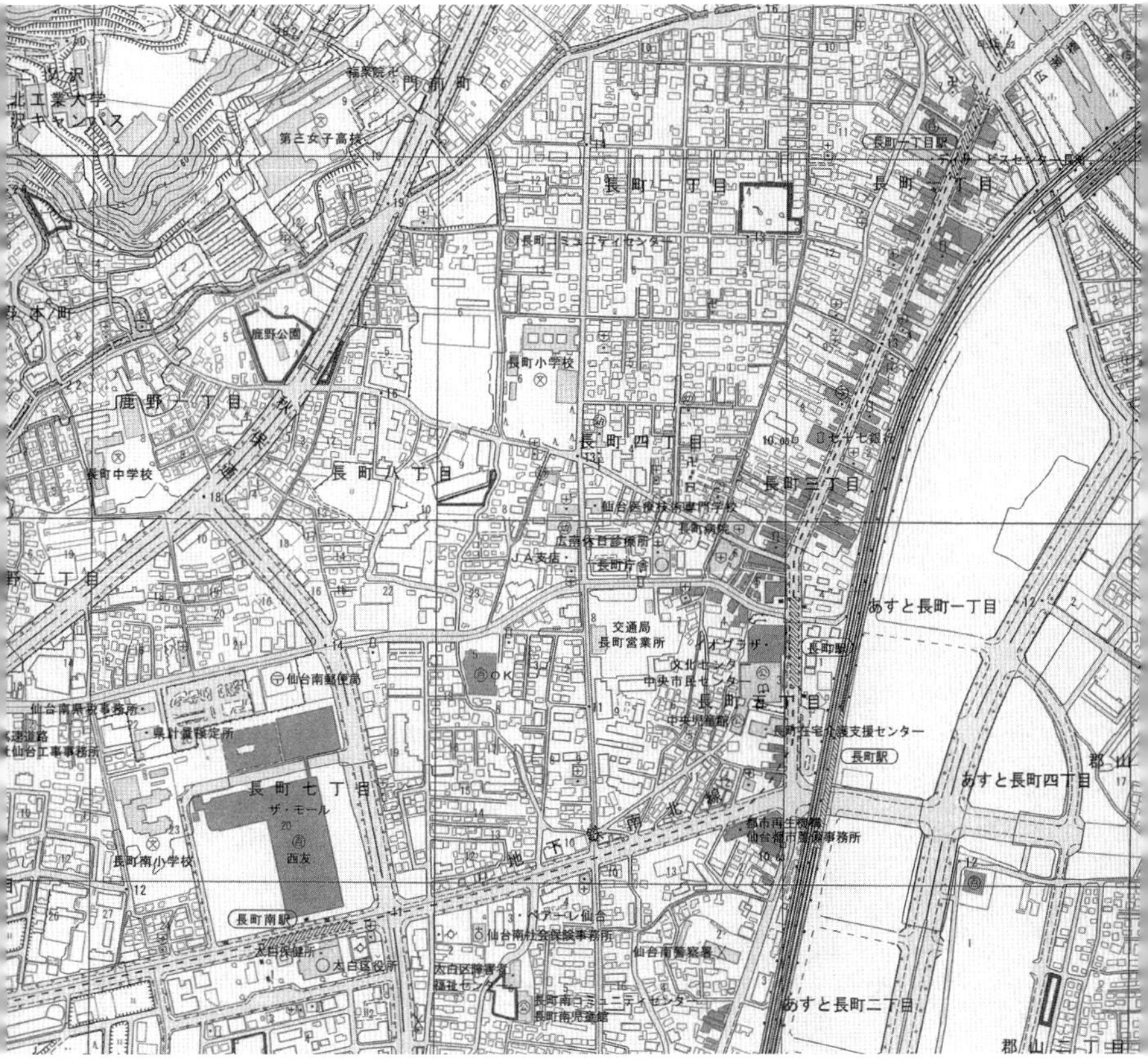

図3　1:10,000「長町」平成20年修正×0.76

変わった。仙台市のホームページによれば「あすと」とは明日とus（英語＝私たち）、それに都（と）を付けたそうで、「二一世紀にふさわしい、未来志向の市街地になるようにとの願いが込められています」とのこと。お節介ながら、くれぐれも区域内に「あすホール」など作らないことを密かに祈っている。操車場だけでなく、東北ゴムも日通の倉庫も姿を消した。東北ゴムは平成一二年（二〇〇〇）に仙台港に移転しているが、震災の津波で一階部分が冠水した。

平成一八年（二〇〇六）には東北本線の長町駅前後の高架化が完成した。その後は図に「あすと長町二丁目」とあるブロックに「ヨークタウンあすと長町」が進出しており、今後も再開発は進んでいくのだろう。それにしても、これほどの大規模開発がはたして、仙台市ホームページの掲げる「ヒューマンスケールの新環境都市」たり得るのだろうか。売り場面積がヘクタールに及ぶ、高齢者なら途方に暮れそうな巨大ショッピングセンターを中心とした「街」が。

未来都市の造成現場からわずか三キロメートルばかり東へ行けば、東日本大震災の津波によって浸水した若林区の被災地が広がっている。巨大開発を「善」として疑わなかった時代。その終焉を予感させる荒廃した土地を尻目に、さあこれからどうするのか。

中世の自治都市――堺

明治の地図なら一目瞭然の「環濠都市」

次ページの図1を見れば、堺市が明治末の時点でいかに独立した「大都市」であったかが理解できる。とにかく濠が市街地をぐるりと取り囲んだ環濠都市である。ヨーロッパには五稜郭《ごりょうかく》のような堡塁を周囲に点々と構え、濠を巡らせた都市はいくつも存在するけれど、日本でこれほど大規模な環濠都市は珍しい。

図に見られる環濠は江戸初期に幕府によって作られたもので、中世の環濠はひと回り小さなものであったが、室町時代から日明貿易で発展した商都の繁栄ぶりは外国にも知られていた。たとえば堺市のホームページでも取り上げられているオルテリウス／テイセラの世界地図（一五九五年）に描かれた日本列島。ここに記されている都市名は都（MEACO＝京都）、堺（Sacay）、鹿児島（Cangaxuma）

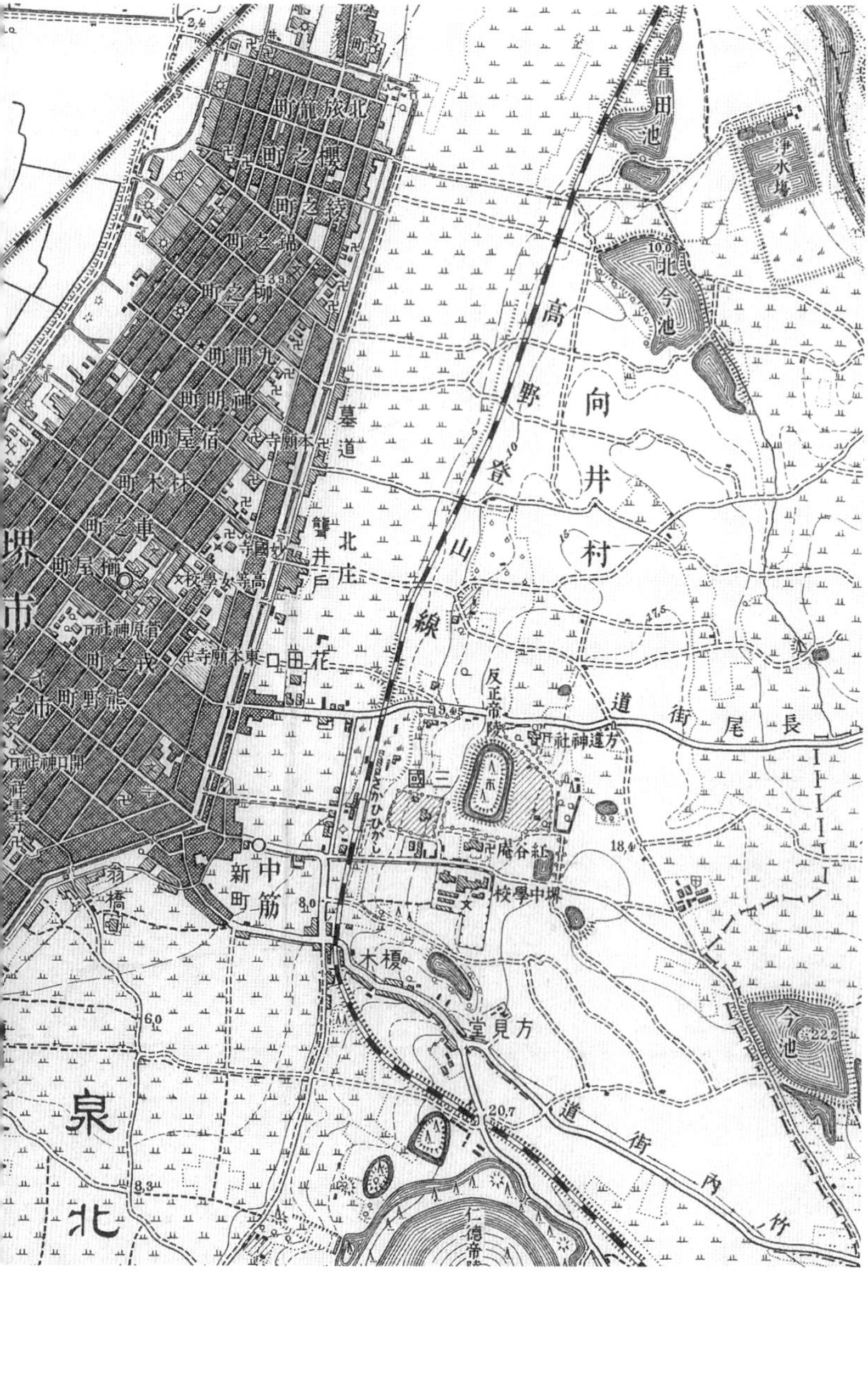

堺
市
北旅籠町
櫻之町
綾之町
錦之町
柳之町
九間町
神明町
宿屋町
林木町
車之町
櫛屋町
菅原神社
戎之町
熊野町
市之町
開口神社
本願寺
高等女學校
東本願寺
花田口
墓道
北庄
高野登山線
向井村
豊田池
淨水場
北今池
長尾街道
反正帝陵
方違神社
三國
紅谷庵
堺中學校
中筋
新町
翁橋
榎木
方見堂
今池
竹内街道
泉
北
仁德帝陵
2.4
3.9
10.0
17.5
9.45
18.4
8.0
6.0
22.2
20.7
8.3

図1　1:20,000「堺」明治42年測図（原寸）

の三つだけであり、大坂や博多などの有力都市も、国際的には堺ほどの重要性をもって見られていなかった証拠であろう。イエズス会の宣教師ルイス・フロイスも、堺の重要性を著書に「都を除けば堺ほど重要な都市があるとは思えない。堺は日本のヴェネツィアであり、大きく富裕な都市であり、常に各地から人が集まっている」などと記しているし、同じくイエズス会のガスパール・ヴィレラは「耶蘇会士日本通信」の一五六一年八月一七日付の書簡で「堺の町は広大で商人が多数あり、ヴェネツィアのように執政官によって治められている」と自治都市であることを特記している。

殷賑を極めた当時の港は今より北東の南海線の東側にあったが、元禄一七年（一七〇四）に大和川が堺のすぐ北側で大阪湾に注ぐように付け替えられてからは、港内に土砂が多量に堆積して大船の出入りに不都合が生じるようになった。そこで江戸浅草の商人であった吉川俵右衛門《ひょうえもん》が約二〇年がかりで文化七年（一八一〇）に修築した新港が、図に見える堺港の原形である。町割りは整然たる直交座標が印象的で、これは江戸初期の「元和《げんな》の町割り」で整備されて以来のもので、基本的には今も変わっていない。

摂津・河内《かわち》・和泉《いずみ》の「堺」が地名の由来

堺の地名は摂河泉の三国が境を接する場所であることに由来している。摂津と和泉の境界は今では大和川ということになっているが、この川は前述のように江戸期に掘られた放水路であって、古来の国境とは関係がない。

以前の国境は市街の東に見える長尾街道であった。市内では大小路《おおしょうじ》が摂津と和泉の境界で、まさに堺の名にふさわしい土地だったのである。長尾街道に面した方違《ほうちがい》神社は、どこの国にも属さず方位もない「清地」にあるとされた通り、かつてはここが摂津・和泉・河内の接する地であった。現在の地名・駅名にもなっている三国ヶ丘の由来である。

それにしても、国境が大和川に変えられたのは明治四年（一八七一）というから、まさに廃藩置県の行なわれた年だ。その後は全国に府県が置かれるようになるのであるが、しばらくの間、住民の「帰属意識」は府県ではなく「国」であったらしい。考えてみれば明治初期というのは、各藩領や代官支配地、それに町奉行支配地などが錯雑していた江戸時代の延長であるから、支配する主が県知事に代わっただけ、という認識だったのではないだろうか。大阪府知事支配地、のように。だから「ご出身は」と問われれば「泉州《せんしゆう》岸和田です」とか「長州下関であります」といった受け答えが自然であった。

日本最古の私鉄・南海

摂州大阪と泉州堺を結んで敷かれたのが阪堺鉄道である。現在の南海電気鉄道の前身で、最初に難波と大和川の間を結んだのが明治一八年（一八八五）なので、「日本最古の私鉄」とも言われる。

ところで、日本最古の私鉄については定義が難しい。日本鉄道が最初、という見方もあれば、いや東京馬車鉄道が最古の私鉄、とする人もいる。日本鉄道は、阪堺鉄道に先立つ明治一六年に上野～

熊谷間《くまがや》を開業しているのだが、これは国が本来敷設すべき区間を、政府があいにく西南戦争などで資金不足に陥っていたため、旧大名などの出資で設立された会社がそれを担うことにしたもので、配当には政府保証も付いているし、本来の意味での「私鉄」とは呼びにくい。

一方で東京馬車鉄道の方は、日本鉄道のさらに前年にあたる明治一五年に路線を開業しており、その後は都電に続いていく会社には違いないけれど、明治三六年（一九〇三）まで馬が牽いていたことから、動力で客車や貨車を動かすのが基本の「私鉄」に含めていいのだろうか、ということだ。

そこで純然たる民間資本による私鉄らしい私鉄として初登場したのがこの阪堺鉄道である。松本重太郎など大阪商人の出資によって設立された会社で、「政商」藤田伝三郎が政府に働きかけ、ちょうど明治一六年に廃止されたばかりの官営釜石鉱山の鉄道を、車両やレールごと払い下げを受けて安価に敷設することができた。明治二一年には堺まで延伸して約一〇キロメートルの路線を完成させるが、もともと二つの有力都市を結び、また沿線に住吉大社があったことも幸いして集客力は抜群で、明治二五年には早くも難波〜住吉（現粉浜《こはま》〜住吉大社間の中間付近）間を複線化するほど業績は好調であった。図の時代は南海鉄道に変わり、和歌山市までを全通させた六年後にあたる。

港の南側に見える大浜公園は明治一二年（一八七九）にできた歴史のあるもので、もとは幕末に築かれた砲台の跡地である。その後は行楽地として市民に親しまれ、料理旅館などが建ち並ぶ一角に変貌していく。明治三六年に第五回内国勧業博覧会がここで行なわれた際、潮湯（汐湯）と呼ばれる浴場や水族館が開かれて賑わった。

図に記された水族館は博覧会後に市営になっていた頃である。堺市立図書館のホームページによれば、「堺水族館はその当時としては最高水準の施設内容を誇り、自然観察・生物教育・水産奨励のためのすぐれた施設として声価も高く、市内外から多くの来館者を迎えました」とある。

公園の南側に記された大きな「窯業《ようぎょう》会社」は明治二九年（一八九六）に建てられた大阪窯業の煉瓦工場で、ドイツのホフマン式輪窯で大量の煉瓦を焼いていた。煙突の記号の合間に二つ描かれた目玉の絵のような記号は、当時の地形図図式によれば「磚瓦《せんが》製造窯及陶磁器製造窯」を意味する。また、工場を取り囲んでいる細かいハタザオのような記号は煉瓦塀、石塀またはコンクリート塀を意味するので、おそらく自社製品を積み上げた煉瓦塀だろう。

大浜は砲台から行楽地へ

図1が測量されてから三一年後、堺市役所が編集した市街地図が次ページの図2である。「ハタザオ線」（図では赤く着色）が鉄道・軌道で、南海線と南海高野線（当時は高野登山鉄道）だけであった図1の状態に加えて阪堺間を結ぶ軌道が二本も増えた。東側の大道筋《だいどうすじ》の路上をまっすぐ走るのは南海阪堺線（旧阪堺電気軌道、現阪堺電気軌道）で、かつて国境だった大小路にも停留場があり、宿院からは大浜へ向けて支線が出ている。

この大浜支線は龍神駅で南海線と交差しているが、同駅は南海鉄道では堺駅より乗降客が多かったらしく、特急も堺は通過、龍神の方に停車していた。当時は阪和電気鉄道（現ＪＲ阪和線）が高速を売り物に南海に競争を挑んでおり、南海も難波〜和歌山市間をちょうど六〇分で結んでいた。阪和の

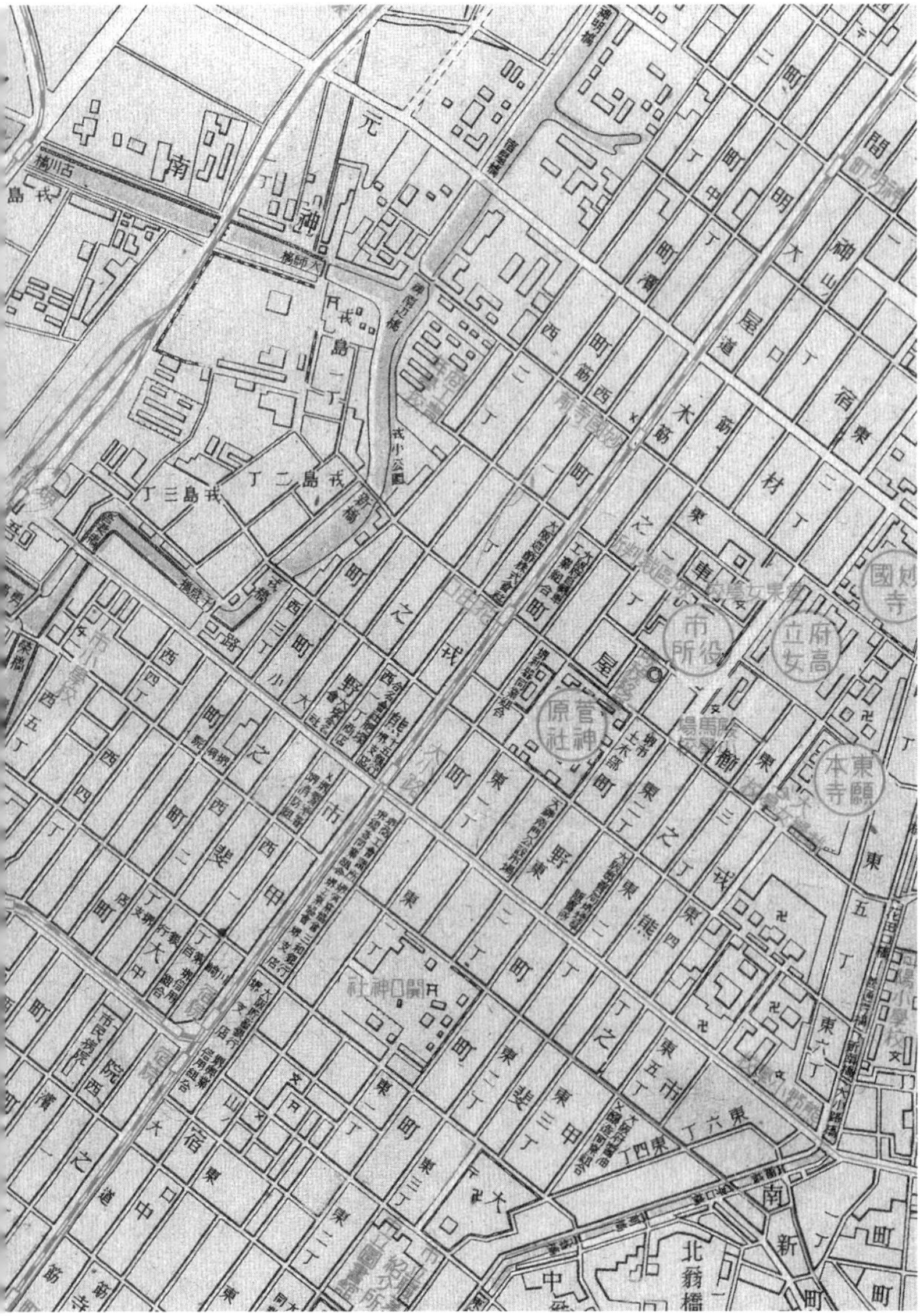

戎島一丁
戎島二丁
戎島三丁
戎小公園
市役所
府立女高
菅原神社
東本願寺
妙國寺
市小學校
北旅籠町

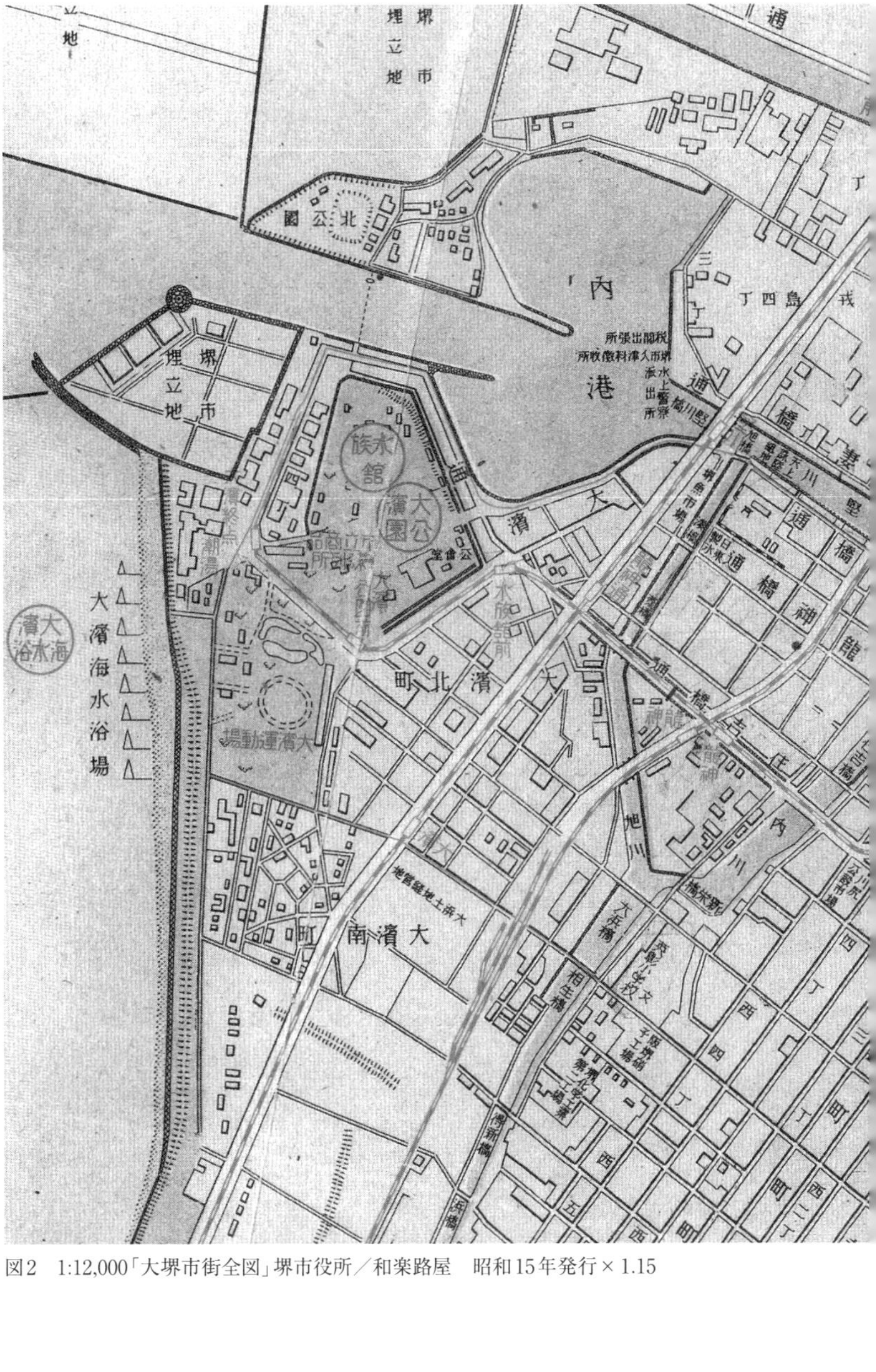

図2　1:12,000「大堺市街全図」堺市役所／和楽路屋　昭和15年発行×1.15

超特急は四五分という超スピード（表定速度としては当時の特急「燕」より速い日本記録！）なので所要時間では太刀打ちできなかったものの、岸和田や佐野など主要都市を結ぶ南海は利用者が多かった。

龍神駅から先、大浜支線は水族館前を経て大浜公園前、大浜終点（大浜海岸）と停留場が連続している。終点は潮湯が目の前で、その向こうには砂浜の大浜海水浴場が広がっていた。三角形の旗が並んでいる表現は戦後しばらくまで海水浴場の記号として民間の地図で広く使われている。

潮湯は平安時代からこの地で行なわれたという由緒あるものだが、ここの施設は明治四四年（一九一一）に大阪の恵美須町から大小路までを開通させた阪堺電気軌道が、乗客誘致のため大正二年（一九一三）に大浜公園に設けた「ヘルスセンター」である。この大浜潮湯にはいろいろな持病に効くなどの評判が立って、遠近の客で賑わったという。私鉄が乗客誘致のために「名所」を自ら作る動きはその後ますます盛んになっていく。

この大浜支線の電車も、戦況が深刻になる数年後までは、きっと水族館や公園の利用者、そして夏は海水浴客で賑わっていたのだろう。港口の南側に見える灯台の記号（堺市埋立地の上）は旧堺燈台で、明治一〇年（一八七七）に設置された木造洋式燈台。現在では日本で最古級に属する貴重なものとして、昭和四七年に国の史跡に指定されている。

大阪市電となった「新阪堺」

最も海側を走っているのは阪堺電鉄という私鉄である。一般には南海阪堺線（現阪堺電気軌道）と区別するため「新阪堺」と呼ばれた路面電車で、大阪市電との結節点である芦原橋《あしはらばし》を起点として南下、海水浴場で知られた浜寺までの一三・九キロメートルを結んでいた。最初の開業は昭和二年（一九二七）に図の北端の少し北側にある三宝《さんぼう》車庫前までで、その後は昭和四年四月に図に見える北公園前まで、同年一〇月には大浜龍神通まで開通した。浜寺まで延伸されたのは昭和一〇年のことである。当時の私鉄のビジネスモデルに従って宅地分譲も行なっていたそうで、大浜公園に近い沿線に「大浜土地経営地」とあるのは、新阪堺の分譲地かもしれない。

しかし沿線の多くが埋立地や海岸沿いの住宅が少ない区域を結んでいたため当初から経営は苦しかった。昭和一〇年代からは沿線に工場が急増し、一転して従業員輸送に大忙しとなるものの、設備投資が追い付かずまともな輸送ができないうち、結局は昭和一九年に大阪市に買収されて市電の路線となった。その時点で湊ノ浜（図の南側、範囲外）以南を廃止している。このあたりは南海本線、同阪堺線、それに新阪堺の三線がひしめき合っていたため採算性改善の見通しが立たなかったからだろう。

空襲を経て復興へ

太平洋戦争末期には堺にも何度かの大空襲があった。戦国時代に鉄砲が名産品であった伝統もあり、大阪府における工業都市としての比重は昭和に入ってからも高く、軍需工場が多かったことも理由だろう。特に昭和二〇年（一九四五）七月一〇日の被害は大きく、一八〇〇人以上が犠牲になった。大浜の潮場への観光客を運んでいた南海阪堺線の大浜支線は大浜北町（旧水族館前）～大浜海岸

きたこうえんまえ
神南辺町
古川橋
戎島町
新橋
内川
戎橋
吾妻橋
市之町
郵便局
甲斐町
戎之町
熊野町
おおしょうじ
警察署
しゅくいん
南海
関口神社
菅原神社
九間町
しんめいちょう
神明町
宿屋町
材木町
みょうこくじまえ
車之町
櫛屋町
泉陽高校
戎之町
熊野町
市之町
甲斐町
大町
北翁橋町
中翁橋

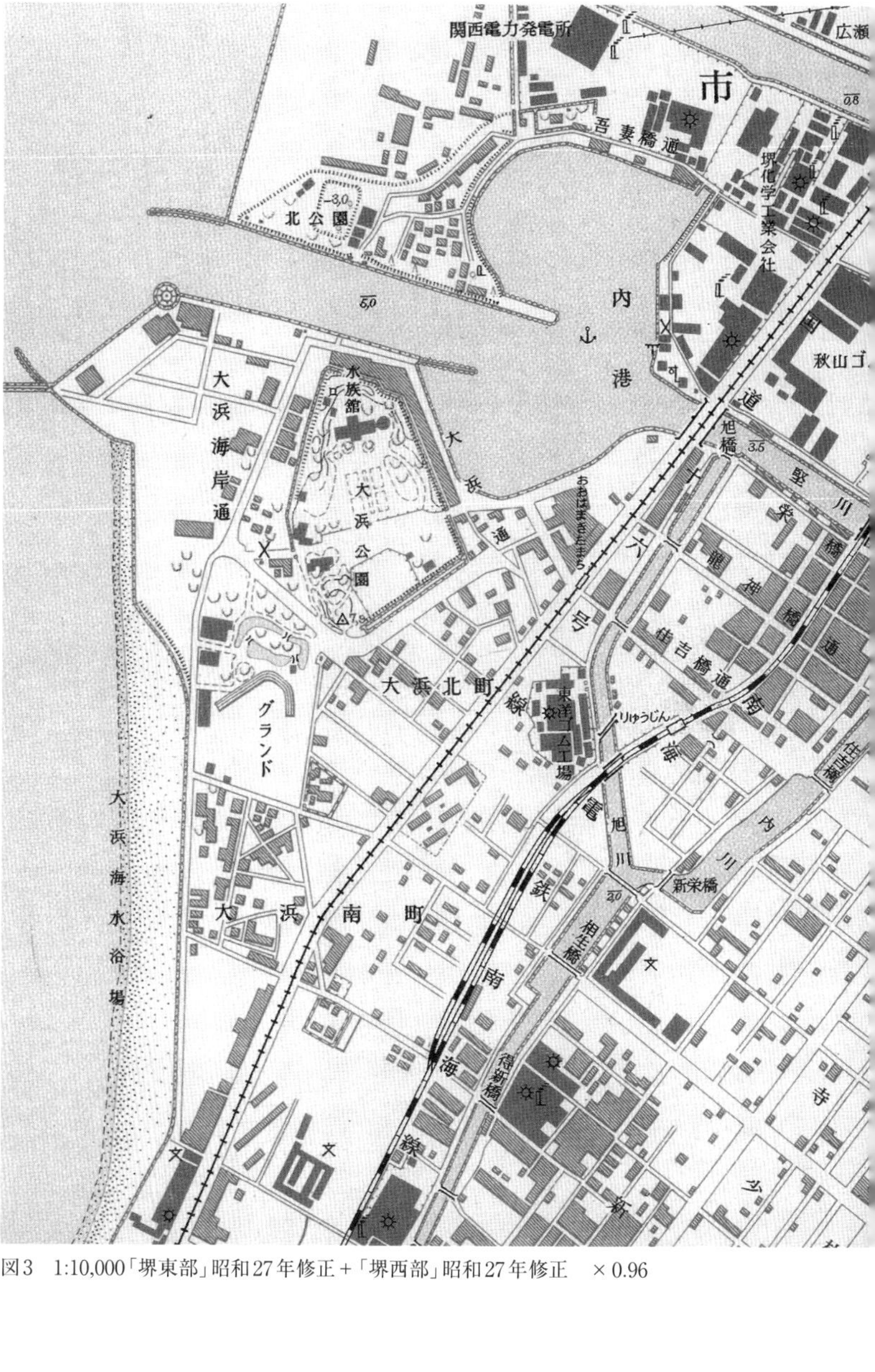

図3　1:10,000「堺東部」昭和27年修正＋「堺西部」昭和27年修正　×0.96

（大浜終点）間をすでに昭和二〇年二月一〇日に休止していたが、この大空襲でとどめを刺される形で残りの区間も運行できなくなり、そのまま長らく休止のまま昭和五五年（一九八〇）に正式に廃止された。

図3で南海阪堺線が道路の端に追いやられた形に見えるのは、大道筋が大幅に拡幅されたために、図2と対照してみると西側の通りまでの一ブロックをまるごと道路にしてしまったことがわかる。それにしても、びっしりと家屋で埋め尽くされていたはずの旧市街の、この空き地の多さ。戦後七年が経過したものの、まだまだ復興は道半ばという状態だ。

潮湯のその後の様子を図から読み取ることはできないが、水族館は無事営業を続けているようだし、大浜海水浴場の字も見える。新阪堺改め大阪市電三宝線は、道頓堀川にほど近い桜川二丁目から二九系統として、図の南端の少し南側の出島まで走っていた。龍神駅はまだあり、相変わらず特急停車駅であったが、この図が修正された三年後の昭和三〇年（一九五五）には南海電鉄の線路が海側に移設、龍神駅前後のSカーブが解消されると同時に堺・龍神の両駅も統合されて、新たな「堺駅」となった。場所は現在地とも違って、一六三ページの図4で言えばフェニックス通りとの交差地点の北側。

海水浴場は工業地帯へ

日本は昭和三〇年代から高度経済成長の時代に突入する。東京の京浜、京葉あたりの海岸線と同様に遠浅の砂浜があった堺市の海岸は昭和三三年頃から埋め立てが急ピッチで進み、砂浜は次々と工業地帯に姿を変えていった。金属や車両、石油精製、化学、紡績、肥料などさまざまな分野の大工場が建ち並び、風景は一変する。

かつての海岸線に沿って阪神高速道路が弧を描き、急増する自動車に追われるように大阪市電も次々に廃止され、ここを走っていた市電三宝線も昭和四三年（一九六八）に姿を消している。かつて多くの市民が潮湯を楽しんだすぐ北側には阪神高速のインターが設けられ、旧堺燈台はその足下でひっそり旧態を今に伝えているものの、かつてその西側に広がっていた海は狭い水路にその一部分を残すのみとなっている。

竪《たて》川には、昭和三四年（一九五九）に襲った伊勢湾台風の教訓を生かして作られたのか、竪川水門が設けられている。それにしても、昭和一五年の図2、昭和二七年の図3、そしてこの図4に至るまで、ことごとく竪川と記されている（図4の竪川水門を除く）のはなぜだろうか。単なる誤植の連鎖なのか、それとも「竪い」と書いてタテと読むのが正式なのか。

南海阪堺線は昭和五五年（一九八〇）に分社化され、大正四年までの旧名・阪堺電気軌道に六五年ぶりに戻っている。大道筋の隅を行き来していた電車も、中央分離帯にあたる道路の中央を「センターリザベーション」の専用軌道で走る理想的な形で現在に至っているが（かつては東京の昭和通りの一部、上野～秋葉原付近の都電もこの方式）、乗客数は少しずつ減少して経営は苦しく、存廃が議論されるまでになった。一時期浮上したＬＲＴ（進化した路面電車）の新線を敷設するプランも今は暗礁に乗り上げている。

図の右下にはかつて土居川が流れており、環濠都市の面影を伝えていたが、自動車の急増に対応す

山本町一丁
神南辺町二丁
神南辺町一丁
月州中学校
九間町西二丁
九間町西一丁
九間町東一丁
柳之町西一丁
神明町西三丁
神明町西二丁
錦西小学校
神明町西一丁
神明町駅
神明町東一丁
神明町東二丁
宿屋町西三丁
宿屋町西二丁
宿屋町西一丁
宿屋町東一丁
宿屋町東二丁
宿屋町東三丁
材木町西三丁
材木町西二丁
材木町西一丁
材木町東一丁
材木町東二丁
材木町東三丁
材木町東四
妙國寺前駅
妙國寺
戎島町一丁
戎島町二丁
戎島町三丁
トーヨーカ堂
プラットプラット
車之町西三丁
車之町西二丁
車之町西一丁
車之町東一丁
車之町東二丁
車之町東三丁
櫛屋町西一丁
花田口駅
戎公園
(ザビエル公園)
櫛屋町東一丁
櫛屋町東二丁
櫛屋町東三丁
櫛屋町東四丁
泉陽高校
熊野町西三丁
熊野町西二丁
熊野町西一丁
熊野町東一丁
熊野町東二丁
熊野町東三丁
熊野町東四丁
熊野町東五丁
熊野小学校
戎之町西二丁
戎之町西一丁
戎之町東一丁
戎之町東二丁
戎之町東三丁
戎之町東四丁
戎之町東五丁
市小学校
市之町西三丁
市之町西二丁
市之町西一丁
市之町東一丁
市之町東二丁
市之町東三丁
市之町東四丁
市之町東五丁
市之町東六丁
いこいの森会館
菅原神社
殿馬場中学校
大小路駅
堺北警察署
甲斐町西二丁
甲斐町西一丁
甲斐町東一丁
甲斐町東二丁
甲斐町東三丁
甲斐町東四丁
甲斐町東五丁
甲斐町東六丁
堺消防署
東本願寺堺南御坊
開口神社
超善寺
堺出口
北瓦町
中瓦町
南瓦町
大町西二丁
大町西一丁
大町東一丁
大町東二丁
大町東三丁
大町東四丁
宿院町西二丁
宿院町西一丁
宿院町東一丁
宿院町東二丁
宿院町東三丁
利休屋敷跡
宿院駅
堺保健センター
保健医療センター
宿院急病診療センター
衛生研究所
住吉大社頓宮
中之町東一丁
中之町東二丁
祥雲寺
顕本寺
堺入口
土居川公園
堺郵便局
堺税務署
堺拘置支所
総合福祉会館
堺労働基準監督署
翁橋町一丁

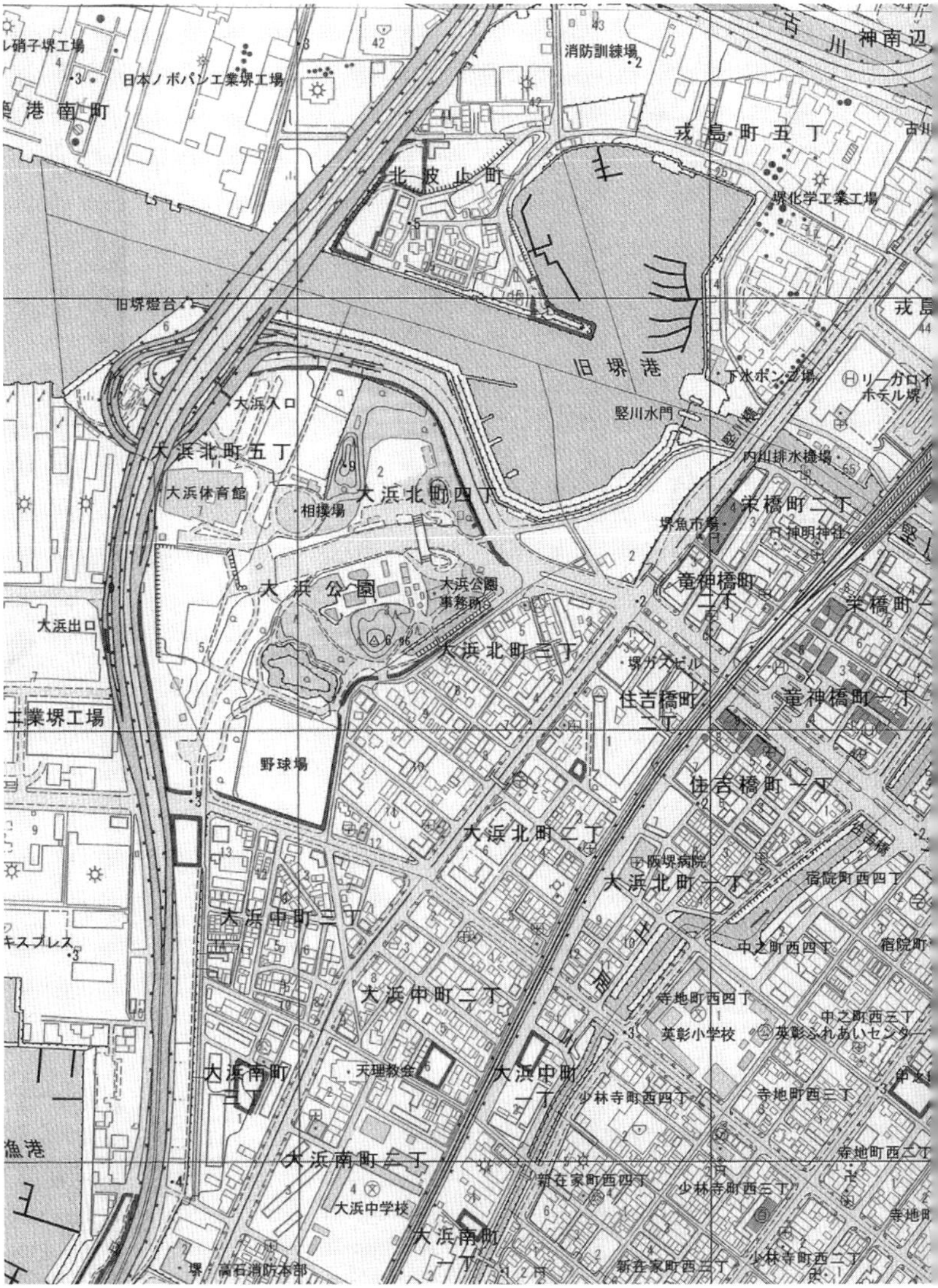

図4　1:10,000「堺」平成18年修正＋「住之江」平成2年修正　×0.96

るために、こちらも昭和四〇年以前に姿を消し、阪神高速道路と土居川公園となった。かつて大浜行きの電車が走った道は、こちらも大道筋と同じ五〇メートルの幅員に大拡張され、フェニックス通りと名付けられた。その中世都市に似合わない名前は、空襲からの都市復興を念じて植えられたフェニックスの並木にちなむという。

「堺市」は生き残るだろうか

隣の大阪市では平成二三年(二〇一一)一一月に市長選挙が行なわれ、元大阪府知事の橋下徹氏が圧勝を収めた。市民がどんな思いを託したのかよくわからないが、なんとなく漂う閉塞感をパーッと一気に変えてくれそうな人を、半ば一か八かで選んだ市民の「究極の選択」だったのかもしれない。大阪府と大阪市の「二重行政」を解消するためとして、新市長が掲げる「大阪都構想」が実現すると堺市は消滅する(豊中、吹田、東大阪などを含むより広域の構想もあるが本質は同じ)。大阪市と堺市を合わせてそれを東京のような特別区に再編成するつもりだからだ。よもや「大阪」の名称はなくさないだろうから、堺市が一方的になくなる。「大阪都堺区」の出現である。町名を見ていただければわかるが、明治時代以前からほとんど変わらない。しかもそれぞれの区画は「一丁目」「二丁目」ではなく「一丁」「二丁」という堺の特異性も健在だ。大阪とは国も違い、気風も違うと聞く。そんな泉州第一の都を摂津(大阪)に明け渡してしまって、ご先祖に申し訳が立つだろうか。

鉄道聯隊の村から交通の要衝へ――習志野

鉄道聯隊が来た村

次ページの地図は明治四三年（一九一〇）、今から約一〇〇年前の千葉県習志野市、当時の千葉郡津田沼町である。線路の南側に沿った生垣（記号でわかる）の南には土塁で囲まれた「鉄道兵営」。陸軍の鉄道聯隊《れんたい》だ。この珍しい聯隊は日清戦争が終わった翌年の明治二九年（一八九六）に鉄道大隊として発足した。戦地で物資や兵員を輸送するために迅速に鉄道を敷設し、それを運用するための訓練を積む部隊である。現在ならたとえば被災地での輸送に最も先決とされるのは道路整備であるが、当時は陸上で大量輸送する場合、まずは鉄道を敷くことであった。

日露戦争を経て明治四〇年（一九〇七）に、鉄道大隊は規模を拡大して近衛師団管下の鉄道聯隊となる。当初は東京市牛込区にあったが、中野を経てその頃に津田沼町に移転した。第一次世界大戦の

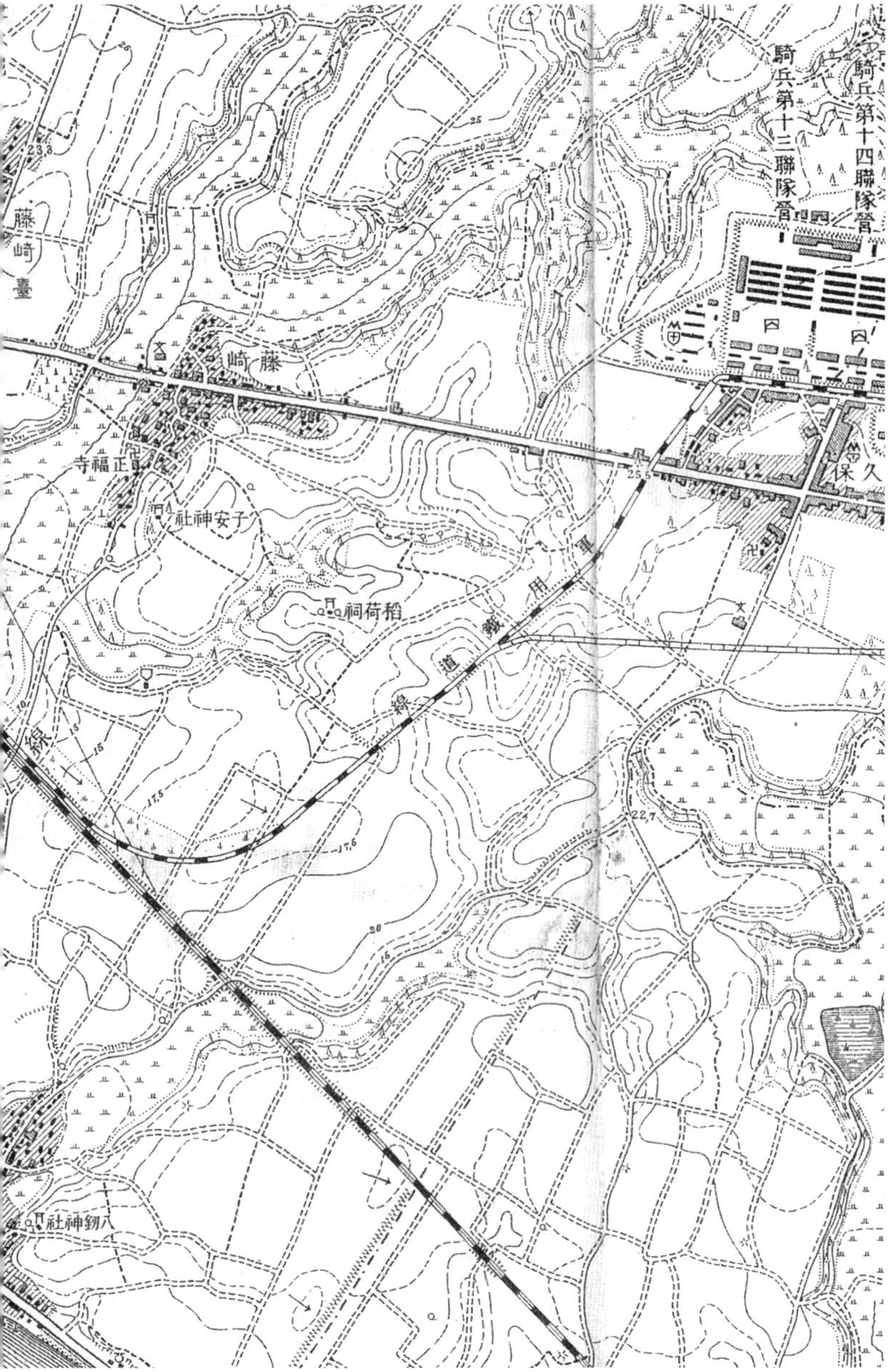

騎兵第十四聯隊營
騎兵第十三聯隊營
藤崎臺
藤崎
久保
正福寺
子安神社
稲荷祠
軍用鐵道線
八釼神社
23.3
25
20
25.5
22.7
17.5
15
10

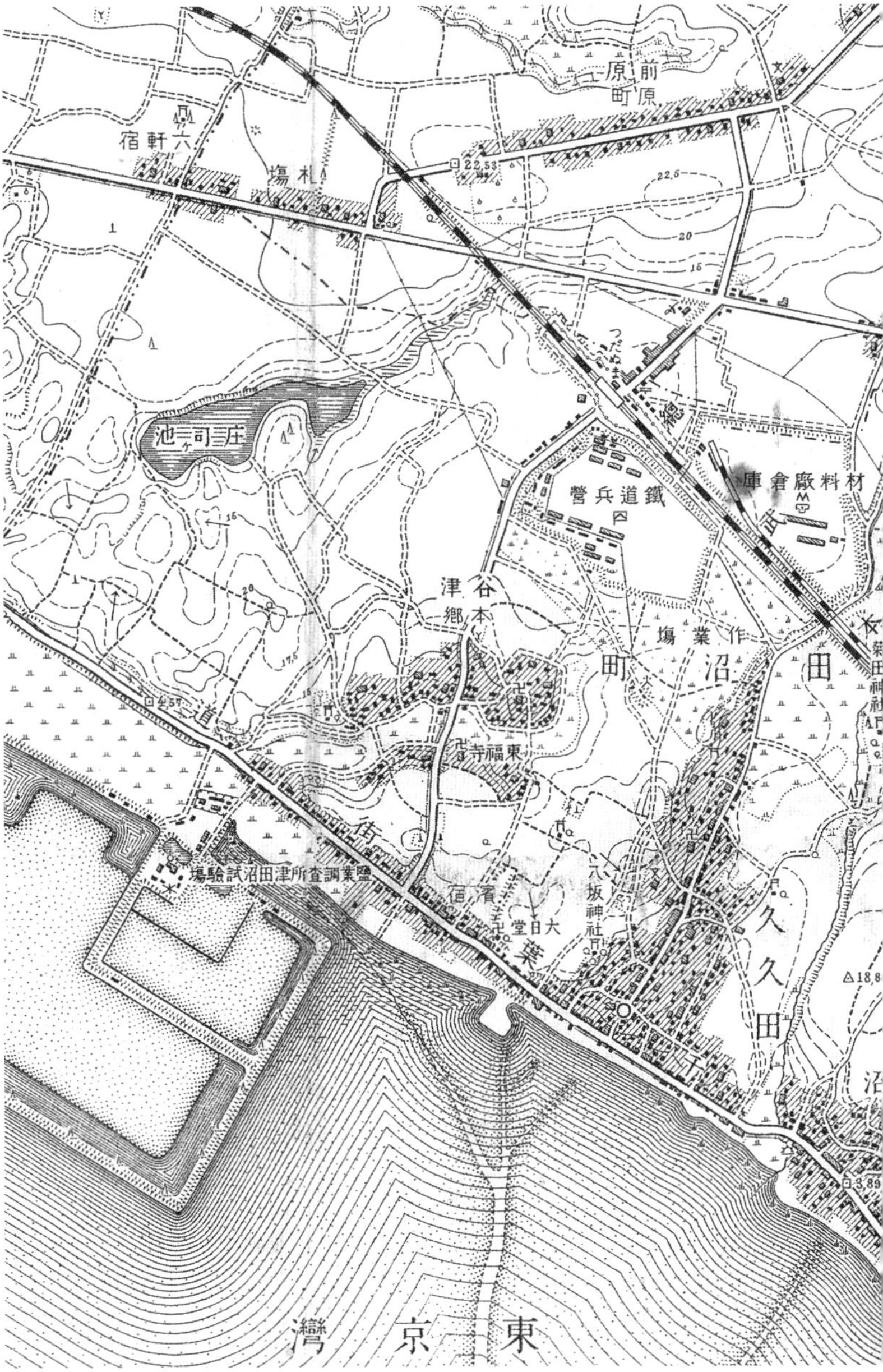

図1　1:20,000「習志野」明治43年改版×1.03

シベリア出兵の際には聯隊の拡充が決まり、大正七年（一九一八）に第一鉄道聯隊・第二鉄道聯隊に分けられた。このうち第一は現在の東千葉駅付近に、第二がこの津田沼駅前に置かれている。この交通の便の良さは、逆に駅の周辺にいかに人家が少なかったかの証明だ。図はまだ第一・第二に分かれる以前の「鉄道聯隊」時代で、線路を挟んで北側に見える「材料廠倉庫」もやはり鉄道聯隊のものである。M型の印が「陸軍」を、鍵穴の見える錠前の記号が「倉庫」を示している。今はイオンの巨大ショッピングセンターになっている場所だ。

特殊技能を持つ珍しい聯隊であったがゆえに、大正一二年（一九二三）に関東大震災で鉄道が各所で深刻な被害を被った際、その復旧工事には本領を発揮した。また、地方で鉄道や軌道を敷設する場合に、一般の建設会社へ頼むより聯隊に頼めば割安に建設してくれたというから、役に立つ部隊だったようである。

実際に聯隊が工事を手がけた路線は小湊鐵道など千葉県内が多いが、西武鉄道村山線（現新宿線高田馬場〜東村山間）や福島電気鉄道（後の福島交通）の改軌工事などを請け負った。建設業者にしてみれば「民業圧迫」の困った存在だったかもしれない。なお、第三聯隊以降は昭和九年（一九三四）以降の発足でほぼ外地に置かれており、このうち第五聯隊はタイとビルマを結ぶ泰緬《たいめん》鉄道の建設にあたったことで知られる。

図上では明治四一年（一九〇八）に複線化されたばかりの総武本線から分かれていく線路に「軍用鉄道線」とあるのが聯隊の演習線だ。記号は普通の鉄道とは違って白い部分が長い「ハタザオ線」で、当時の地形図図式では「軽便鉄道」を示す。軌間は六〇〇ミリと通常の軽便鉄道（ふつう七六二ミリ）よりさらに小さな規格であった。ここから東へ行った図の範囲外には、東西に長いたくさんのバラックが「無数に」と称しても過言ではないほどたくさん描かれており、「元俘虜《ふりょ》収容所」の文字。元とあるのは日露戦争のロシア人捕虜を一時期収容したことによる。おそらくまだ戦争の記憶が生々しかった時期であろう。その「勝ち戦」に乗じて韓国を併合したのが、図の測量年である明治四三年のことである。

津田沼は合成地名

総武本線の前身である総武鉄道がこの地に開通したのは明治二七年（一八九四）と古い。同鉄道の最初の開業区間は市川〜佐倉間の三九・九キロで、途中駅はわずか船橋と千葉だけであった。その年のうちに幕張と四街道、翌二八年には中山（現下総中山）と津田沼の各駅が加わっている。津田沼の名は当然ながら地元の津田沼村から採られた駅名である。

津田沼村は町村制が施行された明治二二年（一八八九）に谷津《やつ》村・久々田《くぐた》村・鷺沼《さぎぬま》村・大久保新田・藤崎村の五村が合併した際、前三者の末尾の字を並べたもので、明治町村制では非常に多く見られた「合成地名」である。だからもし明治二二年以前に駅ができたとすれば、駅の所在地は大字谷津に所属していたから、おそらく谷津駅になっていたのではないだろうか。

合併に採用された三つの村はいずれも海岸に面しており、その海沿いをつなぐのが千葉街道、現在の国道一四号である。海の中に砂地の点々が施された表現は「干潟」を示しており、この一帯の干潟がいかに広大であったかがわかる。「東京湾」の文字がある干潟の間に開けている川状のものは干潮時に現われる澪《みお》。

干潟の点々とは別に、浜の埋立地に細かい砂目の点々で覆われた区画は塩田で、塩業調査所津田沼試験場が見える。すでに塩の専売が行なわれて専売局の管轄になっており、いくつかの建物の下に見える*印のような記号は「風車」である。この試験場では「カナワ式製塩法」が行なわれていたそうで、風車はそれに関するものだろうか。

久々田（図上の表記は久久田）に見える○印は津田沼町役場で、町制施行は明治三六年（一九〇三）のことだ。中心部であったにもかかわらず、久々田の地名は津田沼町が習志野市になった際に「津田沼」と改められている。旧自治体名を保存するためか、それとも慣れ親しんだ津田沼駅の名に合わせたのかわからないが、江戸時代以前から続いてきた久々田の地名は消滅してしまった。「クグタ」という地名の由来にはいくつかあるようで、水田にクコがたくさん生えていたから、といった説があるようだが、決め手はなさそうだ。鳴き砂にちなむとされる「クグ」のつく地名は宮城県の十八成浜《くぐなりはま》（石巻市）など全国にいくつかあるので、それと関係があるのかもしれない。

総武本線の線路と斜めに交差する直線道路は東金街道《とうがね》である。この道は地形に起伏のある日本には珍しい昔からの直線道路で、徳川家康が東金周辺での鷹狩りに向かうための道路として佐倉藩主土居利勝に命じ、慶長一九年（一六一四）に完成したものだ。将軍の「御成」は十一回にも及んだこともあり、別名・御成街道とも称する。突貫工事で一夜にして完成させたと伝えられているが、いくらなんでも一日では到底無理だろうから、おそらく、美濃・墨俣《すのまた》に木下藤吉郎（豊臣秀吉）が築いた一夜城と同様の誇張表現だ。

地形的に見て、この区間は下総台地の平坦面が目立ち、北部や西部ほど台地の開析（浸食）が進んでいないため、これほどの一直線が可能だったのだろう。ついでながら、津田沼駅から東金街道を結ぶ道沿いには駅前商店街と思われる集落が発達している。交差点に見える、軍刀と拳銃を交差させた記号は「憲兵隊」。建物そのものは小さいが、土塁に囲まれていたようだ。

鉄道聯隊の演習線は新京成線に

聯隊の演習線は当然ながら昭和二〇年（一九四五）の終戦とともにその使命を終える。この線路は北へ進むと鎌ヶ谷、初富《はつとみ》や五香《ごこう》を経由し、「演習線ならでは」の屈曲を続けながら松戸駅東方の台地上まで続いていた。『民鉄経営の歴史と文化』（古今書院）で新京成電鉄を担当執筆した山田俊明氏が、同電鉄の設立の事情などについて詳しく記しているが、これによれば終戦当時の演習線は戦争中に一部のレールが撤去されるなどして荒廃していたという。他の軍施設と同様に連合軍総司令部（GHQ）の管理下に置かれたが、地域の戦後の発展を見越してこの線路敷を利用しようと動いたのが西武鉄道（当時は西武農業鉄道）と京成電鉄であった。

結局は京成が昭和二一年（一九四六）三月に演習線の使用許可を得て、六月には別会社の新京成電鉄を設立、翌二二年一二月二七日には早くも新津田沼～薬園台間を部分開業している。新津田沼駅は現在地より西側の、国鉄津田沼駅のすぐ近くに設けられた。当初は国鉄と同じ軌間一〇六七ミリの狭

前原町一丁目
新京成電鉄
しんつだぬま
ふじさきだい
津田沼一丁目
千葉工業大学
(工高)
菊田川
習志野市
津田沼二丁目
津田沼三丁目
成電鉄
菊田神社
津田沼四丁目
東漸寺
津田沼五丁目
大日堂
津田沼七丁目
津田沼六
△18.6

図2　1:10,000「津田沼」昭和36年資料修正×0.77

軌を採用していたので、京成津田沼駅と結ぶことは考えていなかったのかもしれない。

その後小刻みに延伸が繰り返され、昭和二四年（一九四九）一〇月には鎌ヶ谷初富（現初富）までが開通する。前掲書によれば、当時の新京成線は、京成から譲り受けた木造電車一両が畑の中をトコトコ走るのどかなローカル線であったそうで、新津田沼駅から電車は二五分間隔で運転され、一本おきに習志野止まりが入ったので、終点までの電車は五〇分間隔であった。

その後は京成津田沼へ直結するため、昭和二八年（一九五三）に新津田沼駅を東へ移設した。新しい新津田沼駅は現在地ではなく、図2で「新京成電鉄」とある線路上の藤崎台駅の位置である。路線変更により従来の新津田沼駅とその前後の線路は廃止されたのだが、国鉄津田沼駅が遠くなって不便なので昭和三六年（一九六一）に旧線を復活させ、旧位置に近い所に三代目新津田沼駅を作る。これに伴って二代目新津田沼駅は「藤崎台」と改められた。これが図2の状態だ。

松戸方面からの列車は、朝夕は新津田沼に直通、日中は新津田沼行きと京成津田沼行きを交互に運転した。各列車は前原で別方向への区間列車に接続するダイヤであった。新津田沼駅と藤崎台駅は構内側線でループ状につながっているのが鉄道模型のレイアウトのようで面白い。その構内側線と総武本線の間に挟まれて（工高）と注記のあるのが県立千葉工業高校である。旧制県立千葉工業学校の検見川《けみがわ》校舎が空襲で焼け、戦後の昭和二一年（一九四六）になって鉄道第二聯隊の線路の北側の建物に移転したものだ。

千葉工業高校の移転とSカーブの出現

千葉工業高校は昭和四二年（一九六七）に現在地の蘇我（千葉市中央区今井町）へ移転するが、その翌年に新京成電鉄の路線が現在のように変更された。やはり二系統の電車運転はわかりにくく不便であったのだろう。結局は三代目新津田沼駅を東寄りの現在地に移設して藤崎台経由の線を廃止し、新津田沼を経由しながら京成津田沼に結びつける要求に応えたため、世にも珍しいアクロバティックなS字線形が誕生した。半径一四〇メートルの急カーブが連続し、電車はこの間をゆっくり進む。線路は前年までここにあった千葉工業高校の敷地を通過している。

国鉄津田沼駅の南側、かつて鉄道聯隊の兵舎が並んでいた場所には千葉工業大学が見える。この大学は昭和一七年（一九四二）に興亜工業大学として玉川学園内（現東京都町田市）に創立、君津を経て昭和二五年に津田沼へ移ってきた。図2の段階では明らかに鉄道聯隊の兵舎をそのまま使っている部分が見られる。もちろんその後は校舎も新しくなったが、門は第二聯隊の煉瓦積みの重厚なものをそのまま使っており、最近になって国の登録有形文化財になった。門は「千葉工業大学」の文字の右上に小さく見える一対の四角形の記号がそれである。

海岸には谷津遊園が見える。ジェットコースターの線路は一部海にかかっている。干潮時には砂浜が広がるところで、潮干狩りをする人たちを見下ろしながら子供たちは絶叫を上げていたのだろう。この頃に小学四年生だった子供は、今ごろ定年を迎える。この遊園地は図1で「塩業調査所津田沼試験場」だった場所にあたり、谷津遊園の駅前から正門の間には遊園地の小さな「門前町」が続いている。

前原小学校
津田沼自動車教習所
東部公民館
パルコ
津田沼駅
大原簿記法律専門学校
前原東一丁目
池田病院
津田沼病院
津田沼一丁目
新津田沼駅
イオン
モリシア
文化ホール
第五中学校
千葉工業大学
(津田沼校舎)
習志野郵便局
学校給食センター
津田沼三丁目
菊田神社
京成津田沼駅
習志
津田沼小学校
津田沼四丁目
保健会館
体育館
市庁舎第三分室
習志野第一病院
津田沼五丁目
習志野市役所
市庁舎第二分室
中央消防署
津田沼七丁目
津田沼六丁目
鷺沼城址公園

図3　1:10,000「津田沼」平成19年修正×0.77

商業集積が進む津田沼駅前

図2から四六年経った平成一九年（二〇〇七）の図が前ページである。津田沼駅の周辺にはいくつもの大規模小売店が進出した。北口にはイオンモール津田沼とイトーヨーカドーが新津田沼駅を挟んで向かい合い、乗降客数が一日二〇万人を超えるJR津田沼駅の北口にはパルコ、南口にはモリシア津田沼とユザワヤなど大規模店舗が並び、おびただしい数の人を集めている。

ついでながらJRの津田沼駅北口は駅前広場の一部が船橋市（前原）にかかっていて、図の範囲外であるが、その北側にある新京成電鉄の習志野駅、北習志野駅などいずれも船橋市内だ。市の名前を冠する駅が隣市に二つもあるのは珍しいが（市内には遅ればせながら昭和六一年に京葉線新習志野駅が開業）、下総台地に設けられた広大な陸軍の演習場を明治天皇が「習志野」と命名した、という経緯と、その広大な習志野の多くを占めていた千葉郡二宮町が、津田沼町が構想していた「大習志野市」の期待を裏切って船橋市と合併してしまったのが原因のようだ。今の習志野市は習志野の東の一部分（東習志野）だけ市域に抱え、かろうじて面目を保っている。

谷津遊園はといえば、京成電鉄が成田空港の開港延期で経営が悪化した影響で昭和五七年（一九八二）に閉鎖され、跡地は団地となった（バラ園は市営で存続）。京成の駅も谷津遊園から谷津に改められている。その後に遊園の正門前の空を覆う形で建設された京葉道路は日夜多くの自動車が行き交っており、さらに以前は海だった沖合にはもっと広い東関東自動車道と湾岸道路もできた。どこまでも続いていた広大な干潟はその大半が埋め立てられ、ごく一部だけの貴重な生き残りが「谷津干潟」として保存されている。

軍の演習場に由来する習志野という地名と、実体としての鉄道聯隊跡地とその演習線に由来する新京成電鉄。「軍郷」の名残を各所に色濃く留める町である。

最近になって、谷津の一部区域の町名を変えようとする動きが出てきた。具体的には谷津六〜七丁目を中心とする、図3で空白が目立つ三五ヘクタールで、大手業者が「ザ・パークハウス津田沼奏の杜」というマンション群を建設することになり、その名称に合わせて町名を「奏《かなで》の杜」として住居表示しようというのである。すでに議会での採決を終え、本書が出る頃には正式決定されているかもしれない。

「商標」をそのまま町名にするケースが最近各地で目立つ。三郷《みさと》市の「新三郷ららシティ」などはその最たるものだ。住居表示法の第五条二項「当該町又は字の名称は、できるだけ従来の名称に準拠して定めなければならない」に明らかに抵触する。そもそもこの条項は、昭和四〇年代に行き過ぎた「地名の破壊」を食い止めるために新たに追加されたものである。谷津をわざわざ変更する根拠はどこにもなく、歴史的地名を尊重する点でも時代に逆行する。土地を高く売るために地名を安易に差し替える、悪しき前例にならねばいいのだが。

浜沿いの農村から住宅都市へ——芦屋

芦屋川をくぐる東海道本線

兵庫県芦屋市。阪神間に位置する人口約九万三千人の市で、関西を代表する「高級住宅地」として全国的に知られている。六甲山地から大阪湾に至る南北に細長い市域で、山地から急流で流れ下る芦屋川や宮川の流れが複合扇状地を形成し、特に芦屋川は天井川を成す。天井川とは扇状地上を流れる川に土砂が堆積するのに合わせて人工の堤防を築くために河床が上がり続け、結果的に河床が周囲より高くなってしまった、自然と人の合作による川の一形態である。

このため、明治七年（一八七四）に大阪〜神戸間に最初に開通した西日本初の鉄道（現東海道本線）は芦屋川を鉄橋で渡らず、トンネルでくぐることとなった。新橋〜横浜間の官営鉄道にはトンネルが一つもなかったので、この芦屋川を含め、住吉川、石屋川という天井川をそれぞれくぐる三つのトン

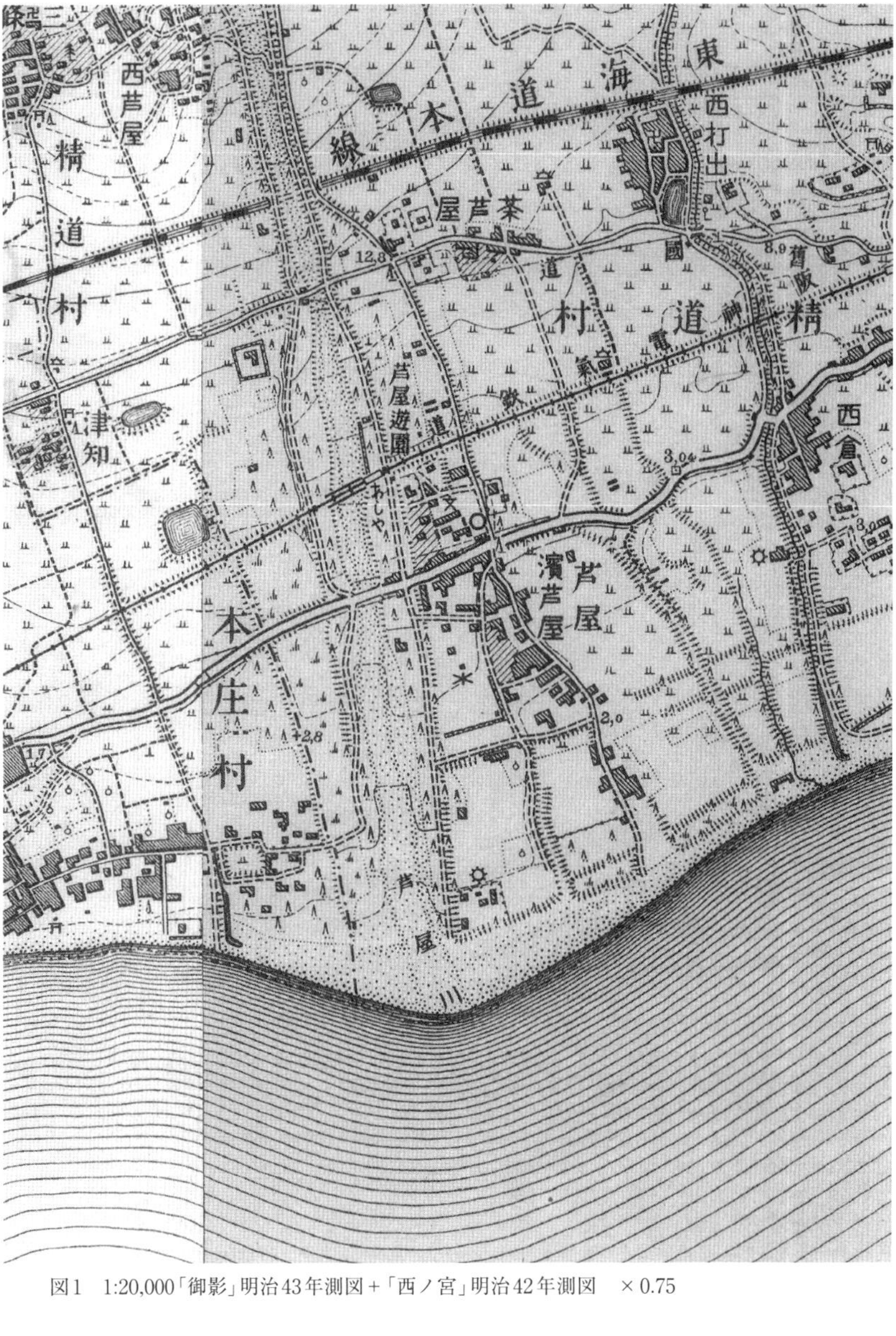

図1　1:20,000「御影」明治43年測図＋「西ノ宮」明治42年測図　×0.75

ネルこそが、日本初の鉄道トンネルである。最初は馬蹄形の坑口でいかにもトンネルらしい風情であったが、その後は複線化などにより普通の跨線橋のような形状になってしまい、往時の面影はない。

交通革命を起こした阪神電車

地形でまず印象的なのは南側に膨らんだ海岸線だろう。これは芦屋川の運んだ土砂が堆積して前進したものだ。等高線はこの芦屋川を中心に扇状地特有の同心円状を描いており、北へ行くほど等高線間隔が狭まっていることも、典型的な扇状地の地形を示している。当時の等高線は必ずしも正確とはいえないが、市街地に覆われた現在の地形図では容易に読み取れないので、この図に見える等高線はなかなか新鮮だ。

明治四二年（一九〇九）といえば国鉄各線に初めて「線路名称」が付けられた年にあたる。明治三九年から四〇年にかけて鉄道国有法によって主だった幹線鉄道が買収され、それが一段落した時期だ。命名されたばかりの「東海道本線」の文字の左側に描かれたのが芦屋川をくぐるトンネルである。天井川は平常時は「水無川」の状態であることが多く、この図でも砂礫《されき》の広がる涸れ川を彷彿とさせる点々が印象的だ。芦屋駅はまだないが、東海道本線の「道」の字のあたりに四年後の大正二年（一九一三）に設置されている。

明治二七年（一八九四）の時刻表によれば、阪神間の官営鉄道は一日一六往復、ほぼ一時間おきの運転であった。大阪〜神戸間の途中駅は神崎（現尼崎）、西ノ宮（現西宮）、住吉、三ノ宮の四駅のみで、所要時間は平均して一時間五分ほど。当時の阪神間の鉄道といえばまだ官営鉄道だけで、ことさら乗客誘致をしなくても、どんと構えていれば必要な人は乗ってくれる、結構な時代だった。

そんな状況を一変させたのが明治三八年（一九〇五）に登場した阪神電気鉄道である。大阪・梅田にほど近い出入橋から神戸（三宮）まで、途中に停留場を三一か所、ほぼ一キロ間隔でびっしり設置した。その停留場の場所も、駅が市街地から遠い官営鉄道と違って、街道沿いの集落にこまめに設けたのである。電車の運転も頻繁に行なったので、フタを開けてみると阪神開業後の官営鉄道の乗客は、開業前に比べて約七割減という惨憺たる結果となった。これが阪神間の「電車競争」の幕開けである。これまで何かと敷居が高かった汽車に対して、阪神電車は下駄履きで乗れる気安さがあったのだろう。「待たずに乗れる阪神電車」の勝ちである。これにより沿線住民は電車を使って大阪や神戸へ買い物や通勤などに出るという新しいライフスタイルを自らのものとし始めた。近代を迎えた阪神間の町村に出現した阪神電車は、潜在的な交通需要を見事に喚起したのである。

村営遊園地にも阪神が補助金

武庫《むこ》郡精道《せいどう》村、というのが当時の自治体名である（明治二九年の郡統合以前は兎原《うばら》郡）。この名前は現在も市の中心部に精道町の名で残っているが比較的新しい地名で、明治二二年（一八八九）に行なわれた町村制で芦屋・三条・津知《つじ》・打出《うちで》の四村が合併した際、阪神芦屋駅の南東側にある精道小学校の名前から採ったものだ。いわゆる「対等合併」で新自治体名を決めるのが難しいのは今も昔も変わらない。

阪神芦屋駅の北側に見える「芦屋遊園」は精道村営の公園で、阪神電気鉄道が開通した翌年の明治三九年（一九〇六）、同社が打ち出した沿線の遊園地開発者に対する補助政策に基づいて手厚い補助が行なわれている。『民鉄経営の歴史と文化（西日本編）』の阪神を担当した小川功氏は、阪神が支出した休息所六〇〇円、ベンチ五〇〇円、ブランコ二三〇円、木馬一五円という補助金は、開発初年度にあたる明治四〇年度に精道村がこの公園に支出した金額が二四二円であったことを考えると相当なものだ、と指摘している。

阪神の線路の南側に太く描かれている少し屈曲した道は京都から西宮を経て下関に至る西国《さいごく》街道で、当時は新道だったらしく、阪神の北側の道には「旧国道」も見える。道に面した〇印は精道村役場で、その隣が村名のもととなった精道小学校だ。学校は明治五年開校の長い歴史を持ち、現在もこの場所にある。

役場の街道をはさんだ斜向かいには現在の「針葉樹林」の記号があるが、当時の図式では樹林ではなく針葉独立樹。おそらく一本松か何かが立っていたのであろう。ついでながら樹林記号はそのすぐ北側に見える記号（下部が点々）である。ついでながら道路の少し南、芦屋川の左岸（東側）に見える＊印に似た記号は珍しい「風車」で、現在では浜芦屋町の住宅地であるが、当時はこれで粉でも挽いていたのだろうか。

二階級特進で村から市へ

図1から昭和二七年（一九五二）の図2まで四三年が経過した。大阪・神戸どちらの大都市にも近くて交通機関が発達し、しかも六甲山麓の白砂青松という絶好の風光が好まれて富豪の別荘地が建つようになり、大正から昭和の戦前にかけての人口増加は大きなものがあった。

村制施行から間もない明治二四年（一八九一）に戸数六七七、人口は三二四九人という小さな村だった精道村は芦屋駅開業翌年の大正三年（一九一四）に五二九八人を数えている。しかしその後の人口増加は著しく、一三年後の昭和二年（一九二七）には二万七七九人と四倍近く、昭和一四年（一九三九）には三万九七五二人とさらに倍増した。「二階級特進」で村から市制施行したのはその翌年のことだ。村から市へ「二階級特進」を遂げた自治体は珍しく、この他には長野県岡谷市（旧平野村）、山口県宇部市、長崎県佐世保市、最近の例では沖縄県豊見城《とみぐすく》市などごく少数である。

さて、この間に芦屋は浜辺の農村から阪神間を代表する住宅都市へと大きく変貌した。「日本一の高級住宅地」として知られる六麓荘《ろくろくそう》町（六甲山地の麓《ふもと》にちなむ）もこの間に誕生している。場所は地図の範囲を北に外れた山沿いで、もとは国有林だったところだ。そこを大阪の財界人が出資した「株式会社六麓荘」が昭和三年（一九二八）に開発を始めたもので、区画は最低でも三〇〇坪（約九九二平方メートル）以上、大きな所では一〇〇〇坪以上と実に広大であった。山林時代の松の木や渓流をそのまま利用し、また景観に配慮して電線の地中化を行なうなど画期的な住宅地として注目された（正式な六麓荘町の町名は昭和一九年から）。

図2　1:10,000「芦屋」昭和27年修正×0.73

阪神間で三つ目の鉄道、「ガラアキ」の阪急

国鉄、阪神に続いて三つ目の鉄道（軌道）となる阪急が開通したのは大正九年（一九二〇）のことで、その直前までは宝塚線系統のみで箕面《みのお》有馬電気軌道と称していたのを、十三《じゆうそう》〜神戸（後の上筒井。現在の王子公園付近）間の開通を機に高速電気鉄道として旗幟を鮮明にし、社名も「阪神急行電鉄」と改めた。

こまめに駅を設けた阪神電気鉄道とは対照的に「高速」を売り物にして山の手を直線的に敷設したため駅も少なく、精道村内に設置されたのは芦屋川駅のみであった。この駅は文字通り芦屋川の上にプラットホームが掛かっている。ただし高速はいいが国鉄北側の人家の疎らな区域を通るため乗客が少ないのが悩みの種であった。しかし転んでもただでは起きない阪急の総帥・小林一三《いちぞう》、これを逆手にとって「綺麗で早うて、ガラアキ、眺めの素敵によい涼しい電車」という、いわば捨て身のキャッチコピーを披露した。有名なエピソードである。

図2は終戦から七年を経過した時点で、宅地化が大幅に進んだとはいえ、それでも一部に田んぼや畑も残り、芦屋川沿いの公園内の松林をはじめ、各住宅の間に雲形のような叢樹（庭木）記号が目立つのはやはりお屋敷町・芦屋ならではである。

国道二号・阪神国道には路面電車が見える。これは阪神電気鉄道国道線で、大阪の野田から神戸東口（後に東神戸）までの二六キロメートルという、路面電車としては長距離の路線で、昭和二年に阪

神国道と同時に開通した。当初はあまりの幅員の広さに「飛行機でも飛ばすつもりか」と言われるほど「過剰投資」の印象だったようだが、その広い国道も戦後の高度成長期には急激な自動車の増加に追い付かず、最初から走っていたはずの国道電車も自動車の邪魔者と見なされ、結局は昭和五〇年（一九七五）に全廃されてしまう。

阪神本線の南側、精道小学校の前にはさらに広い幅の道路が一部完成しているが、これが現在の国道四三号で、図1と比較すればかつての西国街道のルートに重なっていることがわかる。

白砂青松の芦屋浜は埋め立てられて住宅地へ

図2では自然の砂浜が、図1の頃よりだいぶ減少したとはいえ残っていた。浜芦屋町、松浜町も文字通り浜のすぐ近くであったが、平成一七年（二〇〇五）のこの図3では芦屋市側の海岸線が前進して欄外に至り、もう見えない。以前は海だった新しい埋立地は緑町、若葉町、潮見町などと命名された。緑町と若葉町は昭和五一年（一九七六）に町名ができているので、その少し前の埋め立てと思われる。南東のかつての浜には芦屋下水処理場と芦屋中央公園が見える。

その南側に位置する潮見町はさらに新しく、そのまた南側には運河（掲載範囲外）を挟んで陽光町、海洋町、南風町、涼風町などが平成一〇年代に誕生した。ヨットハーバーや人工砂浜などもあり、芦屋市の面積もここ二〇年あまりでだいぶ増加したようだ。神戸市側の深江南町の方はかろうじて海岸線こそ図2のままであるものの、対岸には埋立地の「東部内貿ふ頭」が目前に迫っており、昔

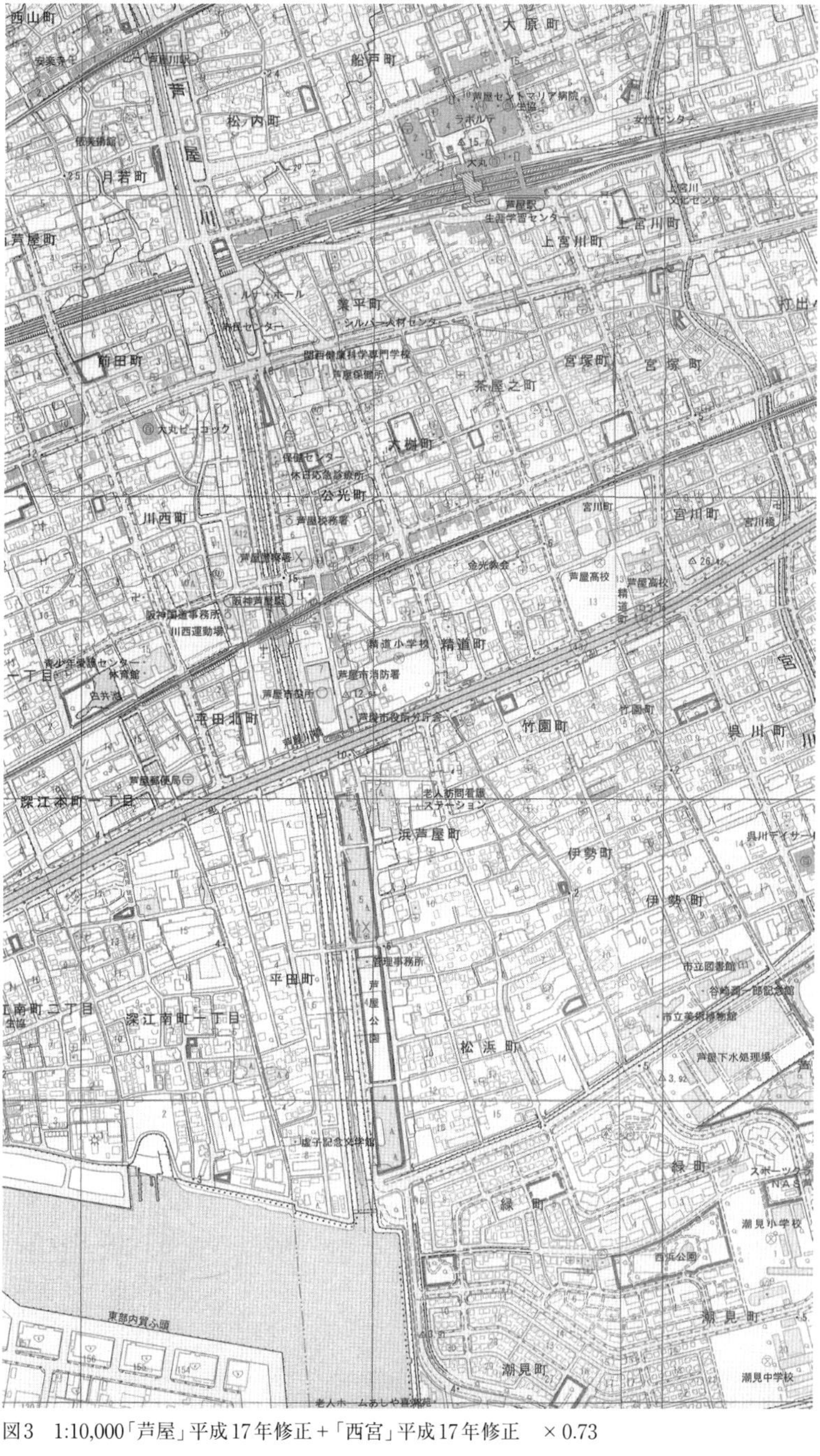

図3　1:10,000「芦屋」平成17年修正＋「西宮」平成17年修正　× 0.73

ここから大阪湾を隔てて遙かに望めたはずの和泉山脈の眺めは、その埠頭の倉庫群に遮られてしまっている。

平成七年（一九九五）の阪神淡路大震災で芦屋市は、西隣の神戸市東灘区と同様に建物の倒壊など著しい被害を受けた。ブルーシートがあちこちに目立った街並みを見たのはつい最近のような気もするが、早くも一七年が経過して一見したところ傷痕は目立たない。さらに震災後には市域が海面に大幅に広がった。

さて今後はどこまで「発展」したところで、海岸線の成長は止まるだろうか。

「苫屋《とま》の煙」たなびく漁村から三五〇万都市へ――横浜

森林太郎――鷗外作詞の横浜市歌

横浜で小学生時代を過ごした私は、森林太郎という名前をその頃に覚えた。四〇年ほど前の横浜市立小学校では、行事があると必ず歌った「横浜市歌」の作詞者だからである。作家・森鷗外としての作品を読んだのは、その後しばらく経ってからであった。物覚えの良い小学生時代だから、文語体の歌詞で意味などわからなくても、何度も歌っていれば丸覚えしてしまう。

歌詞の一節には「むかし思えば　とま屋の烟《けむり》　ちらりほらりと　立てりしところ」「今はもも舟もも千舟《ちふね》」というのがあった。おそらく先生が解説してくれたのだと思うが、江戸末期までは鄙《ひな》びた漁村で、浜辺の漁家の竈《かまど》から烟が立ち上っていたのだが、開港してからは大いに発展して世界各国からの船で賑わうようになったと聞いて、郷土・横浜を誇りに思ったものである。

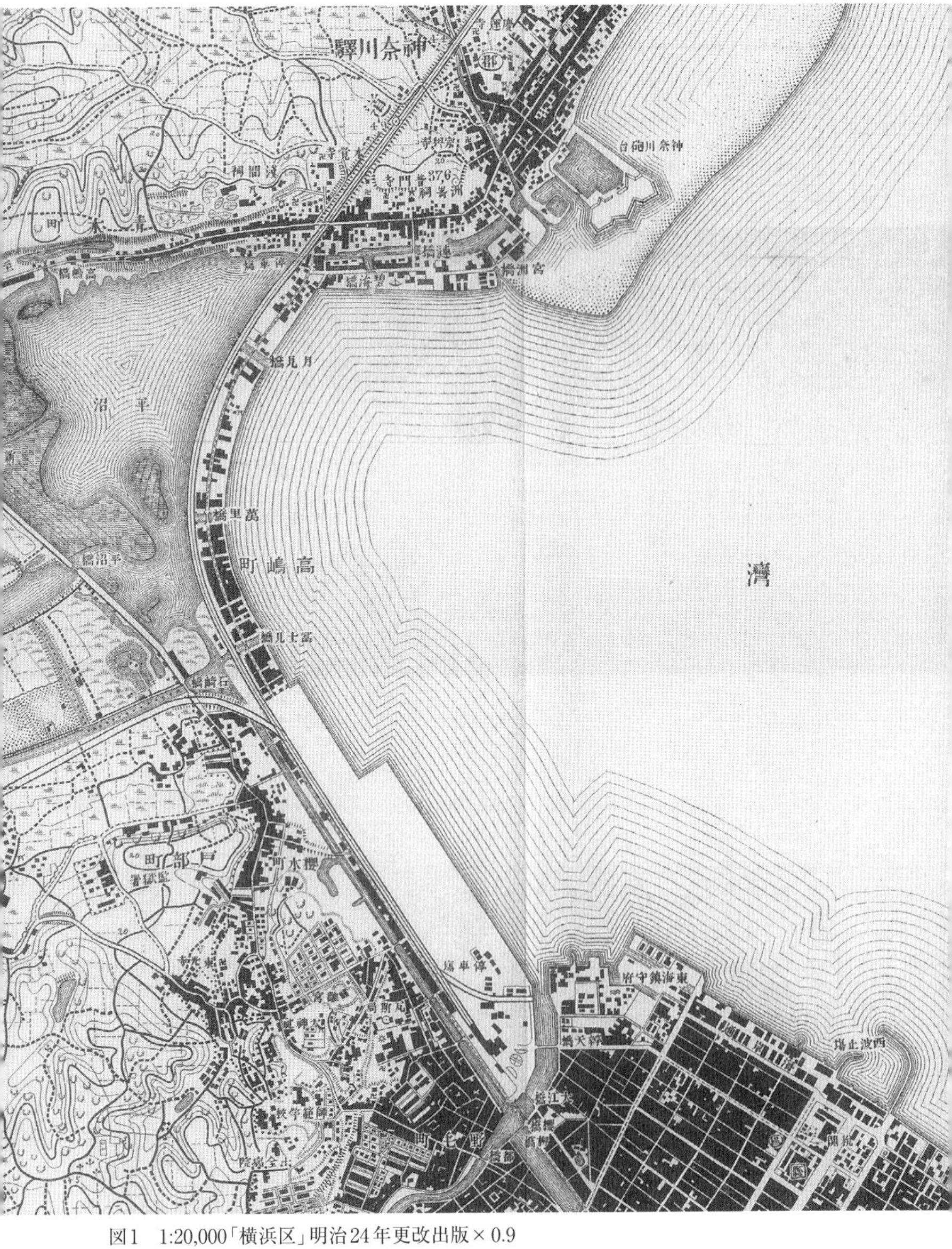

図1　1:20,000「横浜区」明治24年更改出版×0.9

明治二四年（一八九一）といえば、安政六年（一八五九）の開港の年に生まれた人は数え一〇歳で維新を迎え、一四歳で「陸蒸気《おかじょうき》」を目撃している。この図1が出た頃には自分の子供にそのことを話して聴かせる三三歳のお父さんだったりするわけだから、まだまだ幕末の空気は薄れず各所に残っていたに違いない。

上端の海に突き出した神奈川砲台は、勝海舟の設計により伊予松山藩が築いたもので、開港翌年に完成した。図の時点でもまだその原形を保っている。記された「神奈川駅」の文字は今でいう鉄道駅ではなくて宿場のことだ。当時の駅は停車場もしくはステーション、訛ってステン所などと呼ばれており、駅が鉄道駅を意味するようになるのは、おおむね大正期に入ってからのことである。神奈川の宿場の家並みを抜けた東海道は内湾となった平沼の岸沿いに西へ向かっているが、その東海道をくぐったすぐ南西側に「停車場」とあるのが神奈川停車場。今の横浜駅より少し東京寄りに位置していた。

それより南は海を埋め立てた土地の上に線路が緩いカーブを描いている。線路の東側には、一帯の埋め立てを進めた高島嘉右衛門の名を記念した高島町が沿っており、埋立地にはかつての内湾（平沼）に通じる三か所の水路が切ってあった。それぞれの水路に架かるのは北側から月見橋、万里橋、富士見橋。遮る建物などまったくないから、夕暮れ時の汽車の窓から西側を眺めれば、平沼の水面の向こう、蘆荻《ろてき》の遙か彼方には日没前の富嶽のシルエット。それは見事なものだっただろう。

富士見橋の南側で西から合流してくる単線は程ヶ谷（現保土ヶ谷）を経て名古屋、大阪方面へ通じる鉄道（後の東海道本線）である。当初は東京〜大阪間を結ぶ鉄道の経路は東海道と中山道のどちらになるか決まっておらず、結果的には横浜駅と程ヶ谷、戸塚方面をシンプルな線形で結んだため、横浜駅はご覧の通りスイッチバックの線形となった。

次の図2は、図1から十五年程度しか経っていないのにだいぶ埋立地が増えた。湾口には長い防波堤（掲載範囲外）も完成して国際貿易港としての体裁を着実に整えつつある。図1で広大な空地だった横浜駅東側の埋立地には横浜船渠会社、後の三菱重工業横浜造船所が進出した。海に向かって楕円形のような形の中を「煉瓦敷き」のように描かれているのがドックの地図記号だ。図1では空地の目

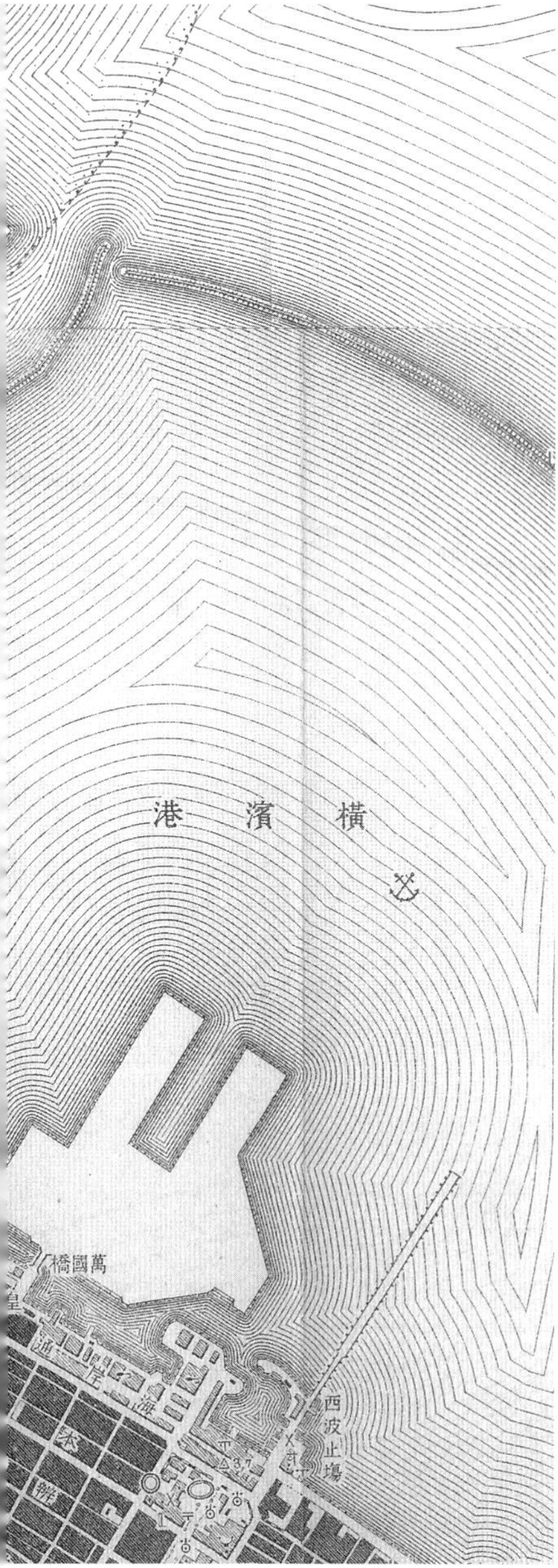

図2　1:20,000「神奈川」明治41年鉄道補入＋「横浜」明治39年測図　×0.95

立った高島町もだいぶ建物で埋まり、その中に見える発電所や工場の記号がなかなか興味深い。月見橋の南に二つ続いている、工場記号から煙が出たような記号は鋳造所、その下のは煙突記号と一緒だから火力発電所。万里橋の南側には普通の工場があり、その南に見える手鉤（フック）をイメージした記号は倉庫だ。

「横浜スイッチバック」の解消と横浜駅の移転

東京～神戸間の現東海道本線が全通したのは明治二二年（一八八九）のことであるが、当初は図1の通りスイッチバックが必要なため、横浜駅で機関車を付け替えていた。しかし明治二七年（一八九四）に勃発した日清戦争で迅速な兵員輸送の必要が生じてスイッチバックの解消が求められ、軍事予算で短絡線を建設した。これが現在に続く本線であるが、図2の当時は線路が三角形を成しており、普通列車は従来通り横浜へ立ち寄ってスイッチバック、急行列車と一部の長距離普通列車に限って短絡線を経由することになった。急行は程ヶ谷に停車し、横浜駅からはその急行に連絡する程ヶ谷行きの区間列車を走らせている。

明治三四年（一九〇一）には「三角地帯」の一辺に平沼駅が開業した。場所は現在の相模鉄道平沼橋駅あたりで、横浜旧市街に少しでも近い場所に、という配慮のようだ。しかし都心部までは二キロほどもあり、市電もない頃なので人力車か徒歩しかなかった。平沼駅ができると、急行列車は程ヶ谷の代わりに平沼に停車するようになったが、何かと不便なので大正四年（一九一五）八月一五日には二代目の横浜駅が現在の地下鉄高島町駅付近に建設され、東海道本線の線路もそちらに立ち寄る形となった。初代の横浜駅は、この時に桜木町と改称されている。

二代目横浜駅は存在していた期間が短いため写真があまり残っていないようだが、横浜都市発展記念館のホームページに赤煉瓦らしい壁面をもつ瀟洒な印象の駅舎の写真が載っている。同館の「掘り出し物ニュース」によれば、軟弱地盤に対応するため直径約四〇センチのコンクリート杭が約一・五メートル間隔で打ち込まれていたという。松杭が主流だった当時では、きわめて早期のコンクリート杭の使用事例とのことだ。

横浜市電の前身である横浜電気鉄道が神奈川停車場前〜大江橋（桜木町駅前）間に開業するのは明治三七年（一九〇四）であるが、なぜか明治三九年測図のこの図に載っていない。翌三八年には京浜電気鉄道が川崎（現京急川崎）〜神奈川停車場前を開業しており、こちらの部分は「明治四一年鉄道補入」なので描かれている。

次ページの図3「大正四年鉄道補描」では同年に開業した二代目横浜駅が描かれている。東海道本線は従来の短絡線より海側へ迂回する形となり、ちょうど曲がり角の位置に横浜駅は設置された。開業前年の一二月からは東海道本線に京浜電車（京浜東北線の前身）が走り始めている。初期トラブルが続出したため早々に運休、半年後に再開したのだが、京浜電気鉄道にとっては強力なライバル出現であった。神奈川駅前には京浜電気鉄道と横浜電気鉄道（後の市電）が向き合っているのがわかる。

次の図4は大正一一年（一九二二）修正で、海岸部の埋め立てがだいぶ進み、神奈川砲台の周囲も

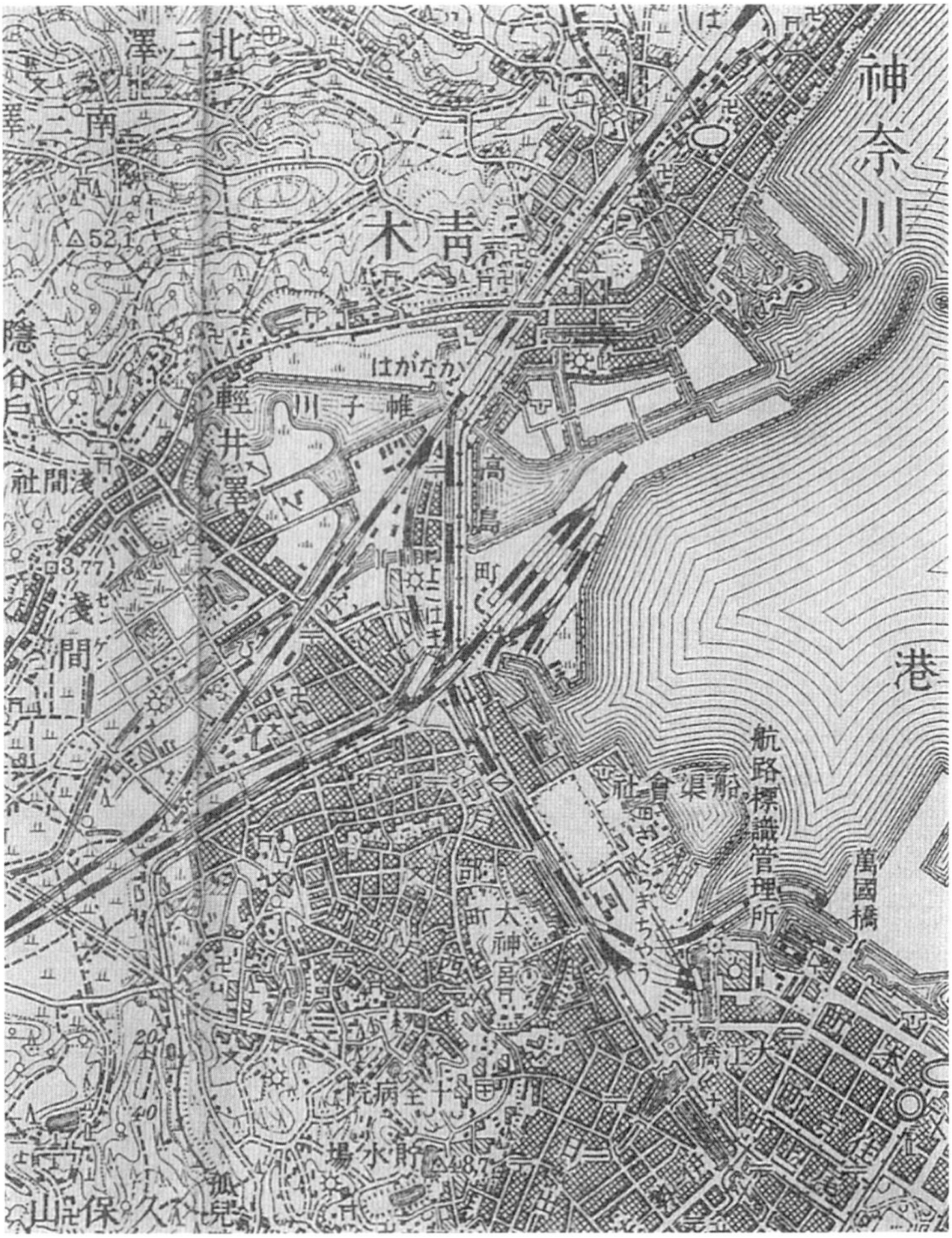

図3　1:50,000「横浜」大正4年鉄道補描×1.56

図4　1:50,000「横浜」大正11年修正×1.56

埋め立てられて見えなくなった。大正四年（一九一五）の時点では行き止まりだった高島貨物駅（横浜駅の海側）が延伸された形で、鶴見駅に至る東海道貨物線が海沿いに描かれている。大正一〇年には横浜電気鉄道も市営となり、「横浜市電」がスタートした。

関東大震災と三代目横浜駅

順調に発展する横浜であったが、大正一二年（一九二三）の関東大震災では市街地での建物の焼失率は東京市より高かった。横浜駅も大きな被害を受け、駅舎が焼失したため仮駅舎で営業していたが、そもそも駅前広場や構内ともに横浜の都市規模にしては狭かったため、抜本的な改良をするため現在地に三代目横浜駅を昭和三年（一九二八）一〇月に完成させた。二代目は結局一三年という短命に終わっている。

新しい横浜駅には同年東京横浜電鉄（現東急東横線）が五月、つまり国鉄よりひと足先に乗り入れ、その先の高島駅（後に本横浜と改称、その後は高島町駅と再改称）まで伸びた。それがちょうど二代目横浜駅の位置である。京浜電気鉄道も翌四年に新しい横浜駅（当初は仮駅）へ乗り入れ、神中鉄道（現相模鉄道）は左下の西横浜駅まで迫っている。図5は昭和七年修正版であるが、六年末に開業したばかりの横浜〜黄金町間の京浜電気鉄道の線路は描かれていない。図の翌年にあたる昭和八年（一九三三）には神中鉄道が待望の横浜駅乗り入れを実現させた。この時点で横浜駅付近の鉄道網の基本はほぼ完成している。

図5　1:50,000「横浜」昭和7年修正×1.56

図6は戦後三年後の横浜駅周辺である。駅の西側に何もないのは空襲で焼けたからではなく、戦前から石炭や木材の置き場として使われているに過ぎなかったから。一帯は平沼の埋立地のうち最後まで水面が残っていたところで、利便性が高いわりに市街化が遅れたのは、分厚い沖積層の軟弱地盤であったことが影響したかもしれない。

空地に描かれたハンマーのような記号は鳶口《とびぐち》を図案化した「材料貯蓄場」である。その周囲にある工場を見ても「練炭工場」や「神奈川木工場」「水槽木管工場」など、資材置き場を必要としそうなものばかり。戦後は米軍が接収して砂利置場にしたという。東口に描かれている大きな駅舎はタイル貼りの重厚な鉄筋コンクリート建築であったが、昭和五〇年代の駅ビル化に伴って惜しくも取り壊された。当時も東横、京浜、相鉄などが集まる結節点ではあったものの、現在のように大規模店が建ち並ぶようなことはなく、買い物へ行くには都心部の伊勢佐木町などへ桜木町駅から歩くか、市電を利用して出かけるしかなかったのである。さらに海側には広大なヤードが広がる高島貨物駅。ここに限らず京浜間に広がる工業地帯にはいくつもの貨物専用線が枝葉を広げるように敷設され、工場専用線がそこから無数に伸びていた。鉄道貨物がまだまだ主流だった時代である。

横浜駅の南側に見える三本（実際には四線）の線路のうち西から二番目の屈曲した線は、昭和六年（一九三一）に開業した旧京浜電気鉄道。戦時統合で東急だった時代を経て昭和二三年からは京浜急行電鉄として独立している。その線が市電を跨いだ南側には矩形の駅記号があるものの駅名は記されていない。これは平沼駅で、戦時中の昭和一八年（一九四三）に休止、翌年に廃止された。当時は政

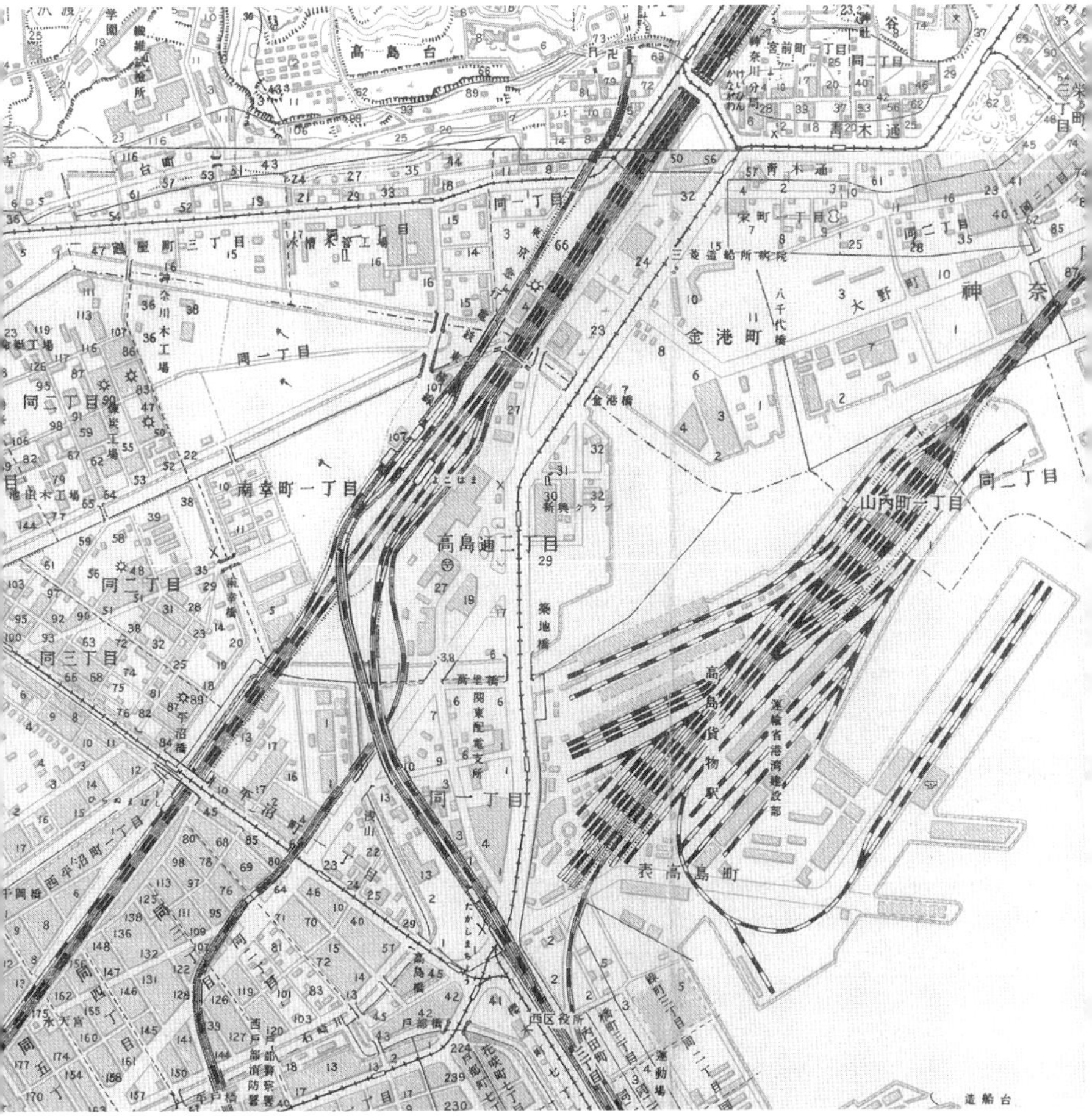

図6　1:10,000「神奈川」昭和23年修正＋「横浜」昭和23年修正　×0.75

府の節電方針により駅間距離が近い区間の駅を間引きする政策が行なわれた結果で、廃止翌年の空襲で破壊されてしまった。屋根の骨組みは撤去されたものの、今もホームの残骸が残っている。

ドックと倉庫街の地区から「みなとみらい」へ

図6から五七年が経過し、東口も西口もまったく変貌した。砂利置場は駅前広場となり、高島屋や岡田屋（現横浜モアーズ）などの百貨店に姿を変えた。昨今ではデパート衰退の波を受けて横浜三越がこの図7が修正された平成一七年（二〇〇五）に撤退しているが、駅の周辺が高度な商業集積地区であることに変わりはない。東口といえば、昭和四〇年代から五〇年代始めにかけて、長いこと人のあまり乗り降りしない旧駅舎と、昔から横浜の駅弁で知られるシウマイの崎陽軒、あとは何があったか記憶にない。一五年ほども横浜市民であったにもかかわらず、要するに東口にはほとんど行かなかったのである。東口に発着していた市電も昭和四六年（一九七一）に廃止され、代わりにそごうやルミネなど大規模店が進出して、遅ればせながらこちらも賑やかになった。昭和四〇年代の横浜駅の乗降客数の伸びは急激で、たとえば相模鉄道の沿線に住んだ私が幼稚園から大学生までの間（昭和四〇〜五三年）に、電車の連結両数は二両から一〇両に激増している。

昭和五一年（一九七六）には横浜市営地下鉄（現在のブルーライン）が伊勢佐木長者町から横浜まで延伸、同六〇年には新横浜に達した。最近では平成一六年（二〇〇四）に東横線の横浜〜桜木町間が廃止され、その代わりに横浜高速鉄道（みなとみらい線）が横浜〜元町・中華街間を開業、東横線が

図7　1:10,000「新子安」+「関内」+「三ツ沢」+「保土ヶ谷」各平成17年修正　× 0.75

直通するようになった。これに伴って東横線の横浜駅は地下深くに移転となり、東海道本線を跨いでいたトラス橋も姿を消した。京浜東北線（根岸線）の線路の西側に白く長く続いているのは廃線跡で、少し膨らんだ部分が高島町駅の跡地である。

みなとみらい線が通る「みなとみらい21地区」は一・八六平方キロに及ぶ広大なエリアで、廃止された旧国鉄高島貨物駅や三菱重工業横浜造船所の跡地などを含む敷地の再開発地区である。昭和五八年（一九八三）に事業を着工し、七〇階建ての日本最高の超高層ビル「ランドマークタワー」や、国際会議場や大規模な展示場のあるパシフィコ横浜、横浜美術館などが次々と建設された。かつてクレーンが林立する造船所と工場、それに倉庫が占める「一般人立入禁止」の感が強かったエリアはまるっきり一新し、半世紀前の面影などどこにも見当たらなくなってしまった。私も横浜を離れて久しぶりにここを訪れた時、まさに「浦島太郎」の気分を味わったものである。

水田の広がる「鹿手袋」から交通の要衝へ——武蔵浦和・中浦和・西浦和

自然堤防上の農村・鹿手袋

いつもなら明治や大正の地形図から「定点観測」を始めるところだが、今回はそれを省略して昭和二九年（一九五四）からとする。明治から戦後の昭和二〇年代まで、一部の道路を除けばほとんど変わっていないからである。鉄道の駅も路線も描かれておらず、地元以外の人には手がかりがないので、現在の所在地を申し上げれば、埼玉県さいたま市南区の北部にあたる。

図1のまん中に見える鹿手袋《しかてぶくろ》という地名は印象的だ。鹿が手袋をしている図を思い浮かべると、どことなく可愛らしいけれど、鹿革の手袋だろうか……。鹿にまつわる伝承がこの土地に存在するかどうかは知らないけれど、いずれにせよ日本の歴史的地名の多くは当て字であるため、語源的には動物の鹿とは関係なさそうだ。「シカ」は地名学的にはスカ（須賀）の地名に通じるという解釈もあり、

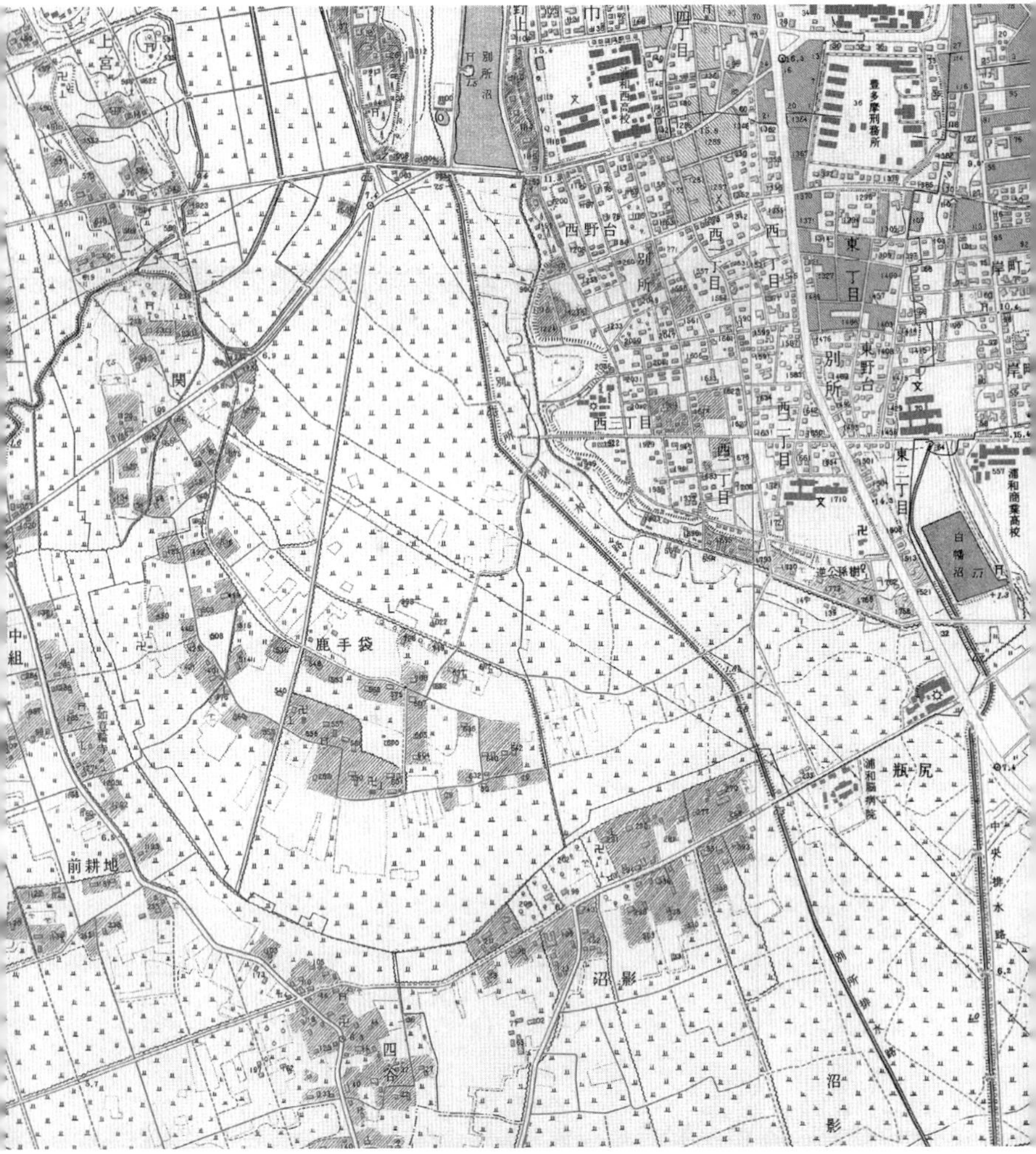

図1　1:10,000「浦和東部」昭和29年測量＋「浦和西部」昭和29年測量　×0.7

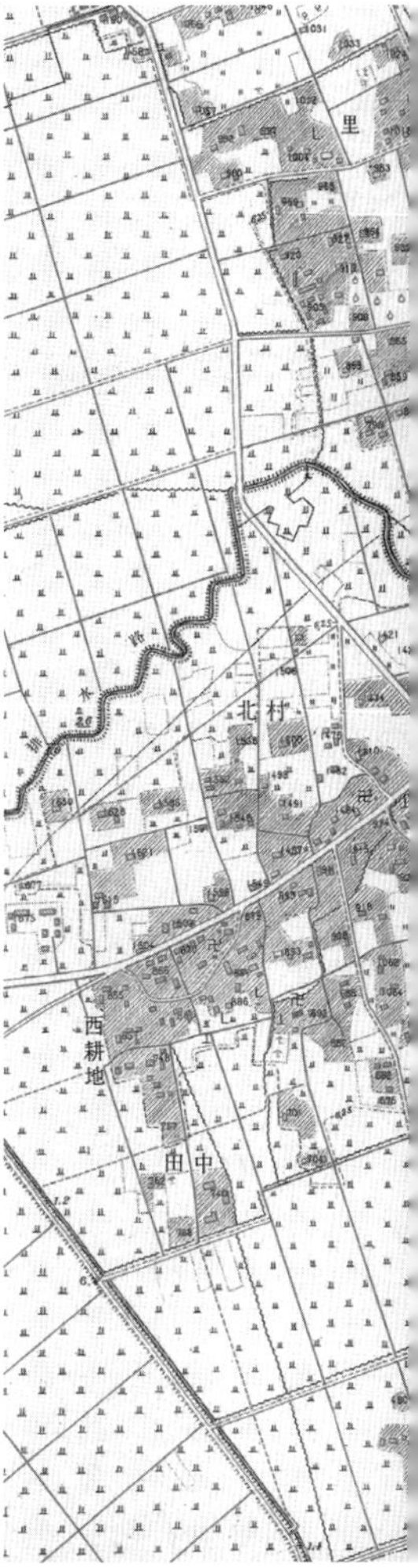

そうなればスカ＝洲処で砂地を意味する。袋の付く地名は池袋とか沼袋（西武新宿線）、大袋（東武伊勢崎線）など関東の駅名だけ挙げてもいくつかあるが、川の蛇行に関する地名が多い。つまり蛇行した内側を「袋」の形に見立てた命名だろう。

このうち埼玉県の大袋駅がある場所はかつての大袋村で、ここは明治二二年（一八八九）に町村制が施行された時に大竹、大道、大林、大房という「大」のつく四村に加えて袋山村その他が大合併し、大と袋の字を合成した地名である。明治期の地形図を見ると、その旧袋山村は川が大きく蛇行した内側にある。「山」の字が付いていても低地なので違和感を覚えるかもしれないが、昔は「木の生えた場所」であれば、それを山と称していた。つまり袋山とは「蛇行の内側にある森」であろう。

鹿手袋をそんな風に解釈すれば、「蛇行の内側に砂地の土地が広がっていた」のだろうか。地形図で見れば、集落の西から南にかけて、だいぶ昔に流れていたであろう川の蛇行の痕跡が見られるから、川の砂が堆積した自然堤防の上に発達した集落に見える。自然堤防とは川が洪水になった際に大量の土砂を堆積させた部分であり、堤防のように川に沿う微高地が帯状に連なっている所。頻繁に洪水を繰り返す川沿いは養分が供給されるので土地は肥えていて耕作地としたいのだが、洪水の被害が宅地に及ぶことは避けたいというギリギリの選択で家を建てた区域なのである。そのため集落は川に沿って、しばしばかつての「蛇行ライン」に沿って内側または外側に発達する。

鹿手袋の地形を読んでみると、その蛇行のカーブは半径およそ五〇〇メートルとかなり緩やかだ。蛇行の半径と流量を関連づける計算式があるのかどうか知らないが、流量の大きな川ほど半径が大きく、小さければ半径も小さい。この蛇行の場所から見て、ほぼ間違いなくかつての荒川の河道であったと思われる。東側には大宮台地が連なっているのに対して、西側はずっと低地のまま荒川の河川敷へ続いているからだ。

鹿手袋は「しってぶくろ」とも発音されるそうだが、川崎市の南武線尻手駅のある一帯（町名としての尻手は横浜市内）も多摩川の旧河道に面した所なので、土地条件としては鹿手袋と非常に似ている。やはり「シッテ」が何かの地形もしくは地質を表わす地名用語なのだろうか。

十一村合併なので「土合村」

さて、この鹿手袋村は明治二二年（一八八九）の合併、いわゆる明治の大合併で土合村《つちあい》となった。土合は歴史的な地名ではなく、十一村が合併したことにちなむ人工的な村名である。十一と漢数字で縦に書けば土になり、それを「合」わせて土合村というわけだ。そんな安易な命名が許されたのかと驚かれるかもしれないが、当時の大合併にあたっては新村名を決めかね、しばしば紛糾した。平成の大合併でも同様にもめた市町村は多かったけれど、当時の内務省も新村名の決定にあたっては訓令第三五二号で「互ニ優劣ナキ数小町村ヲ合併スルトキハ各町村ノ旧名称ヲ参互《さんご》折衷《せっちゅう》スル等適宜斟酌《しんしゃく》シ勉メテ民情ニ背カサルコトヲ要ス」と、合成地名を使った平和的解決を促している。

そんなわけで合併村数を名乗る自治体はこの時期に各地に乱立した。曰く三和村、六会村、七生村という類であるが、それらの自治体名はもともと地名としての根拠が薄弱なため、次の合併を迎えると泡沫のように消え去ってしまうケースが多く、この土合村も昭和三〇年（一九五五）に浦和市に編入されて消滅した。鹿手袋の住所の表記も「北足立郡土合村大字鹿手袋」が「浦和市大字鹿手袋」になったのである。それでも土合村だった当時に創立した土合小学校（明治二五年創立）と土合中学校（昭和二三年創立）はかつての合成地名を今に伝えている。両者とも現在はさいたま市桜区にあるが、土合中学校の校歌の二番には「桜草咲くこのよき土地に　十一の字《あざ》睦み合いて　ああ土合の名に香る」と旧村名の由来を説明する一節がある。

武蔵野線、埼京線、東北新幹線が相次いで開通

この地域に鉄道が最初に開通したのは昭和四八年（一九七三）四月一日、当時の国鉄武蔵野線が府中本町～新松戸間を部分開業した時のことである。鹿手袋の最寄り駅は、蛇行をはさんだ西隣の田島にできた西浦和駅であった。武蔵野線は当初、貨物線として計画されたものである。つまり混雑が著しかった東京都心の山手貨物線に集中する貨物をバイパスさせるべく、道路でいえば「外環自動車

図2　1:10,000「浦和」平成12年部分修正×0.7

道」のような機能を期待された路線であった。東京から五方面に伸びる国鉄の幹線、つまり東海道本線、中央本線、東北本線、常磐線、総武本線をこの武蔵野線が郊外で結びつけ、しかも武蔵野線内にいくつかの操車場と貨物ターミナルを設けることにより、各線相互の貨物の流れをスムーズにしようという大きな計画であった。各線とは立体交差しているが、貨物列車を各線相互に直通させるための連絡線がジャンクションの駅の付近に設けられた。ここ浦和では武蔵野線の西側から東北本線の与野駅へ向かう線（別所沼の西を北上する線）と、東側から与野駅へ向かう線が建設され、ここ鹿手袋にはデルタ線（三角形）が形成された。

いかにも貨物主体の路線といった配線の具合であるが、旅客輸送も当初から行なっていた。しかし本来は貨物線という位置付けであるため、開通当初の旅客列車の昼間の運転間隔はほぼ四〇分間隔というローカル線ぶりを示していた。現在の平日十二分間隔に比べると三分の一以下だったのである。駅間距離も首都圏を走る「国電区間」としては比較的長く、西浦和～南浦和間も三・九キロメートルあった。西浦和駅は田島の集落の南西端に設けられた。図2の左下、駅の南側に見えているのは日本住宅公団（現ＵＲ都市機構）の田島団地で、一九〇七戸が昭和三八年（一九六三）に入居開始しており、それまでバスに頼っていた団地の住民の足は一〇年後の武蔵野線開通で大いに改善されている。当時の埼玉県南部の人口増加は著しく、旧浦和市域に相当する人口を見ても、昭和二五年（一九五〇）にわずか一三万人余りだったのが、武蔵野線開業二年後の昭和五〇年（一九七五）には三三万人余り、そして平成一二年（二〇〇〇）には四八万人余りまでに増加している。水田がみるみるうちに減少して宅地化は急速に進んでいく。人口急増に伴い、武蔵野線は「バイパス貨物線」から地域住民の重要な足としての役割を深めていった。それに加えて昨今の鉄道貨物の衰退もあり、現在ではむしろ「旅客中心」の色彩が強まっている。

提案・中浦和駅を鹿手袋駅に変えよう

そして次に来た鉄道が東北新幹線である。東京に近い区間では建設反対運動などもあり、新幹線建設の地元への「見返り」として国鉄が約束したのが、新幹線に並行する通勤新線の建設であった。大宮～盛岡間で昭和五七年（一九八二）に暫定開業していた東北新幹線がようやく上野まで延伸されたのは同六〇年三月一四日のことで、通勤新線はそれから半年遅れた九月三〇日に開業した。正式には東北本線の別線扱いであるが、池袋方面から直通する運転系統名として「埼京線」と名付けられた。

埼京線と武蔵野線の交差地点には武蔵浦和駅が設置され、別所池にほど近い鹿手袋一丁目には中浦和駅ができた。これにより従来の東・西・南・北に加えて中・武蔵が揃い、「浦和関連駅ファミリー」

は七駅となった。これだけ多いと何かと混乱の元で、浦和駅西口と西浦和駅で待ち合わせして会えない人、武蔵浦和駅が最寄りの南区役所へ行くのに南浦和駅で間違って降りてしまう人など、統計資料は持ち合わせていないけれど、確実に「被害者」が続出しているはずだ。

浦和関連駅を、たとえば東浦和→大牧（または大間木）、武蔵浦和→別所、西浦和→田島、中浦和→鹿手袋などと地元の歴史的地名に変えてみたらどうだろう。浦和別所、浦和鹿手袋のように浦和を冠してもよい。だいぶ前からあった北浦和と南浦和はとりあえず「無罪放免」とする。鹿手袋などという駅名は一度聞いたら忘れられないし、これを別所駅などと混同することも根絶できる。どなたか地元の方、地名尊重と誤乗車防止の見地から改称運動を起こしませんか。

それはともかく、浦和市は平成一三年（二〇〇一）に大宮・与野の両市と合併してさいたま市となった。全国の県庁所在地として初のひらがな市の誕生である。同一五年には政令指定都市として行政区が九つ設けられ、鹿手袋は南区に所属する。同一七年には岩槻市が加わって一〇区体制となった。

かつて田んぼが広がっていた土地にできた武蔵浦和駅は今や埼京線の快速停車駅で、たとえば多摩地区や所沢などから東北・上越新幹線方面へ向かう人にとって便利な乗換駅となっている。駅前には南区役所もできてショッピングセンターも進出した（両者とも図2の発行後にできた）。街並みといえば「ここまで走ってきました」といった風情だが、今後はどんな風に変わっていくだろうか。

田んぼの広がる砂利電車の終点から「郊外型ＳＣ」の街へ——二子玉川

蛇行する府県境と砂利電車

瀬田の台地から南下してきた路面電車が竹藪のところで街道から外れ、「たまがは」と記された終点の停留場を目指して切り通しを下っていく。やがて右手前方が開けて築堤となり、澄んだ水が滔々と流れる六郷用水を跨ぎつつ坂道の先を眺めれば、多摩川を隔てた向ヶ丘が春霞の中に横たわっている。

ここは当時、荏原郡の玉川村であった。この行政村は町村制が施行された明治二二年（一八八九）に等々力《とどろき》、奥沢、小山《おやま》、下野毛《しものげ》、野良田《のらだ》、上野毛《かみのげ》、瀬田、用賀の八村と下沼部《しもぬまべ》、深沢の各一部の飛地が合併して誕生した。現在の「二子玉川」という駅名が「二子多摩川」でない理由はここにありそうだ。

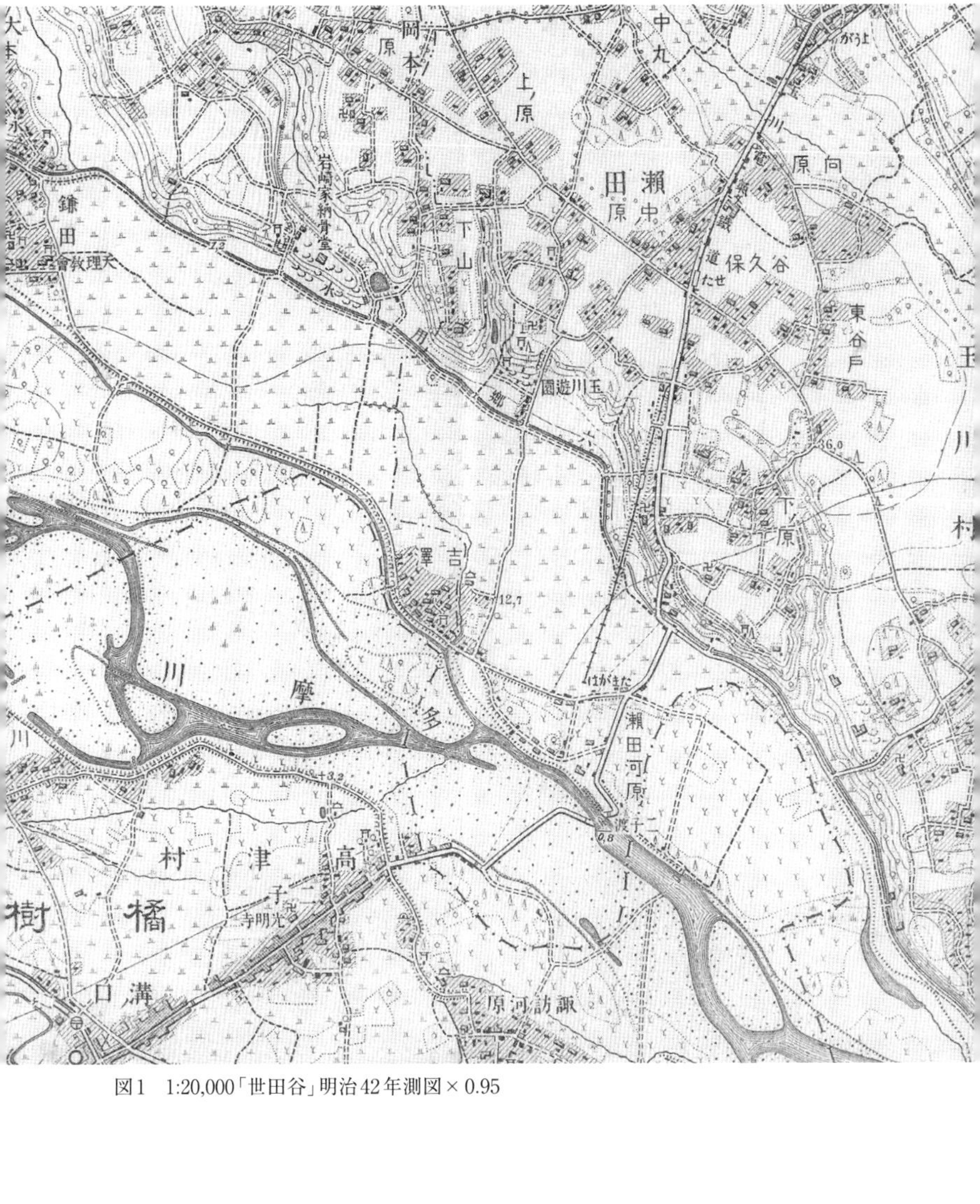

図1　1:20,000「世田谷」明治42年測図×0.95

路面電車の玉川終点は、周囲にぽつりぽつりと人家が見えるものの、決して市街地ではない。瀬田河原という地名は台地上にある瀬田の飛地のような存在だ。渋谷から大山街道の上をここまで敷設された玉川電気鉄道（玉電）は、多摩川の砂利を、その大消費地である東京市内へ運ぶことを主たる目的として設立され、明治四〇年（一九〇七）の三月六日に渋谷の道玄坂上から三軒茶屋の間をまず開業、翌月一日にはこの玉川まで延伸、同年の八月一〇日には渋谷に達している。当時の渋谷駅は現在の駅より恵比寿寄りの、現在では埼京線や湘南新宿ラインが発着するホームのあたりにあった。

大山街道は江戸から現在の国道二四六号（玉川通り）の旧道で神奈川県の大山を目指す。かつては大山詣での人はもちろん、相模国から江戸への貨客の往来で賑わった。玉川停留場の少し南側の多摩川に「二子渡」という渡船場が見えるが、この二子とは二つ並んだ古墳にちなむ地名とされ、現在も川崎市高津区の町名である。

図1の時代には東京府と神奈川県の境界も蛇行していた。瀬田河原の地名の右手は当時、神奈川県橘樹《たちばな》郡高津村の大字諏訪河原で、逆に二子渡の南側にも東京府荏原郡玉川村の領域（瀬田河原）が広がっており、川崎市高津区の瀬田という町名に今もその名残をとどめている。しかしこのS字型の蛇行境界も、図が測量された三年後の明治四五年（一九一二）には多摩川の流れに沿う形に改められた。

多摩川を眺める行楽地に

この「田舎ぶり」では電車がどのくらいの間隔で走っていたのか気になるが、それでも図の三年後に発行された大正元年（一九一二）九月号の時刻表（庚寅新誌社・復刻版）によれば渋谷〜三軒茶屋間が一〇分間隔、三軒茶屋〜玉川間は二〇分間隔で運転されていたようだ。当時の私鉄の常として玉電でも遊園地経営を行なっており、明治四二年（一九〇九）に大字瀬田に玉川遊園地を開設している。図では線路の西側の少し離れた場所に見える「玉川遊園」がそれで、業務は浅草花屋敷に委託していたという。遊園地といっても現代のような絶叫系マシンなどはもちろん存在せず、現在では「庭園」と称した方がいいかもしれない。そこへの便のため坂道の途中に遊園地前電停が設置された（図には名称なし）。その後は多摩川沿いに料理屋などが建ち並び、風光明媚な行楽地として一帯は独自の発展を遂げていくことになる。

この「砂利電」の開通で渋谷と直結されるようになった玉川村の利便性は大いに高まり、第一回国勢調査が行なわれた大正九年（一九二〇）に七五九一人だった人口は一〇年後の昭和五年（一九三〇）には一万六七五九人と倍増以上の数字を記録している。その後、昭和七年（一九三二）には東京市が周辺の八二町村を編入する「大拡張」を行ない、これにより玉川村は東京市世田谷区の一部となり、旧大字に玉川の旧村名を冠して町名とした。たとえば「荏原郡玉川村大字上野毛」は「東京市世田谷区玉川上野毛町」という具合である。

乗客も順調に増えたのか、大正一一年（一九二二）に玉電は多摩川沿いに多摩川第二遊園地を開いた。こちらが後の二子玉川園になる。その三年後の大正一四年（一九二五）には多摩川を渡る二子橋が神奈川県・東京府・玉電の三者により架けられた。大きな川に架橋する際、鉄道会社が単独で取り組むには負担が重いため、併用軌道（路面軌道）や同じトラスの中に道路と線路を並走させる構造と

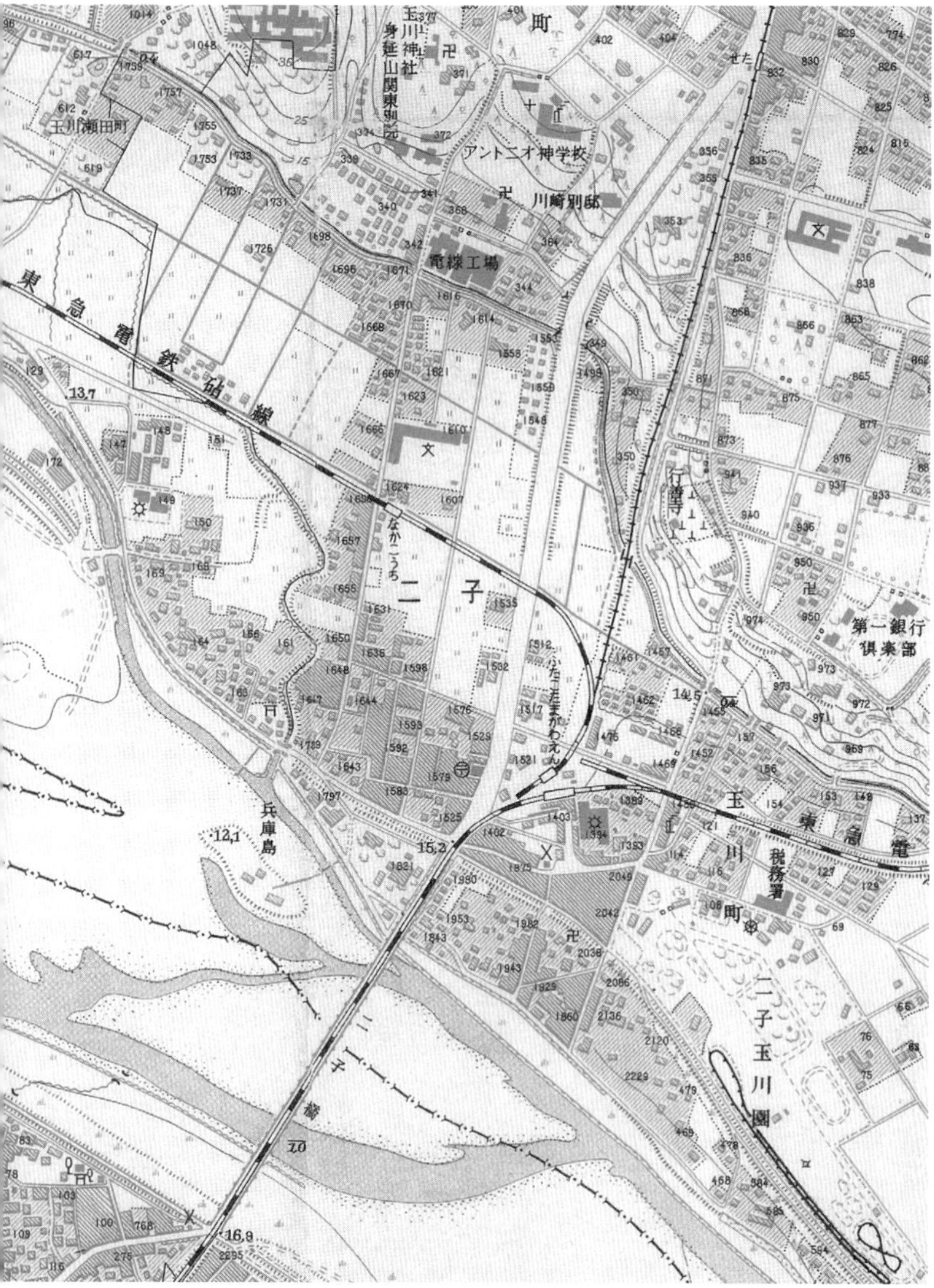

玉川瀬田町
玉川神社
身延山関東別院
町
アントニオ神学校
川崎別邸
電線工場
東急電鉄砧線
なかこうち
二子
ふたこたまがわえん
行善寺
第一銀行倶楽部
兵庫島
玉川
町
東急電
税務署
二子玉川園
二子橋

図2　1:10,000「二子玉川」昭和30年修正×0.94

し、地元自治体と費用を分担するケースは珍しくない。

橋が竣工した二年後の昭和二年（一九二七）には玉電がここを渡って神奈川県側に延伸、溝ノ口（現溝の口）に至っている。玉電では溝ノ口の西側にある七面山に遊園地や住宅地の開発を目論み、その際に社長・津田興二にちなんで「津田山」と名付けている。これが現在の南武線津田山駅の由来である（開業当初は南武鉄道の日本ヒューム管前駅と称した）。ちなみに駅の所在地は昔から下作延《しもさくのべ》という。

軍需工場への従業員輸送と、相次ぐ駅名の改称

二子玉川にもうひとつの電車線である目黒蒲田電鉄（現東急）大井町線が開業したのは、昭和四年（一九二九）のことで、玉電の玉川停留場と隣り合った場所に駅を設置したにもかかわらず、そちらは二子玉川と称した。その後昭和一三年（一九三八）には玉電が目黒蒲田電鉄系列の東京横浜電鉄の経営になり、玉電の第二遊園地も翌一四年には読売遊園となっている（同年に停留場名を「よみうり遊園」と改称）。その後は大井町線の二子玉川駅と統合して昭和一五年（一九四〇）には二子読売園駅と再改称した。

太平洋戦争が始まると溝ノ口周辺の軍需工場への通勤輸送力を高めるため、二子読売園〜溝ノ口間を路面電車（旧玉電）ではなく大井町線の車両を乗り入れさせることになり、昭和一八年（一九四三）には軌間を一・三七二ミリから一・〇六七ミリに改めて運転系統を変更している。戦況が日に日に厳しさを増していた頃であるが、その前年である同一七年には非常時の「陸運統合政策」によって、目

〈玉川線（旧玉川電気鉄道）〉
明治40年（1907）4月1日　玉川
昭和14年（1939）3月10日　よみうり遊園
昭和15年（1940）12月1日　二子読売園（統合）

〈大井町線（旧目黒蒲田電鉄）〉
昭和4年（1929）11月1日　二子玉川
昭和15年（1940）12月1日　二子読売園（統合）

〈統合後→昭和17年5月1日から東京急行電鉄〉
昭和19年（1944）10月20日　二子玉川
昭和29年（1954）8月1日　二子玉川園
平成12年（2000）8月6日　二子玉川

黒蒲田・東京横浜に加えて小田急、京浜電気鉄道を合わせた東京急行電鉄、いわゆる「大東急」が誕生した。

図2に見える大井町線二子玉川園駅の東側から枝分かれし、玉電に向かって行き止まっている短い線路は、かつて大井町線が終点であった頃の二子読売園駅の痕跡だ。玉電の線路が二子橋に向かって少し行ったところで切れているのも、かつて橋を渡っていた頃の名残。このようにして、鉄道線を走る大型の電車が二子橋の路面を渡る光景が戦後しばらくまで見られるようになった。

駅の右下に見えるのは二子読売園の後身の二子玉川園で、戦争末期の昭和一九年（一九四四）に閉鎖され、同二九年にようやく再開された翌年の状態である。園内に見える軌道の記号は同時期の園のパンフレットによれば、長い方が「豆汽車」、8の字を描くのが「お猿列車」となっている。駅名も園が閉鎖された昭和一九年（一九四四）に二子玉川と改められ、二子玉川園が開園して「園」が付いている。いろいろと複雑なので整理してみると上の表の通り。

わかもと製薬の通勤専用線？

なお、二子玉川園から西へ分かれていく砧《きぬた》線は大正一三年（一九二四）に玉川電気鉄道が敷設したもので、さらなる砂利資源を求めて多摩川に沿って延伸した。終点の砧停留場（昭和三六年に砧本村《ほんむら》と改称）の目の前には広い敷地に「わかもと製薬工場」が見える。胃腸薬の「強力わかもと」で有名な製薬会社で、昭和七年（一九三二）一〇月に東京工場を砧村大字宇奈根《うなね》に新設した。玉電としては本線より一層「砂利線」の色が濃く、開業当初は人家も疎らな河畔の「引込線」といった風情だったようだが、「わかもと」の工場進出により、電車通勤する従業員は大切なお得意さんとなったに違いない。

わかもとの東側にある砧浄水場は今も東京都水道局の砧下《きぬたしも》浄水所として現役だ。もとは豊多摩郡時代の渋谷町が建設、関東大震災の直前の大正一二年（一九二三）五月に給水開始した町営水道で、右上に向かう水道管上の道路は一直線に渋谷を目指しており、東京市に編入される直前には「町」ながら一〇万人を超えていた渋谷町の上水を支えた。

わかもと製薬の工場はその後に移転し、跡地は駒澤大学玉川校舎とグラウンドになっている。図2で浄水場の東、河川敷に続いて広い敷地を誇っていた読売玉川飛行場は戦前に読売新聞社が建設したもので、戦時中は陸軍が訓練用に使っていたこともある。図3では野球場を何面も確保した「玉川二子橋公園」となった。都県境を跨いで「渋谷区民運動場」の文字も見える。本体からずいぶん離れた場所にあるけれど、ひょっとして渋谷町水道に関連する土地だったのだろうか。

玉電は東急玉川線として長らく沿線住民の足として利用されたが、昭和四〇年頃になると自動車が目立って増え、「時代遅れの路面電車こそが渋滞の元凶」といった言説が幅を利かせるようになっていく。結局は東名高速道路に続く首都高速道路の橋脚を玉電の軌道敷に立てることに落ち着き、その代わりに玉電は地下鉄として生まれ変わることになった。これに伴って下高井戸線（三軒茶屋〜下高井戸間）は本線と切り離されて世田谷線として残存、砧線の方は不採算なので廃止してバス化することが決まった。

ニュータウン直通のお洒落な「ニコタマ」へ

玉電の本線・砧線の廃止は昭和四四年（一九六九）五月一〇日のことであるが地下化はだいぶ遅れ、廃止から八年後の昭和五二年（一九七七）に東急新玉川線として開業した。経由地は玉電とほぼ同一で、東急が開発するニュータウン「東急多摩田園都市」の足として田園都市線と二子玉川園で接続、渋谷への最短ルートを形成した。その後は半蔵門線とも直通することになり、都心部からニュータウンへの新しいルートが確立されている。

図2では二子橋の路面を線路が単線（記号で判読できる）で自動車と一緒に渡っており、これが輸送のネックであったが、田園都市線の溝ノ口（現溝の口）〜長津田間の開業と同時に複線の専用橋が下流側に完成し、電車はそちらを経由するようになった。これにより路面電車時代の名残はすっかり

玉川病院
瀬田四丁目
瀬田玉川神社
瀬田教会
参議院速記者養成所
聖アントニオ神学院
東急新玉川線
瀬田二丁目
玉川四丁目
瀬田小学校
高島屋ガーデンアイランド
玉川三丁目
玉川四丁目
二子玉川小学校
行善寺
玉川歯科医師会館
二子玉川地区会館
瀬田一
区民サービスコーナー
高島屋
諏訪神社
玉川三丁目
新二子橋
玉川二丁目
東急ストア
区運動施設管理事務所
鎌田一丁目
東急ストア
富士観会館
兵庫島公園
二子玉川園駅
玉川税務署
教育相談室分室
二子橋観測所
玉川福祉作業所
二子玉川タイムスパーク
緑地
二子一丁目
二子橋
東急田園都市線
東急スポーツガーデンナムコワンダーエッグ3
野川
玉川一丁目
二子二丁目

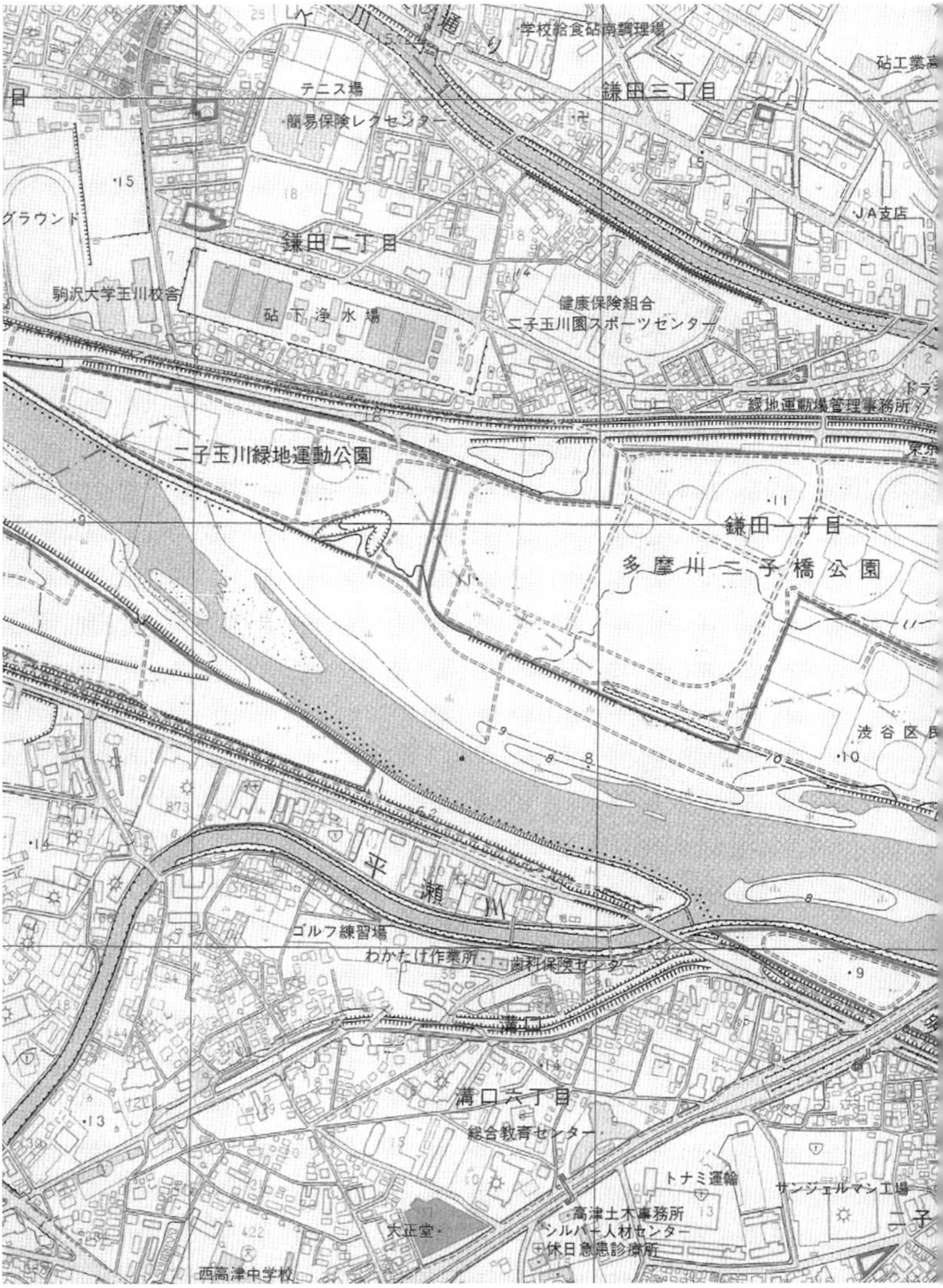

図3　1:10,000「自由が丘」平成11年修正＋「溝口」平成12年修正　×0.94

払拭されたことになる。その後はさらにホームが延伸されて河川敷の上に張り出した独特な駅となった。

二子玉川園はまた郊外型デパートの先駆け、玉川高島屋が進出したことでも話題になった。開店は玉電が廃止された昭和四四年（一九六九）だが、「百貨店というものは都心部の一等地、でなければ国鉄と私鉄の結節点に立地するのが当たり前という時代に、私鉄の途中駅に出店するなど到底考えられなかった」と、百貨店業界が長かった私の父がしみじみと述懐していたものである。

成城や等々力などの「高級住宅地」から顧客が自動車で乗り付けるといったスタイルも、時代を先取りしていた。玉電の廃止とクルマの客を意識したショッピングセンター（ＳＣ）の開業が同じ年であることは、時代の変化を強く感じさせる。相乗効果でグレードの高い洒落た店の進出も促進され、今ではご存知の通り「ニコタマ」の愛称で、東京では常に人気ある町のトップクラスを占め続けている。

そんな中で昔の景勝地の名残をとどめる遊園地・二子玉川園は衰退してゆき、昭和六〇年（一九八五）に閉園した。駅名も遅ればせながら平成一二年（二〇〇〇）に「園」を外している。それと同時に玉川電気鉄道─東急玉川線の系譜を引く「新玉川線」の名もニュータウン線である田園都市線に編入され、二〇世紀の終焉とともに消えていった。

砂村新四郎が開拓した新田は今——砂町

砂村→砂町→ただの砂

城東区と深川区が終戦直後に合併したとき、隅田川の東にあるために「江東区」と名付けられたこの区（江は旧深川区、東は旧城東区の意味も含まれる）は、今やちょっとした県庁所在地よりずっと大きな人口約四五万を擁している。その区の南東部に目立つのが「砂」のつく町名だ。北砂、南砂、東砂、新砂の四種類であるが、このうち北砂と南砂は清洲橋《きよすばし》通りを境に南北に広がり、荒川放水路に近い方は東砂、海岸の埋立地は新砂という具合に人工的に境界が引かれている。

このうち南砂の南の端にあるのが東京メトロ東西線の南砂町駅だ。駅に「町」が付いているのは旧町名が南砂町だったからで、不思議なことに昭和四四年（一九六九）に駅が開業した二年前には町が外れてすでに「南砂」になっていたのだが、やはり馴染んだ町名ということで敢えて旧称を採用したのだろうか。

当時は住居表示法ができたばかりで、都市部の地名はブルドーザーで整地するかのような勢いでバタバタと整理統合させられていた。当時の東京都には「丁目」を付けるなら「町」は外すという、なかなか愚かしい住居表示のガイドラインがあり、それが機械的に運用されて南砂町が南砂に変わっただけのことだ（有楽町は「有楽○丁目」はないだろう、と反発が多くて「町」付きのまま残ったけれど）。

砂村ネギと運河沿いの工場

明治四二年（一九〇九）、陸地測量部の初代の一万分の一である。この一帯は江戸時代に開発された「新田」が大半を占めていた。そのことは、明治四二年に測量された図1を見れば、多くが水田で占められた土地にぽつりぽつりと家が立地する、江戸以来おそらくあまり変わっていない風景から想像できる。町村制が施行された明治二二年（一八八九）に、南葛飾郡に所属する一三村、亀高《かめたか》村、治兵衛《じへえ》新田、又兵衛新田、荻新田、太郎兵衛新田、中田新田、八郎右衛門新田、大塚新田、砂村新田、永代《えいたい》新田、久左衛門《きゅうざえもん》新田、平井新田、八右衛門新田とその他の飛地は、合併して「砂村」となった。

これだけの村の中から砂村の名が採用されたのは、合併一三村のうち飛び抜けて面積が広く有力な

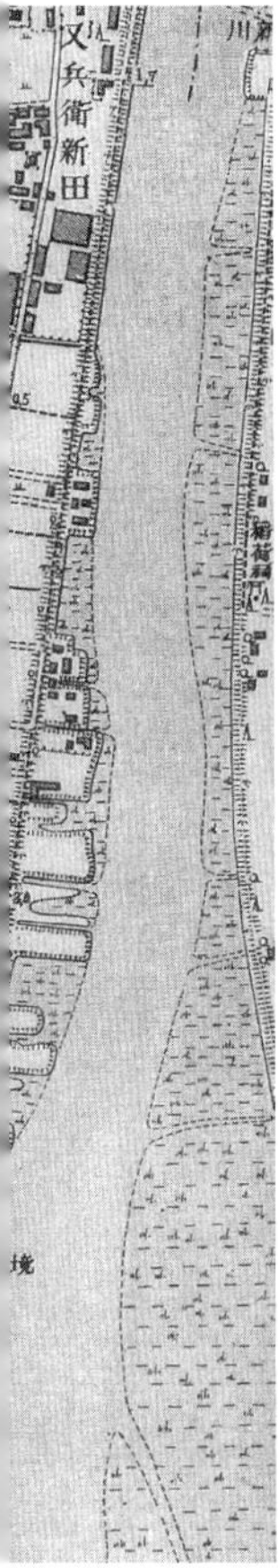

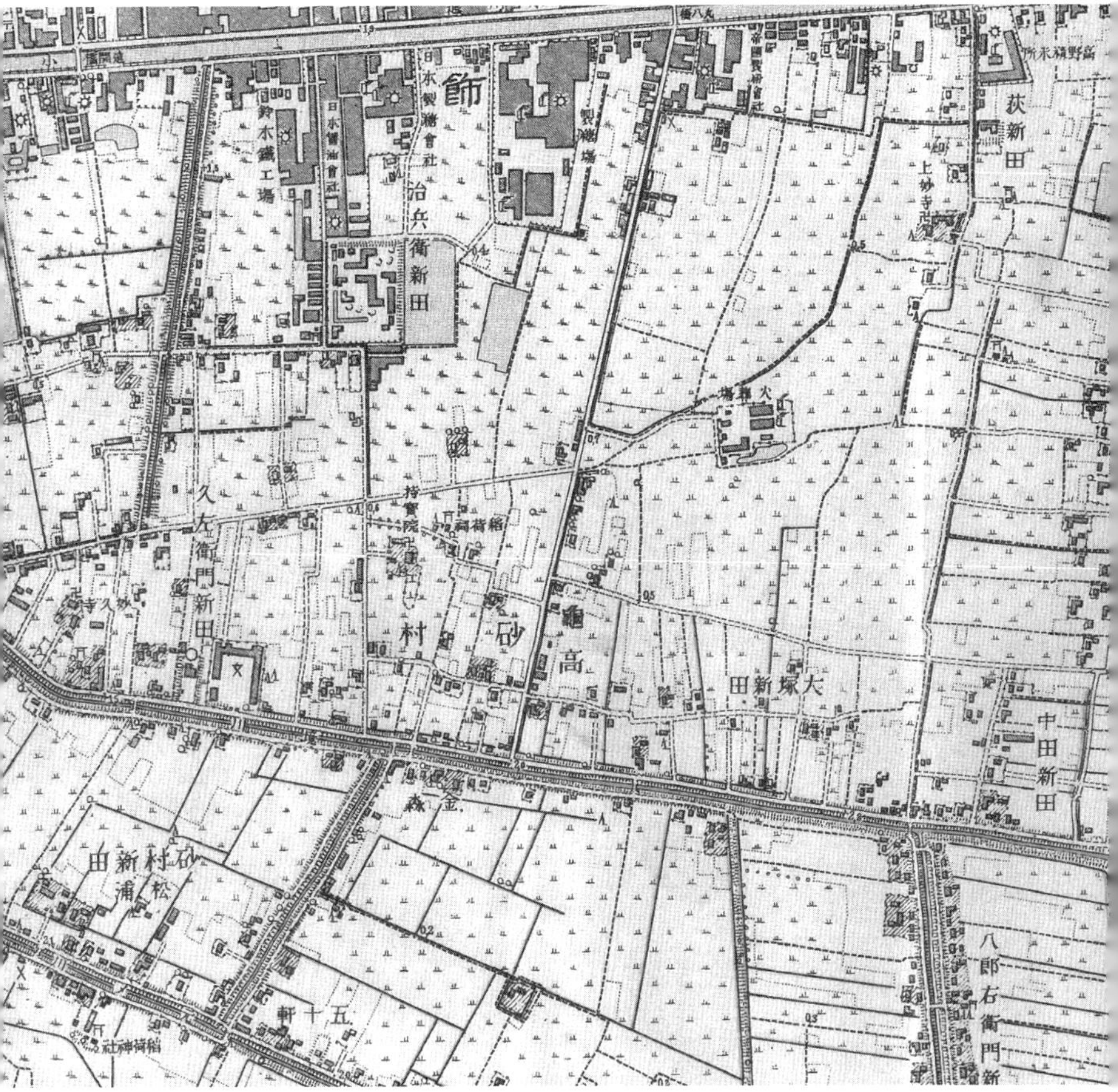

図1　1:10,000「深川」明治42年測図×0.74

村であったためだろう。砂村新田は、海岸の寄り洲（沿岸流や波などの作用で沿岸に現われる砂洲）を、砂村新四郎が万治二年（一六五九）に開発したことにちなむ。

図の下寄りを斜め東西に流れているのは境川で、もう少し北を流れる幹線水路の小名木《おなぎ》川に並行していることから、それに対して「裏川」の名もあったようだ。境川に面したコの字形の校舎は砂村小学校で、今も同じ場所に砂町小学校がある。西隣の丸印は砂村役場で、その後は砂町役場を経て、今も江東区役所の砂町出張所だ。

江戸期の砂村新田は世界的な大都市の至近距離にあったため野菜の栽培が盛んで、キュウリやナス、それに味の良い「砂村ネギ」、スイカも名産だったという。地形図に見える耕地は大半が水田であるが、たまに記号のない畑らしい土地が散見される。明治二八年（一八九五）には、図の北端を流れる小名木川沿いに日本製糖（大日本製糖の前身）の大きな工場が建設された（左右中央の「製糖場」）。鉄道・道路ともに未発達の時代にあっては、水路が輸送路としてモノを言うので、小名木川沿いにはその後多くの工場が立地した。図に描かれている工場を挙げてみれば、南岸には鈴木鉄工場、日本醤油会社、日本製糖会社、帝国製粉会社、高野精米所、北岸（掲載範囲外）には東亜製粉会社、富士瓦斯紡績会社、日本製粉会社分工場と、周囲が水田だけに川沿いの賑やかさが際立つ。

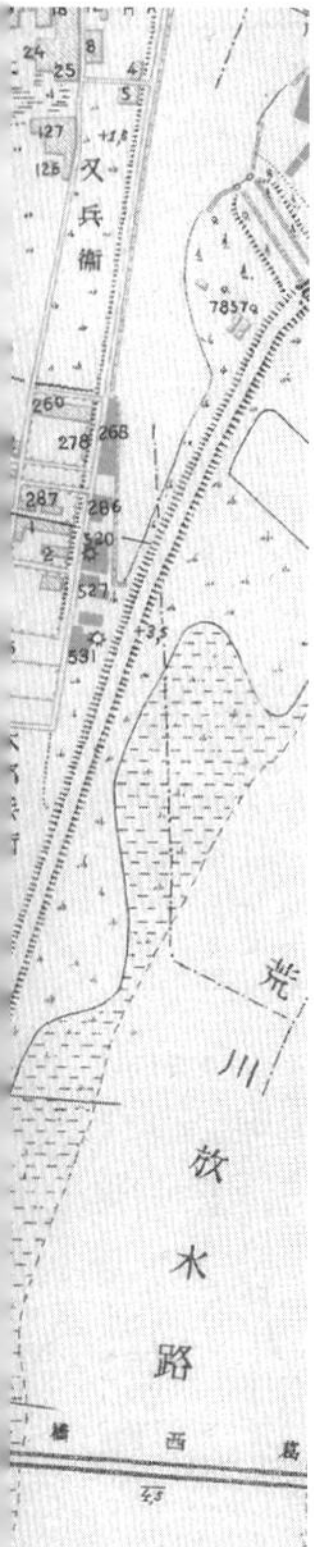

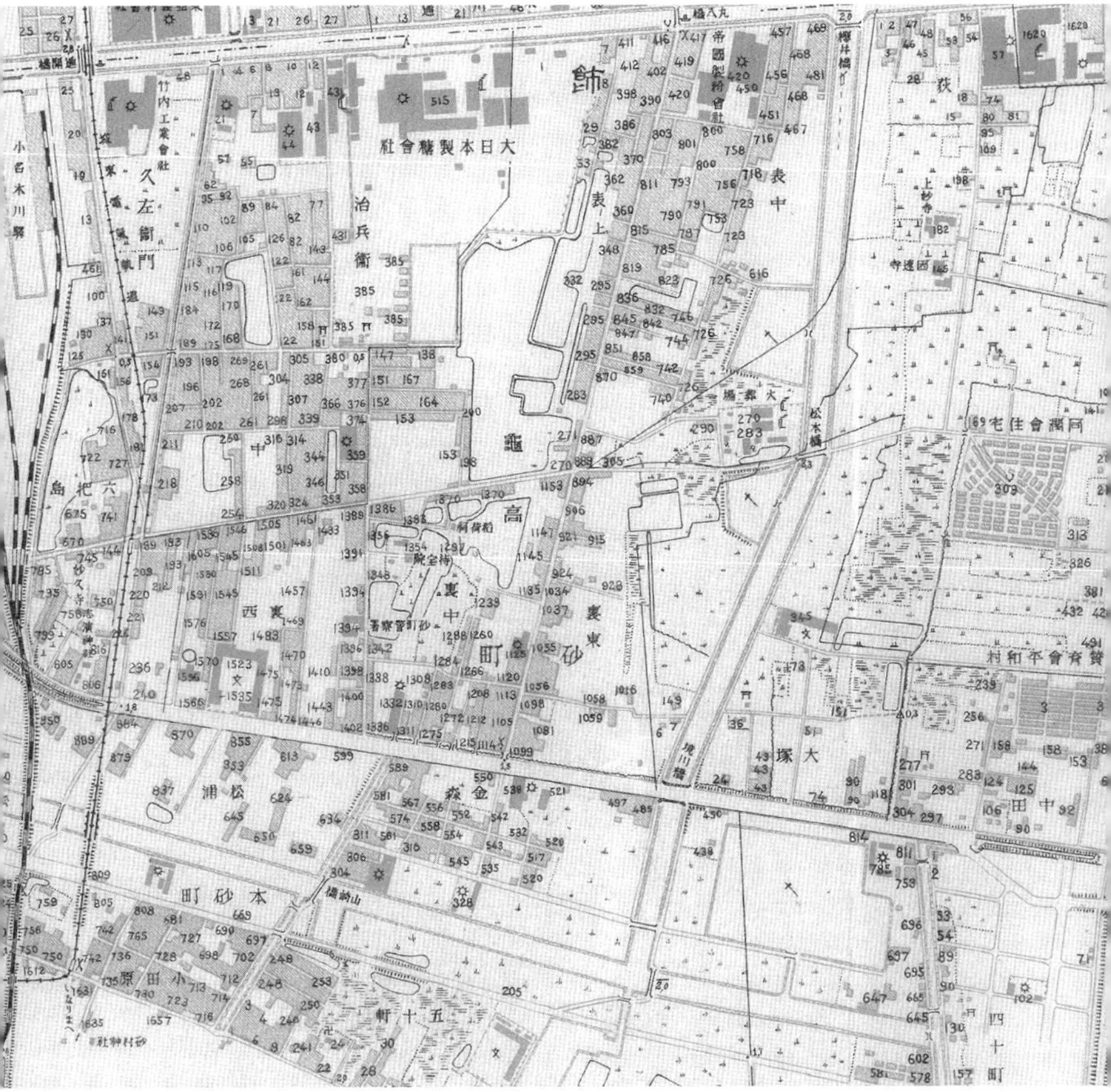

図2　1:10,000「深川」昭和5年測図×0.74

一〇年間で三倍弱の人口増

図1から二一年後である。当初は鉄道の便には恵まれていなかったが、大正六年（一九一七）に城東電気軌道が錦糸町〜小松川間の千葉街道を走る路面電車として開業、同九年にはその支線が水神森（亀戸駅付近）から南下して小名木川（川の北岸、後の大島一丁目停留場）まで延びてきた。付近の利便性は高まって人口も増加していく。その後は大正一三年に仙気稲荷《せんき》（図では稲荷前。後の南砂三丁目）まで南下、この地域では初めての電車となった。

「支線」が延びてきた大正九年（一九二〇）は第一回目の国勢調査が行なわれた年で、同年の砂村の人口は村ながらこの時期すでに一万二一八四人で、翌一〇年に砂村は町制施行した。すんなり砂村が砂町になったのだが、地名のルーツを考えてみれば砂村氏が開発した新田なので、本来は砂村町とするのが妥当であっただろう。大字の地名も大幅に変わっている。大半に付いていた「新田」が大正一〇年（一九二二）の町制施行を機に意図的に外された。たとえば、

砂村大字《おおあざ》治兵衛新田　↓　砂町大字治兵衛
砂村大字又兵衛新田　↓　砂町大字又兵衛
砂村大字太郎兵衛新田　↓　砂町大字太郎兵衛
砂村大字荻新田　↓　砂町大字荻

村から町へ、という意識だろうか。まだ開拓者の名前は残っているものの、新田をすべて外されたので印象はだいぶ違う。いずれにせよ、町制施行から九年経った昭和五年（一九三〇）には砂町の人口は三万四六五七人と、一〇年前の三倍近い急増となった。やはり震災後の東京の人口拡散は大きい。その昭和五年がこの図2である。

南北方向に新しく登場した運河は大正一二年（一九二三）に東京運河土地株式会社が開鑿《かいさく》したもので、これに加えて昭和四年（一九二九）には総武本線の亀戸駅から南下して小名木川の南岸に至る国鉄の小名木川貨物駅が開業した。この駅は世紀末の平成一二年（二〇〇〇）まで存在したが、小名木川から船が直接入れるようにホームの脇まで運河を開鑿、鉄道と船舶の結節点となった。ここに限らず、明治大正から昭和の戦前期までに開業した大都市の貨物駅は運河と直結しているところが多い。この貨物線を南下していくと汽車製造会社（汽車会社）の鉄道車両工場への専用線がつながっていた。

利便性を高めた城東電気軌道

さすが一〇年間で人口が三倍になっただけあって、水田転じて市街地となった所が目立つ。水面（判読しにくい）となっている場所も多く、この状態では大雨が降ったら心配だ。図1の中央、東の火葬場へ向かっていた田んぼの中の細道は、この時期ではだいぶ家並みが増えて賑やかになった。この通りが後に砂町銀座商店街となる。その道路と交差する地点に設けられたのが城東電気軌道の砂町停留場（駅名表示なし。その後の北砂二丁目）で、錦糸町や亀戸駅へ便利に直行できる交通の便がこれだ

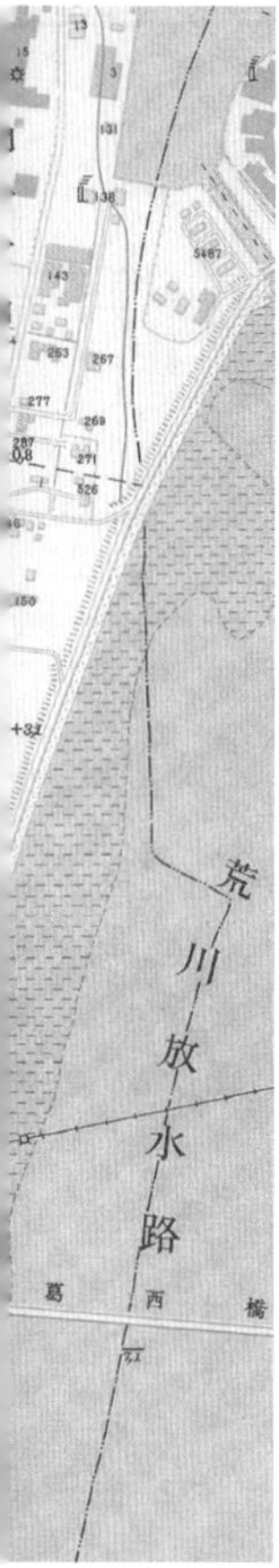

けの市街化をもたらしたに違いない。

その道を東へ行けば湿地を過ぎて同潤会住宅に至る。同潤会は大正一二年（一九二三）の関東大震災に対する世界各国からの義捐金をもとに震災の翌年に設立された財団法人で、東京・横浜に一六か所建設された同潤会住宅のひとつがこれだ。図にはテラスハウス的な構造らしい細長い平面形をもつ「砂町普通住宅地」がびっしり描かれている。以前は全面的に田んぼだった所だ。

その南には賛育会平和村という、これも昔のスタイルの集合住宅が描かれている。賛育会は現存する社会福祉法人で、同会のホームページによれば、賛育会は大正七年（一九一八）に東京帝国大学学生基督教青年会（東大ＹＭＣＡ）特別会員有志である木下正中、吉野作造、片山哲らにより、キリスト教の趣旨にもとづき婦人と小児の保護、保健、救療の目的をもって創立されたという。創立五年目に起こった関東大震災では臨時産院を設けるなど救護活動を行なった。平和村もそれらの活動の一環なのだろうか。そのすぐ東側には、ようやくこの年に全区間で完成した荒川放水路（現荒川）が見える。図1の頃は中川の本流であった。放水路に架かる長い橋は昭和三年（一九二八）に架けられて間もない旧葛西橋で、戦後の昭和三八年（一九六三）に架け替えられるまで、ずっと木造ながら都内最長の橋であった。

図3　1:10,000「深川」昭和33年修正×0.74

消えた新田由来の地名

その葛西橋に向かって、戦時中の昭和一九年(一九四四)に都電の路線が開通している。城東電気軌道の会社はその後少し複雑な経緯をたどった後、昭和一七年(一九四二)には東京市電の路線の一部として組み込まれた。図3の昭和三三年当時は二九系統が走っており、錦糸町から両国を経てはるばる神田須田町まで乗り換えなしで行けた。

地名は昭和七年(一九三二)の東京市への編入により、ほぼ全面的に変わっている。先ほどの新田を外しただけの地名も、この時にはさらに次のように変わっている(新町名は対応する主要なもの)。

南葛飾郡砂町大字治兵衛 → 東京市城東区北砂町三丁目
南葛飾郡砂町大字又兵衛 → 東京市城東区北砂町十丁目
南葛飾郡砂町大字太郎兵衛 → 東京市城東区北砂町九丁目
南葛飾郡砂町大字荻 → 東京市城東区北砂町六丁目 ……

これでは歴史に沿って新旧の地名をたどるのが非常に困難だが、日本の場合は全国的にしばしば起きていることだ。この時に編入されて新市域となった八二町村は、新たに二〇区に編成し直されることになったが、その中の町名決定に際しては、東京市役所はその方針として「大都市に不適当なもの」「農耕地を想起せしめるが如き時代後れの名称」は排除することを明記している。又兵衛とか太郎兵衛はおそらくこれに抵触したのだろう。

図2の頃よりさらに市街化は進んでいるが、それとは対照的な「金魚池」が目立つ。ただし金魚の養殖が盛んになったのは関東大震災の後からとのことで、当時あちこちに存在した沼沢地を利用した事業だったようだ。戦後は市街化の進展に伴って中心地も荒川を渡り、今では江戸川区の方が金魚の名産地として知られている。

葛西橋はこの頃まだ木造の旧橋が架かっており、図3の五年後にあたる昭和三八年（一九六三）にはだいぶ下流側にある現在の葛西橋（掲載範囲外）に引き継がれて撤去された。橋のたもとは行き止まりとなってしまったが、現在もここに至る清洲橋通り（清洲橋は隅田川の橋）の、かつて葛西橋停留場が置かれていた場所には旧葛西橋というバス停が昔をしのぶ。ここは釣り船の「ターミナル」としても有名だそうで、今も釣り船店がいくつも軒を並べているのが「橋のたもと」の名残である。

消える運河、増えるマンション

図4は最新の地形図ではあるが、国土地理院が一万分の一地形図作製をやめたので、もう一四年前の「古地図」になってしまった。この図が出た後にも地域はだいぶ変わっている。まずは小名木川貨物駅が平成一二年（二〇〇〇）に廃止された。貨物線そのものは、まだ越中島貨物駅に面したＪＲ東日本の「東京レールセンター」からのレール運搬列車が行き来するので健在だが、駅の跡地は巨大なショッピングセンターとなり、往時の面影は消えてしまった。かの東京運河土地株式会社が開鑿した

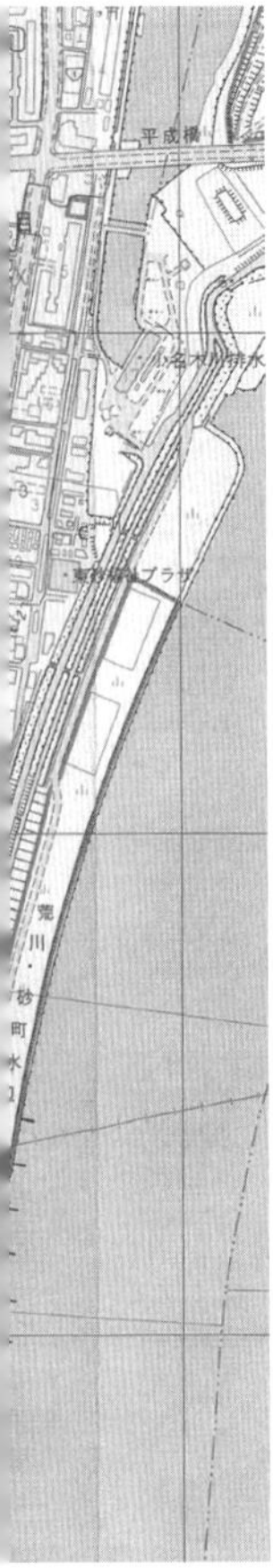

運河もすべて埋め立てられ、今では「仙台堀川公園」となっている。

貨物線に平行していた都電の線路も、都心部よりは長持ちしたものの、昭和四七年（一九七二）には廃止された。道路から外れて専用軌道になっていた部分、たとえば図の左下の貨物線をくぐって西へ向かう区間などは遊歩道となっており、貨物線をくぐるガードには今も「城東電軌こ線ガード」の銘板が取り付けられており、はるか昔の電鉄会社の名前をしのぶことができる。

金魚池の西側にあった大きな池とその周囲の空地は、昭和五二年（一九七七）に入居が始まった高層の北砂五丁目団地（UR＝旧住宅公団）になった。そういえば周囲に目立った工場もいつの間にか撤退し、跡地は高層マンションや学校などの施設に姿を変えている。特に日本橋までわずか一〇分で結ばれている地下鉄南砂町駅の周辺では、近年ますます新しい高層マンションの林立が顕著で、かつて海岸部に集まっていた巨大工場群はどこへ姿を消したのか、というほど見えなくなった。

高層階から眺めるベイエリアの見晴らしはなかなかのもので、東京湾周辺で花火大会があれば、遮るもののない視界を提供してくれる。南砂町の駅前には、かつて東西線を走ったステンレス製の古い車両の先頭部分がモニュメントとして置かれているが、「彼」が若い頃に前照灯で照らしていた景色というのはマンション群というよりは、たとえば二三区内にありながら、まだまだ一帯に広がっていた葭《よし》の原であった。

図4　1:10,000「亀戸」平成10年修正 × 0.74

兵員輸送の拠点港から大工業地帯へ——広島・宇品

日清戦争の軍用線の終点・宇品

日本で初めて食堂車と寝台車を導入したのは、どちらも私鉄の山陽鉄道であった。JR山陽本線の前身であるが、これらの画期的サービスを導入した理由は、瀬戸内海の汽船に対抗するためである。山陽鉄道は明治二一年（一八八八）の兵庫〜明石間の開業に始まって順次西へ延伸し、食堂車がお目見えしたのは三田尻（現防府）まで延びていた同三二年、寝台車は翌三三年であった。下関（開業当初は馬関《ばかん》）まで全線五二九・九キロメートル（当時）が開業したのは、世紀が改まった同三四年（一九〇一）のことである。

山陽鉄道が登場、延伸を繰り返していたのは、時あたかも東海道本線が明治二二年（一八八九）に全通し、同二四年には日本鉄道（現東北本線など）の上野〜青森間が全通するなど、日本の幹線鉄道網が急速に形成されていった時期にあたる。また東海道本線全通の年には大日本帝国憲法が発布されるなど、「近代国家」としての体裁を驚くべきスピードで整えていく時期でもあった。そんな状況下で朝鮮半島をめぐる利害の対立から明治二七年（一八九四）に勃発したのが日清戦争で、山陽鉄道が広島に到達したのは開戦前月にあたる六月一〇日とタイミングは絶妙だ。交通の不便な当時のことであるから、大本営は広島城内に置かれ、戦争の指揮はこの広島で行なわれることとなった。

このような状況で、五年前に近代的に改築されていた宇品《うじな》港が戦地への人員・物資の輸送拠点としてにわかに脚光を浴びるようになったのである。大陸への玄関口といえば、日露戦争以降はもっぱら下関であったが、当時は近代交通機関としての鉄道の「最前衛」が広島であったための措置である。広島駅から宇品港までの間には陸軍の要請で仮設鉄道（後の宇品線）が突貫工事で建設され、八月四日の起工からわずか十七日で完成に漕ぎ着けた。

いつものように明治から昭和戦前にかけての地形図をお見せしたいのだが、あいにく要塞地帯のために宇品付近は空白になっている。この措置は日中戦争後の軍機保護法に基づく「戦時改描」とは違い、嘘を描くのではなくただ隠すものだ。明治期からすでに横須賀や呉《くれ》といった軍港付近、津軽海峡や関門海峡など主要な海峡などにはこれが適用され、一般に販売する地形図は空白となっていた。

図1で南へ延びている鉄道がかつての軍用仮設線であるが、日清戦争後の明治三〇年（一八九七）に山陽鉄道の支線となり、同三九年一二月の山陽鉄道の国有化を経て、図の頃は国鉄宇品線になっている。線路の西側には広い敷地をもつ陸軍の「被服支廠」が見え、その通勤の便のために設けられた

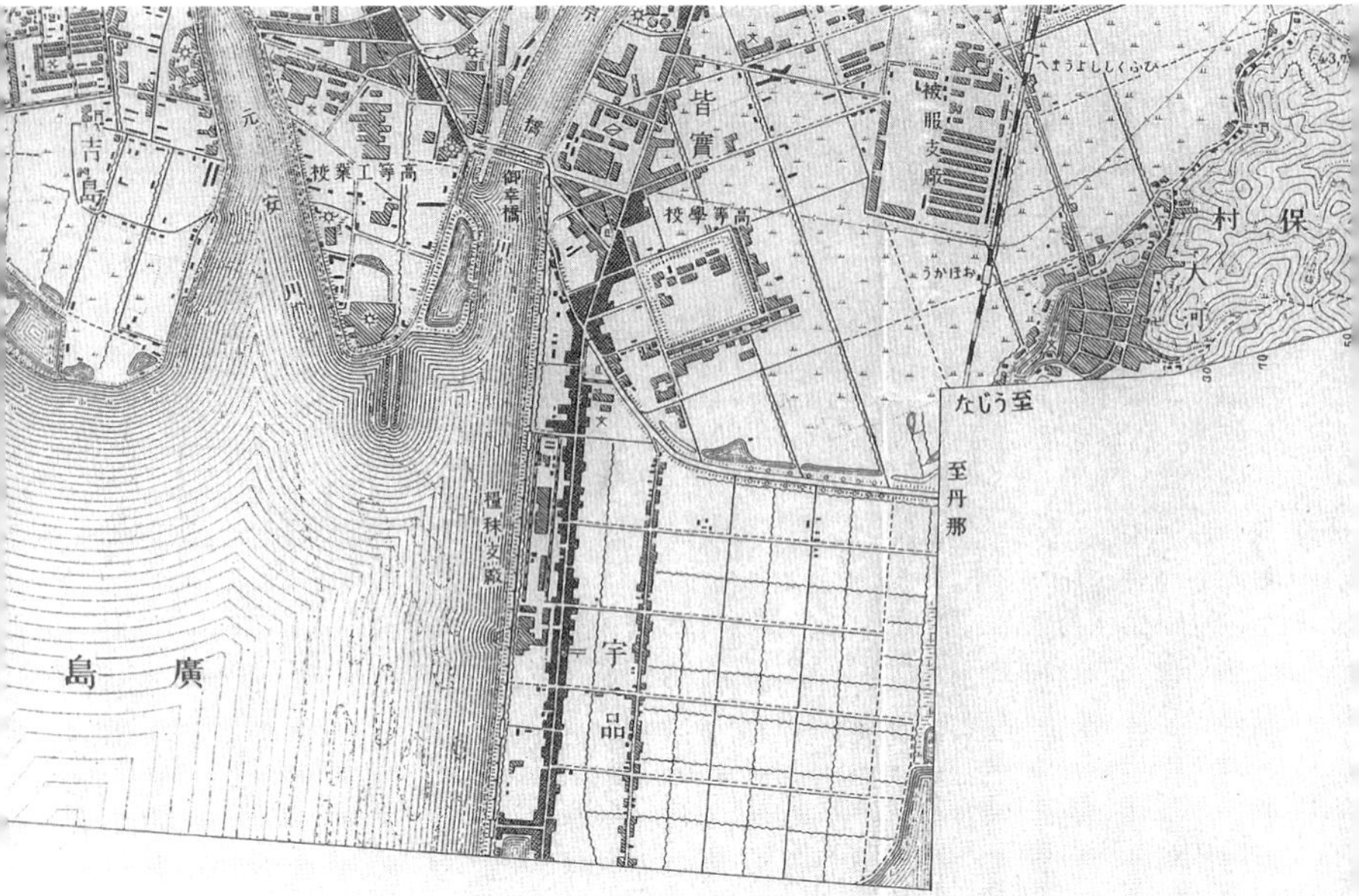

図1　1:25,000「広島」昭和７年部分修正×0.82

のか「被服支廠前」の駅も描かれている。範囲外であるが、北隣には「兵器支廠前」があった。広島湾に面したところには糧秣《りょうまつ》支廠も見えるから、これだけの範囲を見ただけでも広島がいかに重要な「軍都」であったかが窺える。

図1の七年ほど前に発行された図2には、要塞地帯ではありながら宇品港付近が描かれている。当然ながら市街地図が市街地を空白にしたままでは役に立たないので、欄外に「広島湾要塞司令部認可」と赤文字で添えられているように、発表しても国防に悪影響を与えることがなければ地図の発行は許可された。図2では隠れていた宇品港に至る線路もすべて描かれており、宇品の港の東側には軍用栈橋、西側にはただ「栈橋」が見える。この軍用栈橋から日清・日露戦争の際には多くの兵士たちが戦地へ向かったのだろう。軍用栈橋の傍らには「陸軍運諭《ママ》本部」と記された上屋も見える。

「牛の島」が転じて宇品に

宇品とは独特な響きをもつ地名であるが、広島湾にたくさん浮かぶ中のひとつ、宇品島にちなむ地名である。元は牛が伏せた形に似ているとして牛ノ島《うしのしま》と呼ばれたのが後に宇品島《うじなじま》に転じたとする説があるそうだ。その後は対岸の本土側が宇品となったので島の方は向宇品島とも呼ばれ、現在では「元宇品町」という町名になっている。

向宇品島へは橋で渡れるようになっており、市街地図の裏面では「宇品より一橋を通じて至るべ

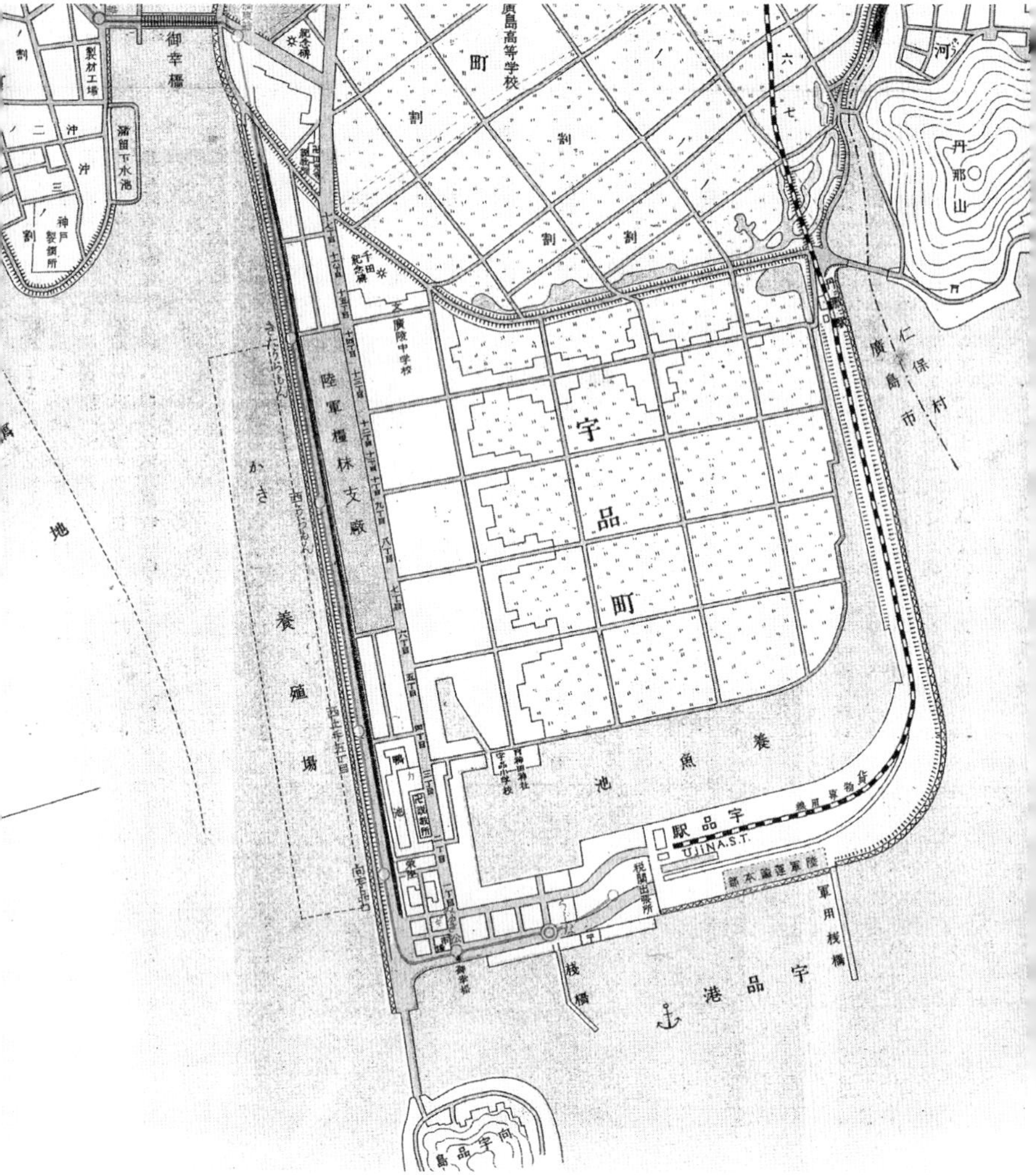

図2　駸々堂旅行案内部「最新広島市街地図」大正14年発行×0.7

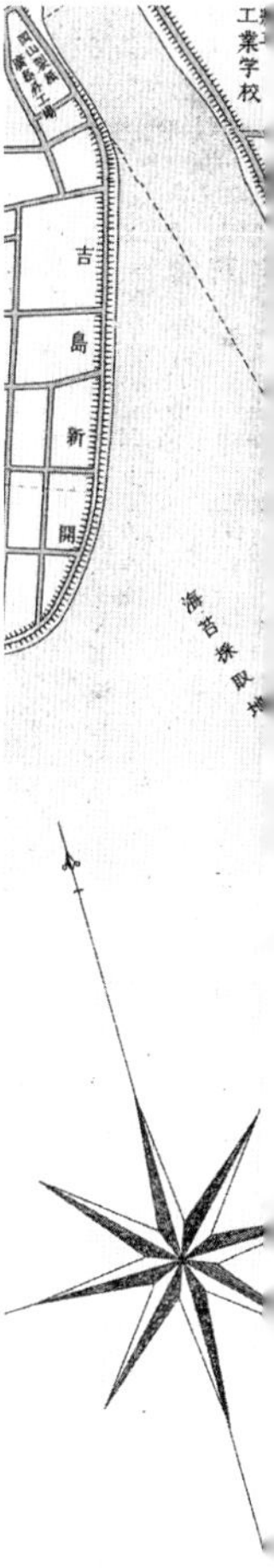

し、島上の風光又た頗《すこぶ》る佳、避暑によく避寒によく花見によく眺望によく四周は釣魚によし」と称賛している。これだけ力が入っているのだから、きっと解説を書いた筆者もここに滞在してよき休日を過ごしたに違いない。

ついでながら、日清戦争の時に置かれた広島城内の「大本営の址」については、「明治天皇親しく大纛《たいとう》（＝大将旗［引用者注］）を進めさせ給ひ、仮りの行宮《あんぐう》所と定めされ《ママ》られ、万機を統べ治め給ひし聖蹟にして、爾来第五師団の管理により当時の厳然たる様を保存し且つ戦利紀念品を陳列して衆庶の拝観を許さる」として、拝観規定の要旨を次のように掲げている。さすがに敷居が高い。

一、玉座を拝観せんとする者は師団司令部に願出づべし。
一、服装、男子は羽織袴又は洋服、女子は白襟紋附其他之に相当する服装とす。
一、住所身分職業を記し市町村長の証明書を有する者に限る。　（以下略）

裏面の観光案内には「商品陳列所」というドームのある立派な建物も写真入りで紹介されている。大正四年（一九一五）に完成した建物で、同一〇年以前は広島県物産陳列館と称した。同八年にここで行なわれた「似島《にのしま》独逸《ドイツ》俘虜《ふりょ》技術工芸品展覧会」では日本で初めてバウムクーヘンが製造販売されたが、その時の菓子職人が、第一次世界大戦の中国・青島《チンタオ》で日本軍の捕虜になったカール・ユーハイム Karl Juchheim である。ちなみに、この陳列所（後に広島県産業奨励館と改称）は昭和二〇年（一九四五）八月六日に原爆が投下された際、骨組みを残すドームと瓦礫の廃墟と化した。現在の「原爆ドーム」である。

牡蠣の養殖場もあった宇品

宇品線と反対の西岸を南下するのは広島瓦斯《ガス》電軌の市内電車である。現在の広島電鉄の前身で、当時は海岸の土手をまっすぐ南下していた。陸軍糧秣支廠の脇には「北裏門」「西裏門」の停留場が設けられているから、通勤に使われていたのだろう。右手に見える国鉄宇品線の方には「貨物専用線」の注記があるが、山陽鉄道に移管されて以来走っていた旅客列車が大正四年（一九一五）の山東出兵で中止され、軍事専用線となっていたためだ。その代わり良いタイミングで同年四月に市内電車が開通しているから、宇品への交通は確保されている。

電車の走る土手道に面した海は「かき　養殖場」とあり、名産の牡蠣が広島市街のこれほど至近距離で養殖されていたことがわかる。そのさらに西には「干潟地」が広がり、海苔採取地も見える。海もだいぶきれいだったのだろう。

国鉄宇品線は昭和五年（一九三〇）から旅客営業を再開し、次々と駅（というより停留場）を増設し、昭和九年（一九三四）末には全長五・九キロメートルに途中駅が九つと、駅間距離はまるで路面電車のように短くなった。しかし戦時中の昭和一八年（一九四三）には四駅を休止、そのまま復活しなかったので図3の時点では途中駅は五つに減っている。図3の前年、昭和三八年一〇月号の『時刻表』によれば、宇品線の列車は一日十六往復（うち二往復は広島〜下大河間）、休日は十四往復に減った。日中は二時間ほど列車の間隔が空くこともあり、この規模の都市のまん中を走るにしてはやはり閑散とした印象である。なお、その後はバスの発達や旧態依然としたダイヤが嫌われてか乗客数は減少し、昭和四一年（一九六六）には表向き旅客列車が廃止されている（ただし定期券利用者のための列車がその後数年間運行された）。

貨物線として余生を過ごすのだが、昭和四五年度の営業係数（一〇〇円の収入を得るための経費）が四〇四九と国鉄全線で最悪を記録し、ついに同四七年に廃止となった。しかし実際には国鉄でなくなった線路を運輸業者が使い、貨物列車を昭和六一年（一九八六）まで走らせていた不思議な線である。もしもこれを欧米のようにLRTの路線などとして活用していたら、その後は都市交通の中核路線として活躍できたかもしれない。

図2の頃の軍用桟橋は検疫桟橋に変わり、新たに西側に県営桟橋ができている。市内電車もルートが大幅に変わっており、従来の海沿いを走っていた土手道の軌道は昭和一〇年（一九三五）に東側に付け替えられた。土手道の西側、かつて「かき養殖場」のあった海面は埋め立てられて貯木場なども新設されているが、電車の走っていた土手道は少し高いため、地図でも旧土手道に至るいくつもの細

い斜めの「坂道」が過去の痕跡を示している。糧秣支廠の跡地は宇品小学校や専売公社の倉庫となった。

未完成の宇品運河と紡績工場

宇品駅の北側に広がっていた養魚池は埋め立てられてだいぶ狭くなり、駅寄りには広島競輪場が昭和二七年（一九五二）に開場した。また田んぼだった東側の広大な敷地には大和紡績の大工場が目立つ（煙突の記号が九本も見える）が、「廣島ぶらり散歩」というサイトによれば、元は昭和九年（一九三四）に誘致された錦華人絹広島工場で、その後合併で大和紡績となった。工場の物資輸送のために宇品運河が計画され、養魚場跡の水面の一部を利用して宇品駅の西側から南下する計画であったが、軍用道路と交差したため陸軍省が難色を示したようで、中止となったという。そう言われてみると、図3でも一定の幅をもって屈曲する水路が運河に見えてくる。

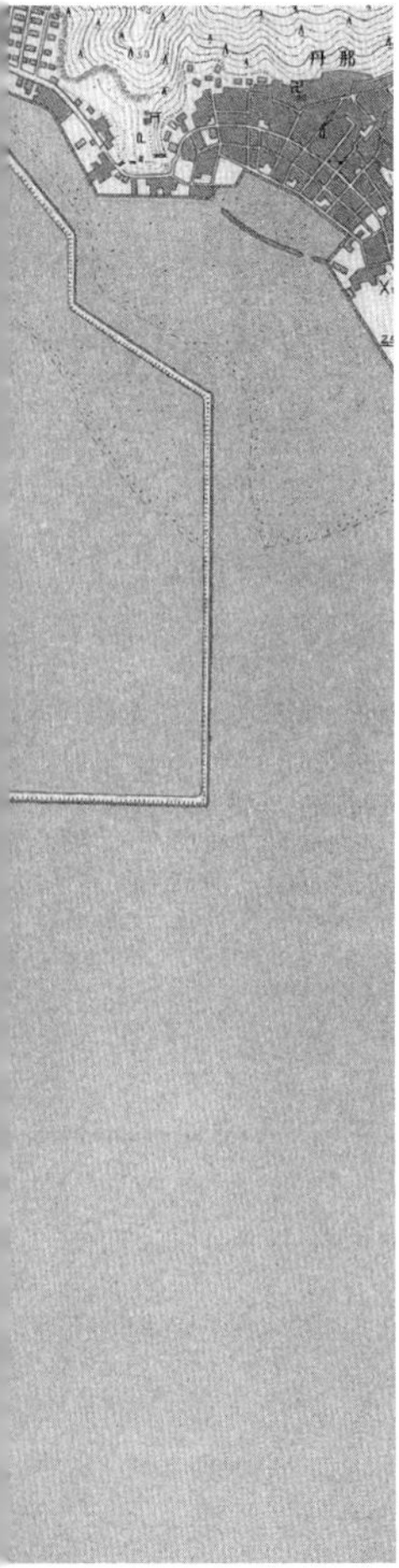

図3　1:10,000「宇品」昭和34年要部修正×0.65

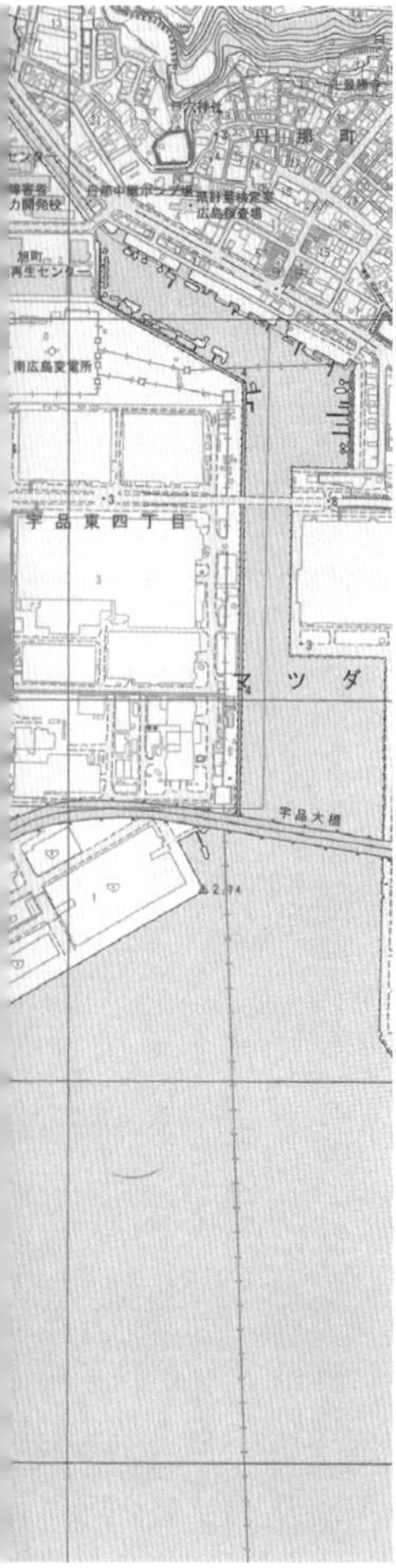

次の図4は最新の地図であるが、東の海面が大きく埋め立てられて、図3にあった大和紡績の敷地も含めてマツダの巨大な自動車工場になっている。大和紡績の北西側にあった電気通信学園の跡地はこれも巨大なジャスコのショッピングセンター。未完の宇品運河は全部埋め立てられてホームセンターのダイキとディスカウント量販店のディオとなった。

市内電車の広島電鉄宇品線は図3にあるように「宇品（終点）」という名の電停であったが、昭和三五年（一九六〇）には宇品と改称、さらに平成一五年（二〇〇三）には広島港旅客ターミナルの新設を機に延伸して、その名称もカッコ付きの「広島港（宇品）」と改められた（図にはただ「広島港」とある）。バリアフリーが行き届いた広々としたホームに、長い編成の低床連接車「グリーンムーバー」が発着する風景は、高い天井もあいまってヨーロッパの新しいLRTのターミナルを思わせる。

かつて電車が走っていた土手道はすでに完全な内陸部となり、新しい地図だけではその海岸線はもう見分けられない。図2で「海苔採取地」とあった海面は宇品西から出島にかけての広大な埋立地となり、各種の物流センターや倉庫などが建ち並んでいる。この図が出た後には平成二二年（二〇一〇）四月に広島南道路が開通、この出島の西の元安川を渡っている。

図4　1:10,000「江波」+「黄金山」各平成17年修正　×0.65

猪苗代と利根川の名がここにある理由――東京・尾久

都電荒川線のルーツ・王子電気軌道

かつて東京都の区部を縦横に走り回っていた都電。最盛期には二一〇キロメートルを超える路線網を誇った都民の足も、高度成長期の昭和四〇年代には自動車の邪魔者とされて大半が姿を消し、現在残っているのは荒川線（三ノ輪橋〜早稲田）だけである。この路線だけが生き延びた理由は単純で、ほとんどが専用軌道であったからだ。沿線は高密度な市街地で、オフィス街というよりは住宅地が大半を占めているため、乗客には不自由しない。乗車率は良く、年間輸送人員も路面電車としては約四〇〇〇万人を数える広島電鉄には遠く及ばないものの、長崎電気軌道と並んで国内二番手となる二〇〇〇万人台を保っている。

都電荒川線の前身は王子電気軌道で、都心部にあった東京市電とは出自を異にする私鉄である。明治四四年（一九一一）に飛鳥山《あすかやま》〜大塚（現大塚駅前）間を開業、その後順次路線を伸ばし、昭和五年（一九三〇）に全通した現在の荒川線の区間に加え、王子駅前から赤羽までの支線（昭和四七年廃止）を加えた一六・七キロメートルの路線であった。

次の図1は三ノ輪（現三ノ輪橋）〜飛鳥山下（現栄町付近）間が大正二年（一九一三）四月一日に開業した二年後で、線路は田んぼや畑の中を一直線に通っている。西に見える船方前《ふなかたまえ》停留場の周囲に人家は一軒もなく、田んぼの中の畦道のような小径を少し北上すれば集落であった。当時はまだ荒川放水路が完成する前なので、現在は隅田川となっているこの川が荒川の本流である。川沿いに「紡績会社」とあるのは、図から七年遡った明治四一年（一九〇八）に建設された下野《しもつけ》紡績の工場で、一帯の工業化の先駆け的な存在となった。もちろん電車が開通すれば工場への通勤も便利になり、周辺には住宅が並ぶことになる。

その東隣の小台《おだいの》ノ渡《わたし》という停留場は、河畔を見れば一目瞭然で、ここに停留場の名の通りの渡船場があった。北岸へ渡って田んぼの中を少し歩けば小台の村にたどり着く。その後は小台橋が昭和八年（一九三三）に架けられて、停留場もその頃に小台と改称している。もちろん停留場の場所が小台であったことは一度もなく、現在も町名は西尾久《にしおぐ》であるが、だいぶ離れた町を名乗るこの停留場のルーツが渡船場への道に面していたことを知れば納得できる。

それにしても図から伝わってくる長閑な風景。満足な堤防もない荒川の土手には笹藪があり、その手前には畑が続く。木立に囲まれた（網点の表現でそれとわかる）農家の屋敷が点在し、その中を不定

放水川
荒川
花藏院
原
東
八幡
尾久村
下尾久
猪苗代水電變電所
王子電氣軌道

図1　1:10,000「三河島」大正4年修正×0.96

形に通る道の両側は生垣（◯と～の組み合わせ記号）だ。村の南を一直線に走る電車の線路のさらに南側は地盤が低い後背湿地で、見渡す限りの田んぼである。荒川の向こう側は風にそよぐ広大な葭《よし》の原で、その向こうでは明治末の相次ぐ水害を受けて建設中だった荒川放水路の造成工事が行なわれており、図の中央付近にはすでに現在の立派な堤防の一部が姿を現わしている。小台の渡し船には、あるいは尾久や王子の町で日用品を買った帰りの小台の村の人たちの姿。

長距離送電の変電所が相次いで進出

渡船場の西側の川沿いには「利根川水電変電所」がある。明治末に長距離送電が実用化し、次々と遠方からの送電線が敷設されていた時期だ。ここでも送電線が川の向こうから届いており、そこから南側の東京市方面への電線はおそらく電圧が低いので省略されているらしい（家や道路の下をくぐるかのような表現は現在と同様で、実際の電線は上空を通過）。

この変電所は群馬県内の利根川水系の発電所からはるばる送電された「中継点」で、線路の南側にある「猪苗代《いなわしろ》水電変電所」は、さらに遠く猪苗代湖から流れ下る日橋川《にっぱしがわ》に建設された発電所からの電気。考えてみれば、福島で作った電気を東京で使う——たとえば今なら福島の原発で作った電力を東京へ送電するようなことは、すでに戦前から行なわれていたのだ。その南東一キロメートル（掲載範囲外）には栃木県・鬼怒川《きぬがわ》温泉付近の水力発電所から送電する鬼怒川水電の変電所もあった。現在は東京電力の尾久変電所であるが、その東側を通る道は今も「鬼怒電通り」と呼ばれている。

現在の地域別電力会社とは異なり、戦前の日本では中小の電力会社がひしめいており、合併や業界再編なども多かったようで、なかなか競争が厳しかった。電鉄会社の電力兼営も当たり前で、しかも電車が主の場合も従の場合もあった。戦時体制になって発電・送電事業を国が一元的に管理すべく日本発送電が設立された後、収入の大きな柱を失って困った電鉄会社は多い。

明治四五年（一九一二）の鬼怒川水電から大正初めにかけての相次ぐ変電所の建設を受けて、大正七年（一九一八）には苛性《かせい》ソーダ製造の旭電化工業（現ADEKA）が川沿いに大きな工場を建てるなど、いくつもの工場が進出した。王子電気軌道の開通と工場の進出により、水田を中心とする純農村だった尾久村は激変していく。人口だけを見ても第一回の国勢調査が行なわれた大正九年（一九二〇）の七五二五人から、わずか五年後の同一四年には四万七四九三人と六・三倍に激増し、この間の大正一二年には町制を施行した。同一四年の『汽車時間表』（日本旅行文化協会）四月号によれば、飛鳥山〜三輪（三ノ輪）間の電車は午前五時から深夜一二時一〇分まで、なんと二分間隔で運転されていたという（もちろん現在の倍以上だから、にわかに信じ難いが）。その五年後の昭和五年（一九三〇）には尾久町の人口は七万三三六八人となった。

大煉瓦工場は電軌直営の遊園地に

利根川水電変電所の西隣にある煙突記号のある広い敷地は広岡煉瓦工場であるが、この他にも川沿いには煉瓦工場がいくつも見られたという。下野紡績の東側に二か所ある煙突記号と煉瓦窯記号（半眼の目玉状）もおそらく煉瓦工場だろう。尾久の歴史を紹介している荒川区地域ポータルサイト「荒川ゆうネット」には「煉瓦工場と荒川遊園」の項でそれが紹介されており、煉瓦工場が集中した理由として付近の土が煉瓦の製造に適していたこと、それに船運が便利であったことが挙げられている。これを読んでから荒川（現隅田川）の北岸を見ると、湿原の中にいくつもの四角い池があるのに気が付いた。いかにも人工的に掘り取られた形をしているので、これが煉瓦の土取り場ではないだろうか。

「荒川ゆうネット」では、このうち広岡煉瓦工場の跡地に民営の荒川遊園が作られたとある。開園は大正一一年（一九二二）というから図の七年後で、これが王子電気軌道が直営する遊園地（当初は別の業者が経営していたらしい）だ。遊園地といっても現代のそれとは異なり、庭園と料亭、大浴場、演芸場を備えた大人の行楽地といった施設だったようだ。当時は阪急や大軌（現近鉄）、目黒蒲田（現東急）などの大手から中小までの私鉄が遊園地の建設や観光地の発掘を積極的に手がけており、休日の乗客の誘致につとめていた。

集中する工場と密集する市街

次は人口が爆発的に増えるとこうなる、という見本のような図である。図2は昭和三二年（一九五七）の修正で、図1の右下にあった猪苗代水電の変電所はすでに東京電力の「田端給電所」となっている。送電線の真下こそ家は建っていないが、その周囲はびっしりと市街地になった。左下の尾久町五丁目あたりは区画整理で碁盤目状になっているものの、その他の地域は整理が間に合わなかったのか、図1の大正時代そのままの畦道のような道が街路になってしまった。中小の工場も増えた。一方で煉瓦工場があらかた姿を消したのは、鉄筋コンクリートが普及し始めた時期に関東大震災が起きたことによる需要減の影響だろう。

この地域は以前は東洋紡績のあたりが北豊島郡王子町、その他は同郡尾久町で、昭和七年（一九三二）に東京市に編入された際に王子町は岩淵町と一緒になって王子区に、また尾久町は南千住町・三河島町・日暮里《にっぽり》町と計四町で荒川区となった。昭和一〇年（一九三五）の国勢調査によれば荒川区は現在（約一九万人）よりはるかに多い三二万六二一〇人と当時の三五区の中で群を抜いてトップであった（昭和一八年の三五万人が過去最大）。これに対して現在最大の人口を擁する世田谷区（現在約八四万人）など、昭和一〇年当時は二一万人に過ぎなかった。東京の人口の重心が戦後になっていかに西へ大きく移動したかがわかる。

王子電気軌道は昭和一七年に東京市に譲渡されて市電の路線網に加わり、その翌一八年には東京都制の施行に伴って「都電」になった。王子電気軌道が直営していた荒川遊園は戦時中に高射砲陣地となって事実上の閉園となり、戦後の昭和二五年（一九五〇）に復活した時には荒川区営の遊園地となった。現在でも都内で唯一の珍しい「区営遊園地」であるのは、王子電気軌道の事業を東京市が引き継いだ歴史を反映したものである。

湿原の広がっていた川の北側には小台橋から東へ順に田島応用化工、都アスファルト混合所、コーリン鉛筆、東邦燃料、木材会社、愛別ベニヤ、伸銅工場、旭倉庫、東北ゴムなどの工場、倉庫などがびっしりと並んだ。煙突も林立しており、ずっと東の千住火力発電所の「お化け煙突」（見る場所に

荒
川
一
放
都アスファルト混合所
コーリン鉛筆工場
東邦燃料会社
木材会社
愛別ベニヤ工場
伸銅工場
旭倉庫
本木町六丁目
東北ゴム工場
荒
川
一
鉛筆工場
花蔵院
久町八丁目
八幡神社
女子医大病院
田端給電所
尾久町二丁目
旭電化工業会社
貯炭場
隅田火力発電所
尾
久
旭電化グラウンド
荒川区
尾久町一丁目
阿遮院

図2　1:10,000「三河島」昭和32年修正×0.96

より一本、二本、三本、四本と本数が違って見えた。掲載範囲外）もあり、東京都北部の工業地帯を象徴するエリアとなった。

煙突ついでに、市街地（住宅地）の中に点々と記された煙突の記号はほとんどが銭湯だ。この当時の一万分の一地形図は銭湯をけっこうまめにチェックしており、現在では廃業したところも多いが、これらの煙突所在地にはしばしばコインランドリーなどが残っていて、往時を偲ばせてくれる。ちなみに荒川区は現在も二三区の中で人口あたりの銭湯数が最多だという。

図1にあった下野紡績はその後東洋紡績となり、北区立中央図書館「北区の部屋だより第一六号」によれば、東洋紡王子工場には大正一二年の統計で約二三〇〇人が働いていた。しかし昭和一六年（一九四一）には工場が陸軍に貸与され、東京第一陸軍造兵廠尾久工場の名で兵器の生産が行なわれたという。しかし紡績業に戦前の勢いはすでになく、東洋紡績は昭和二八年（一九五三）にキリンビールに敷地を売却、同社は昭和三二年にビールの製造を開始した。ここの地名は大正の図1の船方から堀船《ほりふね》町に変わっているが、これは昭和七年（一九三二）に東京市内になった際に王子町内にあった堀之内と船方を合成した地名で、同三一年から町が外れて堀船となっている。ただし堀船二丁目にある堀船小学校の読み方は「ほりふな」で、地名合成以前の船方の名残をとどめている。

撤退する工場と増えるマンション

図2から四一年が経過し、一見して工場が少なくなった（図3）。荒川遊園の南西側にあったキン

グレコードとカシュー（塗料・合成樹脂製造会社）の工場跡地は公園や住宅地となり、小台橋の東にあった日東製糖の工場は区民運動場、その東の鉛筆工場は尾久八幡中学校となった。移転した最大の工場は旭電化で、工場に囲まれた隅田火力発電所を含めて都立保健科学大学（現首都大学東京）や都立尾久の原公園などとなり、今では密集市街における貴重な緑地である。なお旭電化が改称したADEKAは敷地の北西端に現在も本社と研究所を置いている。

また、図3の川沿い西端に見えるキリンビールの東京工場は、図が修正された平成一〇年（一九九八）に閉鎖され、その後は読売新聞東京北工場と日刊スポーツ印刷社に主を変えた。図2でまだなかった尾久橋は昭和四三年（一九六八）に完成しているが、隅田川の北側に並んでいた工場群はだいぶ隙間が目立つようになり、その後は図に見える昭和石油油槽所の一部に島忠ホームズが進出、尾久橋の西側の倉庫はマンションになっている。

そんな変化を促したのが尾久橋通りの上を走る新交通システムの「日暮里・舎人《とねり》ライナー」（図には未掲載）で、ここに設置された足立小台駅の存在が大きい。この路線は平成二〇年（二〇〇八）に日暮里～見沼代《みぬまだい》親水公園（足立区北西端）間が開通し、熊野前で都電と交差している。駅は尾久橋のすぐ北詰の小台一丁目にあり、駅名については渡船場由来の小台停留場がすでにあるため、区名を冠したのだろう。

荒川区の人口は、戦後のピークであった昭和三五年（一九六〇）の二八・五万人から減少して平成一二年頃には一七万人台にまで落ちたが、その後は徐々に増えて平成二四年には久しぶりに一九万を超えた。やはり工場跡地に進出した高層マンションの影響であろうか。荒川区といえば、かつては煙

荒川
扇大橋
グラウンド
荒川区営グラウン
昭和石油油槽所
小台一丁目
出光興産油槽所
尾久橋
尾久八幡中学校
華蔵院
東尾久浄化センター
(建設中)
東尾久七丁目
東尾久運動場
東尾久八丁目
大林院
尾久区民事務所
八幡神社
尾久消防署
尾久ポンプ所
保健科学大学
医療技術短期大学
熊野前
北豊島中・高校
ライフ
東京女子医大
看護専門学校
荒川社会保険事務所
ひろば館
男女平等推進センター
都電荒川線
東尾久六丁目
東尾久五丁目
尾久小学校
田端変電所
天理教会
東尾久三丁目
阿遮院
慈眼寺

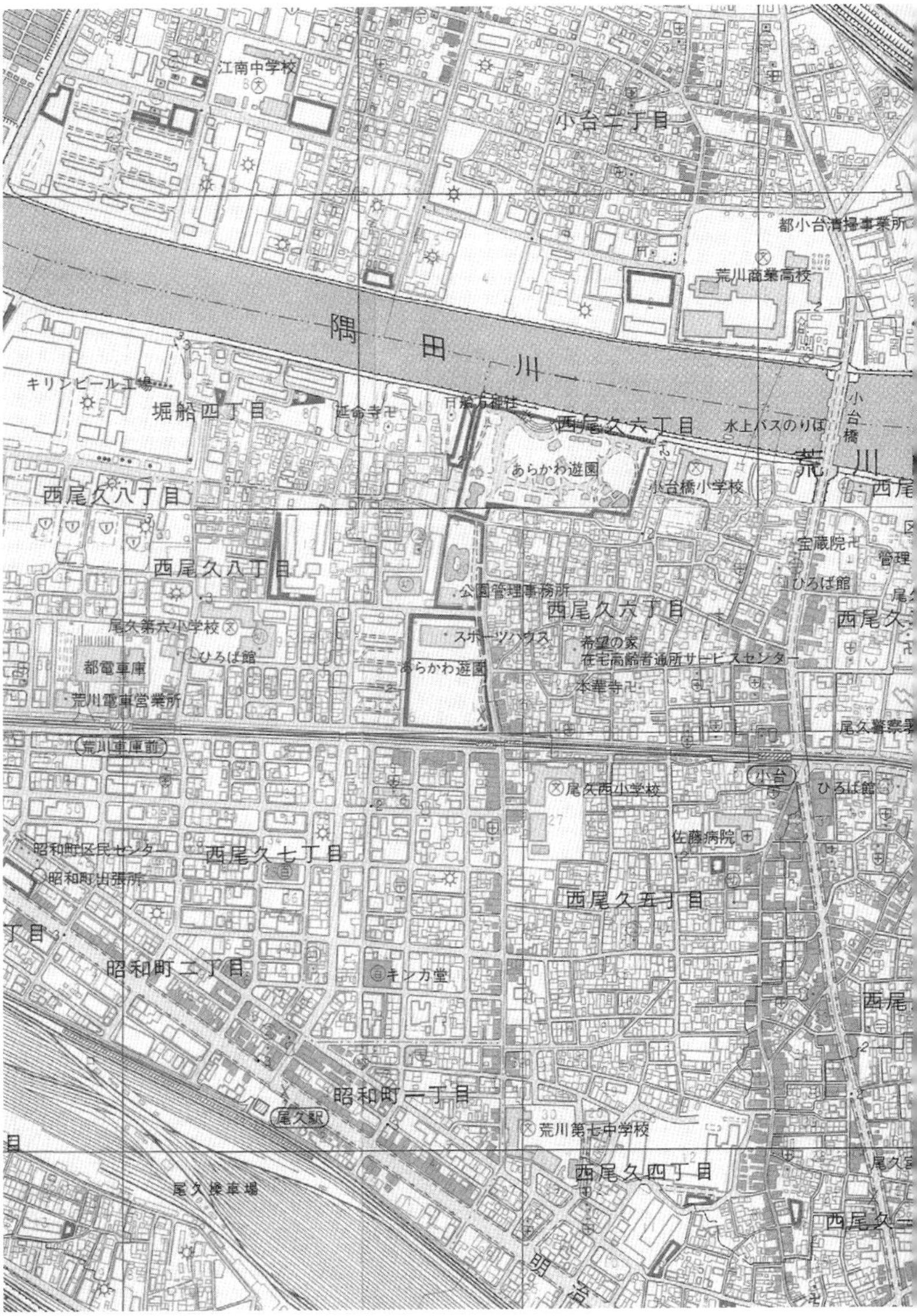

図3　1:10,000「西新井」+「上野」各平成10年修正　×0.96

突の林立するイメージであったが、今ではかなり様変わりしている。地下鉄千代田線の町屋駅から大手町まではわずか一三分の近さでもあるし、今後はどんな街に変貌していくだろうか。

日本で一か所しかない文字の地名「垳」——埼玉・八潮

垳の地名がなくなる？

「朝日新聞」の平成二四年（二〇一二）三月五日付朝刊で、珍しい地名にまつわる記事が掲載された。リードの冒頭は次の通り。

区画整理事業が進む埼玉県八潮《やしお》市で、日本の地名でただ一カ所「垳《がけ》」の文字を使った地名「大字《おおあざ》垳」が崖っぷちに立たされている。市が垳の大半を新地名に変えようとしているからだ。「思いとどまってほしい」。市民や専門家らが声を上げた。

八潮市といえば埼玉県の南東端に位置し、東京都足立区と接する。垳はまさにその境界線に面した所だ。境界を流れているのが垳川で、江戸初期の寛永年間（一六二四～四四）の改修工事以前は綾瀬川の本流であった。蛇行の半径はざっと七〇〇メートルほどもあり、かつて利根川（古くは太日《ふとい》川）の本流として江戸湾に注いでいたことが実感できる。もちろん近世以前の利根川がここだけをずっと流れていたわけではなく、堅固な連続堤防のない時代は洪水のたびに流路を変え、川は奔放に溢れてしばしば一帯を水没させたはずである。

自然堤防沿いに集落、あとは水田のみ

まん中にある隷書体は南埼玉郡を意味し、南側で緩く蛇行するのが東京府と埼玉県の境界を成す垳川。その南側は南足立郡、右手に蛇行している太い川は中川で、その南は南葛飾郡である。埼玉・東京の両府県はいずれも武蔵国だから、同じ郡が明治以降に分割された例は多い。たとえば大宮や浦和（現さいたま市）が北足立郡であるのに対して、千住は南足立郡（東京都足立区）だ。

かつての利根川を物語る緩い蛇行の付近には、古くからの集落を示す「樹木に囲まれた居住地」の網掛け表現。ここは土砂が堆積した「自然堤防」が形成されて周囲より少しだけ高く、そこに集落が

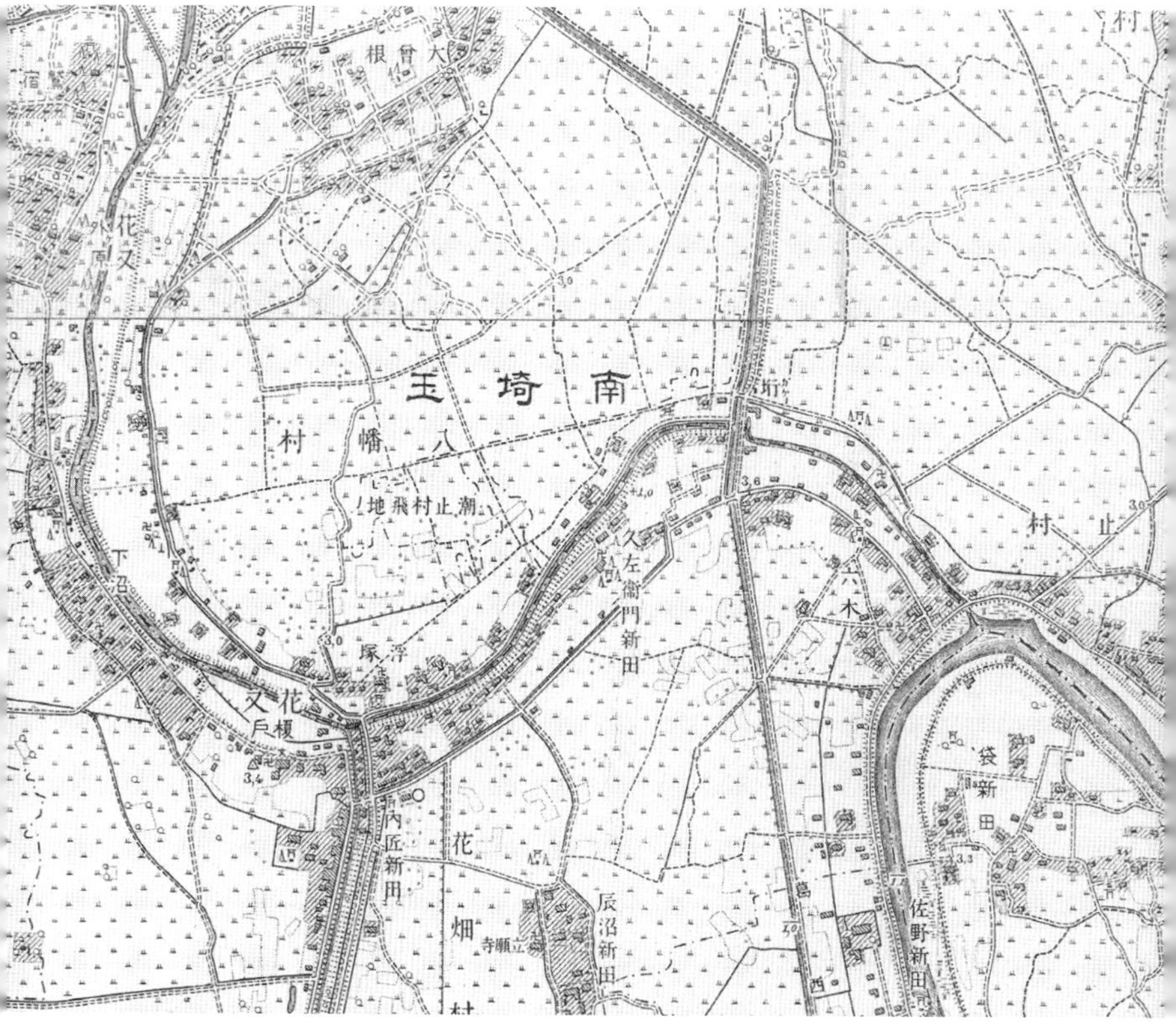

図1　1:20,000「草加」明治39年測図＋「千住」明治42年測図　（原寸）

発達したためだ。もちろん等高線では区別できない僅かな高度差で、図2の要所に見える標高点をたどると、蛇行に沿った集落のある部分は二メートル台前半、それ以外の自然堤防から離れた場所では一メートル台後半と、数十センチメートルの差が認められる。しかしいざとなれば数十センチの違いは大きい。図1の南埼玉郡の表記の左下には八幡《やわた》村、東の急カーブした大蛇行のあたりには潮止《しおどめ》村とある。「八潮」という地名はこの八幡と潮止、さらに北に位置する八条村による三村の合成地名だ。八幡は八つの村が合併した際に、それらの村の総鎮守である八幡神社にちなんだもので、八条は古代条里制に由来する地名だ。だから「八潮」そのものに意味はない。

しかしなぜ東京湾から一八キロメートルも遡った内陸に潮止などという地名が付いたのだろうか。この村名は、垳を含む七村が明治二二年(一八八九)の町村制施行時に合併した際に、「海水が遡上する限界」の意味で名付けられたという。満潮の時に海水が遡上する区間のことを潮入川(汐入川。地理の用語では感潮河川)と称し、河口の近くだけというイメージが強いが、このあたりのように河川勾配が緩い川では意外に上流部まで遡る。同じシオドメという地名でも、東京の汐留や横須賀の汐留(現汐入)は海水が入らないよう土手を築いたので、意味合いが違う。そのため埼玉県では「このへんで止まる」(止まってくれ?)ということで止の字を付けたのだろう。

中川(旧利根川)流域の河川勾配は非常に緩く、東京湾から三〇キロメートルの埼玉県越谷市まで遡っても標高は四メートル台、四〇キロメートルの春日部でようやく六メートル、一〇メートルを越えるのは海から五〇キロメートルの幸手《さって》を過ぎたあたりである。このため昭和二二年(一九四七)のカスリーン台風では、栗橋付近で破堤した利根川の水が、近世以前の「昔の流れ」を懐かしむかのように南へ流れ出し、春日部、越谷を経て江戸川区に至る、ほぼ琵琶湖の面積に匹敵する広大な面積を水没させた。八潮市域でも中川の破堤により浸水しているが、行政と地元住民の水防活動のために被害を最小限に食い止めたという。

南埼玉の郡名の右下に見える「久左衛門新田」は江戸期の典型的な開発者名を冠した新田地名であるが、昭和七年（一九三二）に南足立郡全域が東京市足立区となるに際し、「農村を思わせる地名は改める」とする規定に従って神明町と改められ、今も足立区神明となっている。

次の図2は図1から半世紀が経過しているが、風景はあまり変わっていない。左手の綾瀬川沿いに「煉瓦工場」と「日本レザー工業」という二つの大きな工場が進出しているのが目立つ程度だ。村の名は前述のように合成された「八潮村」となっており、「昭和の大合併」の時期にあたる昭和三一年に誕生したばかりである。同年の人口は一万二七〇三人であったが、首都圏の人口急増に伴って、鉄道がない交通の不便にもかかわらず一九六〇年代に入ってから着実に増加、昭和三九年（一九六四）には町制施行している。同四〇年には二万一七七二人、同四五年には三万七三二三人と急増し、昭和四七年には市制施行して八潮市となっている。同年の人口は四万三七〇三人であった（八潮市れきナビ――やしお歴史事典）。

垳の字はこの地名のために作られた？

さて、垳の字を漢和辞典『漢語林』（大修館書店）で引いてみた。「字義」として「がけ」とあり、

「埼玉県南埼玉郡の地名」と一言あるのみ。平成六年新版だから、すでに八潮市になって二一年が経過しているので、ずっと顧みられなかったのだろう。それにしてはパソコンでも入力できる文字になっているところがすごい（先の新聞記事によれば、昭和五三年にＪＩＳ漢字コードを決める際に、この地名の存在を理由に「第二水準」に採用したという）。

『新潮日本語漢字辞典』（新潮社）を引くと、「埼玉県八潮市の地名」と市制施行が反映されており、さらに「姓氏のひとつ」として垳田（いけだ・いげた・がけ）が紹介されている。旁《つくり》の「行」には「道」や「並び」の意味もあるので、川の流れに浸食されて小さな土崖、段差が川岸にずっと続いているさまを、垳という国字を作って表現したのかもしれない。

日本の地名にはこのように国字が意外に多く使われており、本来は国字でない「塙《はなわ》」など、「土がかたい」という漢字本来の意味ではなく、文字通り「土が高い」微高地の意味で用いられている。言うなれば「国訓」だ。江戸時代の国学者である塙保己一《はなわほきいち》（『群書類従』の編纂者）で知られる姓でもあるが、地名にも東北から関東にかけて分布し、いずれも微高地に名付けられる。ただし埼玉県では微高地に塙は使わず、もっぱら「曽根」のつく地名が目立ち、八潮市内でも木曽根《きぞね》、大曽根の二つの地

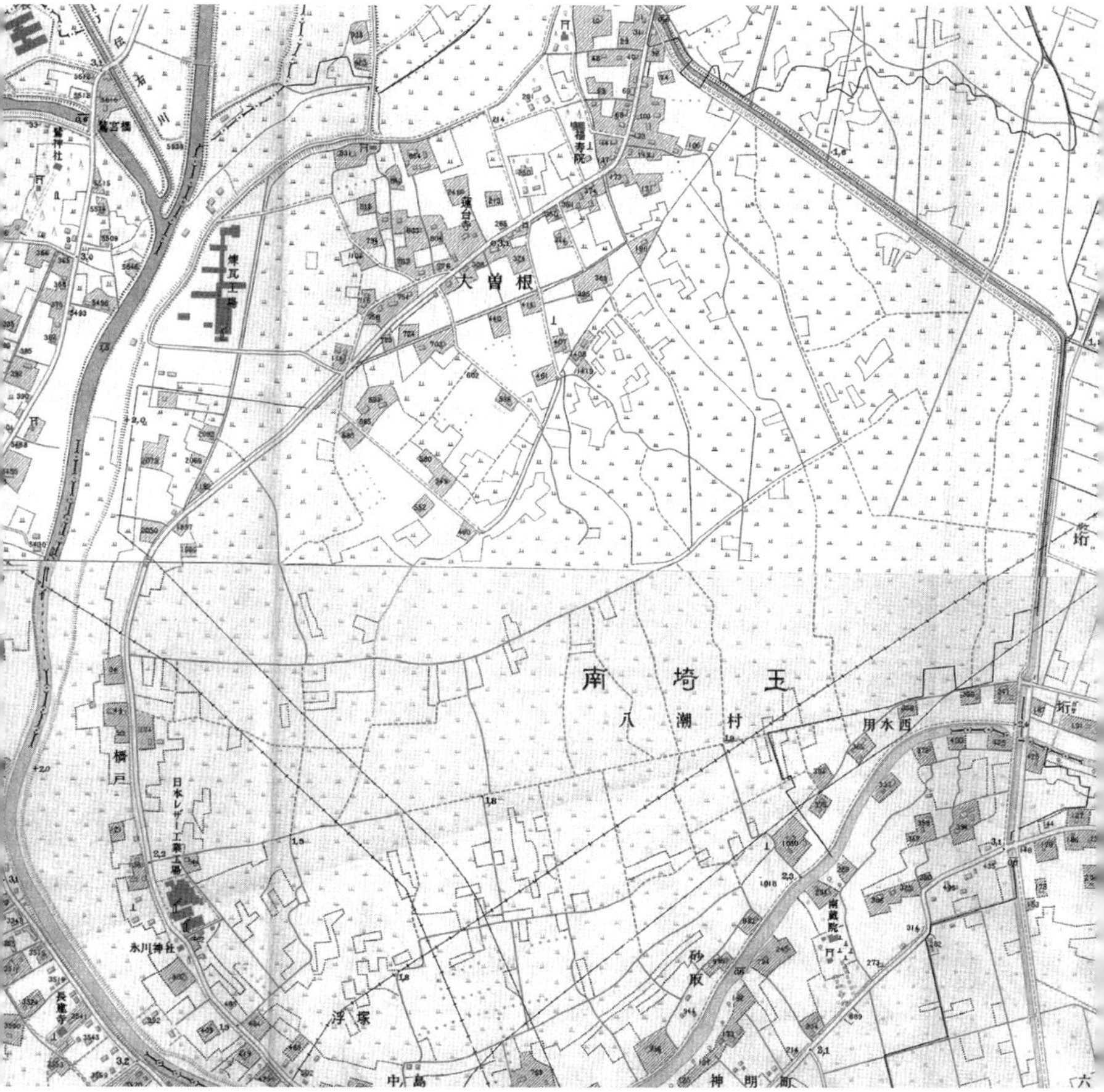

図2　1:10,000「草加」昭和33年修正＋「花畑」昭和33年修正　×0.66

名がある。

脱線ついでに、垪和《はが》という地名も地域限定の地名文字だ。岡山県美咲町、津山市から南西へ一五キロメートルほどの山の中にある。『新潮日本語漢字辞典』では字義も記されず、地名・姓氏に用いられるとしか説明がない。地名は全国でもこの地域に集中している垪和東、垪和西、中垪和、西垪和、東垪和しか存在しない。垪和の地域には、やはり岡山県内と兵庫県宍粟《しそう》市の一部だけで用いられる乢《たわ》（峠を意味する）の文字を用いた稲荷乢《いなりだわ》などの地名もある。ちなみに同辞典に記された姓氏は垪和垪《はかい》さん。もちろん知らなければ読めない苗字である。

つくばエクスプレスの開業と垳の危機

図3はさらに三八年が経過して、だいぶ住宅地が迫ってきている。見渡す限りの水田はほとんど消滅し、家が建っていないところも畑か空き地、果樹園などが点在する、いかにも市街化途上のエリアの印象だ。蛇行ならぬ緩いカーブを描くのは常磐自動車道に通じる首都高速道路六号三郷線である。

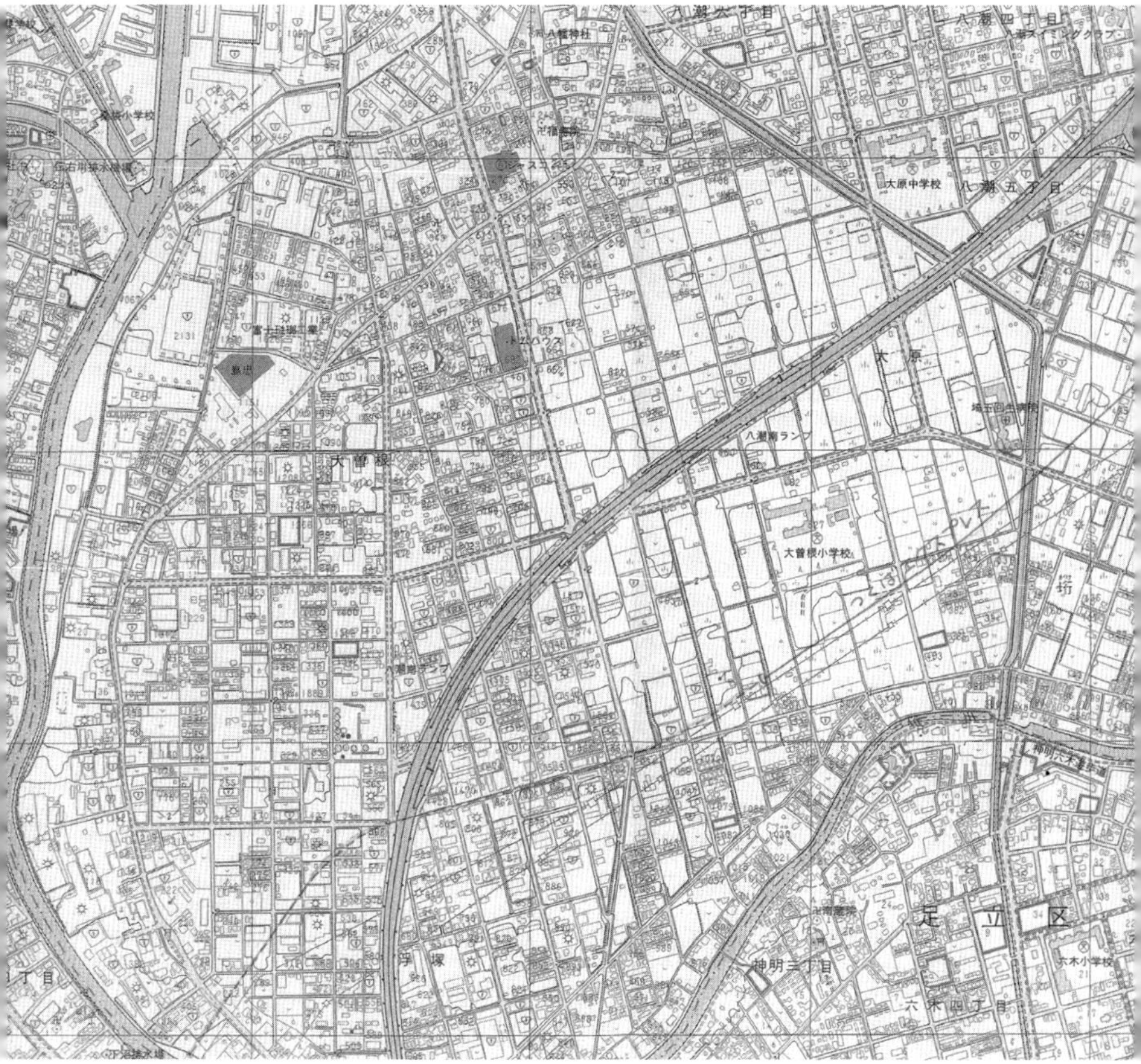

図3　1:10,000「八潮」平成8年修正×0.66（つくばエクスプレスの線路と八潮駅を描入）

私がペンで描き入れたのは、図3の九年後の平成一七年（二〇〇五）開業のつくばエクスプレス（TX）で、秋葉原〜つくば間五八・三キロメートルを快速電車が四五分で結ぶ。

八潮駅にはその快速は停まらないが、区間快速が停車、秋葉原までの所要時間はわずか一七分。かつて八潮から都心への交通といえば、バスで東武の草加駅か常磐線金町駅などへ出るしかなく、一七分といえば最寄りの草加駅に着くかどうかの時間だろう。都心への所要時間はつくばエクスプレスによって半分以下に短縮されたはずだ。

駅はまったく市街地ではなく、かつては見渡す限りの水田だった所。八潮パーキングエリアの付近に設けられたが、駅の南北には今やロータリーが整備され、駅の開業翌年の平成一八年（二〇〇六）には延床面積四・三ヘクタールに及ぶ大規模ショッピングセンター「フレスポ八潮」が開店、風景は激変している。八潮市の人口も日本全体の傾向を反映し、九〇年代からは伸びも緩やかになり、世紀が変わってからほぼ頭打ちになっていたが、つくばエクスプレスの開業による交通事情の劇的な好転で数千人が一気に増えたことが「れきナビ――やしお歴史事典」のグラフにも歴然だ。平成二四年（二〇一二）四月一日現在の人口は八万三八一九人（市ホームページ）となっている。

さて、冒頭の「垳」地名の危機であるが、この急速な都市化を受けて八潮市では、つくばエクスプレスの線路をはさむ市域南部の区画整理と町名の変更を計画した。図3に「つくばエクスプレス」と書き込んだ文字の付近をA区域、八潮駅の周辺をB区域、その北東側をC区域とし、それぞれに「八潮南部地区町名策定委員会」が選定した新町名案を提示し、市民にアンケートを行なった。

しかし『広報やしお』（平成二四年一月一〇日発行）に掲載されたその町名案を見ると、地名に関心を抱く人でなくても愕然とする類のものがきら星のように並んでいる。このうち候補にいくつか挙がっている「潮止」は、前述のように旧村名である。

〈A区域〉美瀬西《みらいにし》、彩美《さいび》、潮音町《しおねちょう》、潮彩《しおさい》、桜町《さくらまち》、青葉《あおば》

〈B区域〉美瀬《みらい》、南部中央、駅前、大瀬《おおぜ》中 央《ちゅうおう》、本町《ほんちょう》、潮止本町《しおどめほんちょう》、花桃町《はなももまち》

〈C区域〉潮止東《しおどめひがし》、潮止、幸町、秋桜《こすもす》、潮美《しおみ》、末広、若葉

アンケートは平成二四年一月三一日に締め切られ、その結果を参考に開かれた二月二八日の八潮南部地区町名策定委員会は、第四回会議（傍聴者は一人だけ！）において、A区域を青葉、B区域を美瀬《みらい》、C区域を若葉と決定してしまった。いずれも歴史的な地名とはまったく関係ない。青葉や若葉は新興住宅地に全国的によくあるパターンなので、それらに馴染んだ住民がアンケートで支持したのかもしれない。瀬でライと読ませるのは難読だ。「未来」とかけているのかもしれないが、限りなく「自己満足臭」が漂う。

候補に挙げられた町名案を見て、最近の子供の名前を思い起こしてしまった。人様の名前だから誰もが具体名を挙げて批判しにくいのも、それらが猖獗《しょうけつ》を極める原因なのだろうが、デタラメな読ませ方（親の教養が露呈して気の毒なのだが……）は目に余る。

垳の地名は垳川に沿った細長い区域（区画整理の対象外）、つまり垳の古くからの集落には残るそうなので、日本唯一の地名はかろうじて命が繋がるとはいえ、従前の領域の大半は地域の歴史とは何の関連もない「創作地名」に替えられてしまう。区画整理を実施するたびに歴史的地名を消していく愚行の連鎖は、このあたりで終わりにしたいものだ。

幕府の火薬庫から大学の町へ――明大前

京王線と井の頭線が交差する乗換駅の明大前。こぢんまりとした駅だが、郊外からの乗客がここで渋谷、新宿へと乗り換えるため、ラッシュ時のホームや階段は人波で埋め尽くされる。駅名の通り明治大学の文系学部の一・二年生が通う「和泉《いずみ》校舎」の最寄り駅だ。学生数約三万人（大学院を除く）のうち約一万二千人がこのキャンパスに通学しており、飲食店などの商店が高度に集積している。

明大前駅の所在地は世田谷区松原だが、区境である甲州街道の北側にある明治大学の所在地は和泉校舎の名の通り杉並区和泉である。もとは江戸時代以前からの和泉村で、室町時代の泉村にまで遡る古くからの村であった。二八二～二八三ページの図1は大正初めの四枚の図を貼り合わせたもので、一万分の一が東側だけなのは、当時まだ西側地域の一万分の一が測量されていなかったためだ。西側の二万分の一は二倍に拡大して縮尺を合わせてある。

東西に通るのは甲州街道で、左端に見える「高井戸村」は江戸時代の下高井戸・上高井戸の宿場（二つの宿場で一つの扱い）で、内藤新宿の次にあたった。その南側を並行するのが京王電気軌道（現京王電鉄京王線）。左下の図は明治四二年（一九〇九）測図ではあるが、大正二年（一九一三）に開業した線路を表示している。

甲州街道の北側には「和泉新田《いずみしんでん》火薬庫」が見える。その注記の下に見える「火」をかたどった記号は火薬庫で、左のM印は「陸軍所轄」を意味する。起源は江戸幕府の焔硝蔵《えんしょうぐら》で、幕末に編纂された『新編武蔵風土記稿』によれば蔵は五棟、敷地は二町余（約二ヘクタール）となかなか広かった。ここに同心三人の定番と農民の賦役《ふえき》が定められていたという。明治維新後にこれを陸軍が引き継いだのである。東に見える街道沿いの「御蔵附」という地名はこの焔硝蔵を指すものだろう。地名に御が付くのは幕府・徳川家に関連するものが多い。

京王電気軌道が設置した最寄り駅が火薬庫前である。「くわやくこまへ」という旧仮名遣いがそれだ。駅を降りて東側の踏切から北へ伸びる生籬（記号でわかる）の道を屈曲するとすぐ甲州街道で、そこから玉川上水を隔てた北側に、火薬庫の建物がそれぞれ土塁に囲まれて建っている。敷地全体も土塁で囲まれていたようだ。火薬庫の北側は神田川（神田上水）の低地に水田が広がっていた。対岸には水車の記号も見える。

和泉新田火薬庫
羽根木
玉川上水
御蔵附
甲州街道
七軒町
くわやくこまへ
松原
中原
東中原
京王電気軌道
向井
松澤村
松原

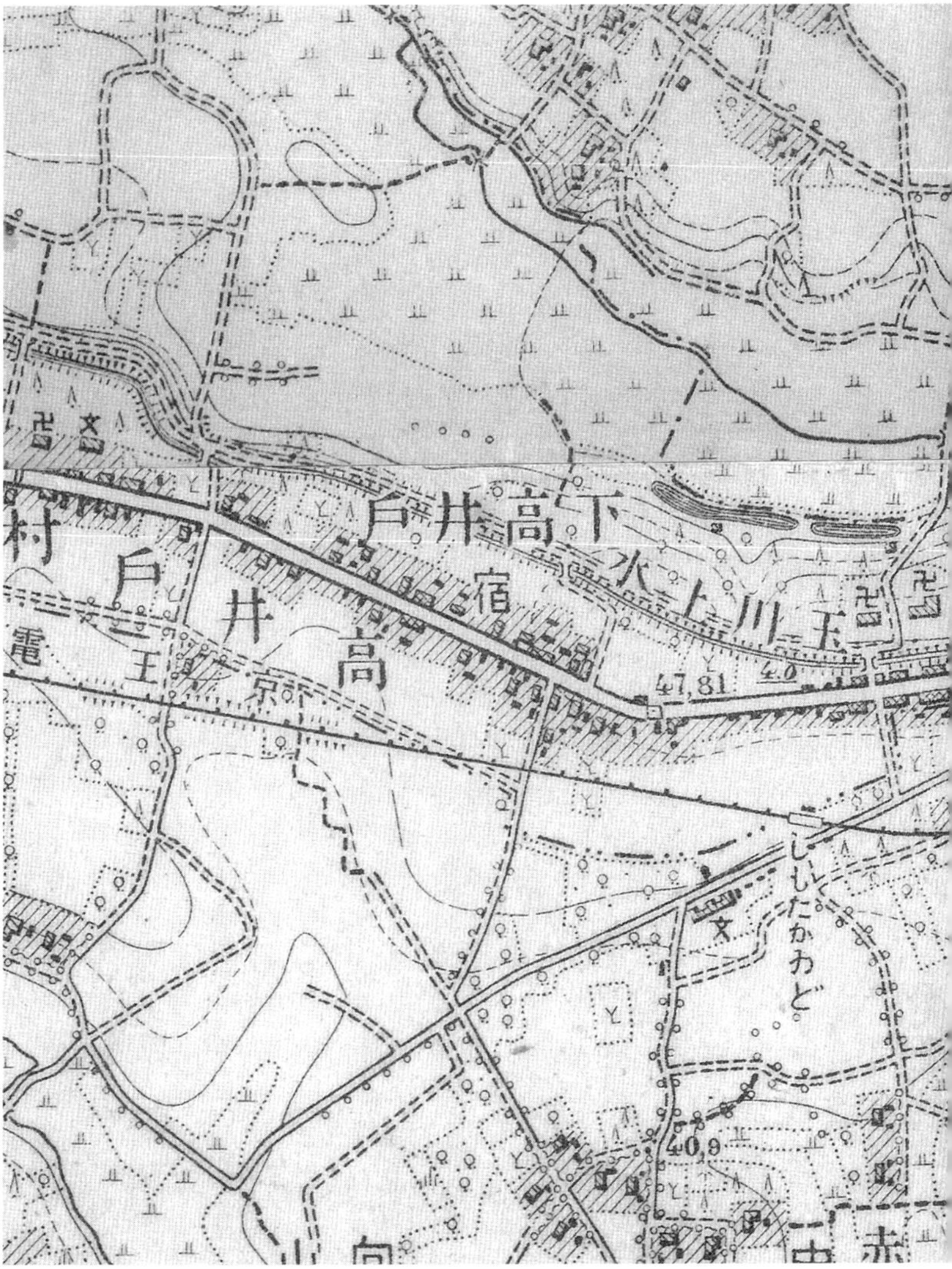

図1　1:10,000「中野」大正10年修正＋「世田谷」大正5年修正＋1:20,000「中野」大正4年鉄道補入＋「世田谷」明治42年測図（大正2年発行）1:10,000は×1.05, 1:20,000は×2.1

火薬庫前駅は村名の松沢へ改称

火薬庫前の西隣が下高井戸駅で、軒を接する現在の商店街からは想像できないほど、周囲は畑と雑木林の寂しい所だったようである。南西にある学校は今もここにある松沢小学校。松沢とは荏原郡松沢村のことで、松原と上北沢の合成地名だ。後に東京市に編入されて世田谷区となった際に松沢の地名は消えたが、今も学校の名とNTT松沢ビル（かつては松沢電報電話局）や都立松沢病院にその名をとどめている。

それにしても火薬庫前という駅名は、住民にとってどう映っただろう。「どちらにお住まいですか」と尋ねられて、住所ではなく駅名で答える人は多いが、たとえば「明大前です」ならいいけれど、「火薬庫前です」では躊躇してしまう。物騒な駅名として嫌われたのか、開業四年後の大正六年（一九一七）には地元の大字《おおあざ》である松原に改められた。

火薬庫そのものも、第一次世界大戦後の世界的な軍縮の流れの中で大正一三年に廃止され、払い下げられた跡地を昭和五年（一九三〇）に購入したのが明治大学と築地本願寺である。明治大学はここに予科を建設し、本願寺は関東大震災で被災した墓地を移転させた（和田堀廟所）。明治大学の和泉校舎は昭和九年（一九三四）三月に落成し、四月から予科の授業が始まっている。

その前年の昭和八年には現在の京王井の頭線の前身、帝都電鉄が渋谷〜井ノ頭公園（現井の頭公園）間を開業、現在に至る東京の私鉄網がほぼ完成した。当時としてはモダンな鉄道だったようで、これは宮脇俊三さんが『世田谷・たまでん時代』（大正出版）に寄稿した「玉電の思い出」からも伝わってくる。

帝都電鉄も斬新だった。渋谷駅を出るやトンネルに入り、つぎの神泉《しんせん》駅は半地下で、またトンネルに入るのであった。トンネルが珍しい時代だった。帝都電鉄が自動ドアだったのも驚きで、「この扉は自動的《ひとりで》に開閉《あけたて》しますので……」と、ふりがなつきで書かれたセロファンが貼り付けてあった。

今となっては電車のドアが手動だと逆に乗客はまごついてしまうが、この自由闊達なルビの方こそまさに斬新である。帝都電鉄は京王電気軌道との交差地点のすぐ北側に西松原駅を設置した。現在の東松原とペアの駅名だったのである。しかし当初は京王の松原駅（旧火薬庫前駅）が三〇〇メートルほど西にあったので乗り換えは不便だったようだ。それが明治大学の移転に伴って松原駅が現在地に移設され、昭和一〇年（一九三五）二月八日には京王の松原駅と帝都の西松原駅がいずれも明大前と改称、乗換駅として利用しやすくなった。

小田急→東急→京王と所属替えした井の頭線

次ページの図2は図1から四〇年ほど経過している。帝都電鉄は戦時体制に入る前の昭和一五年（一九四〇）、鬼怒川水力電気を同じ親会社とする小田原急行鉄道（現小田急電鉄）の経営となり、小田急帝都線となった。下北沢駅での改札を経由しない便利な乗り換えは、同系列の名残といえるかも

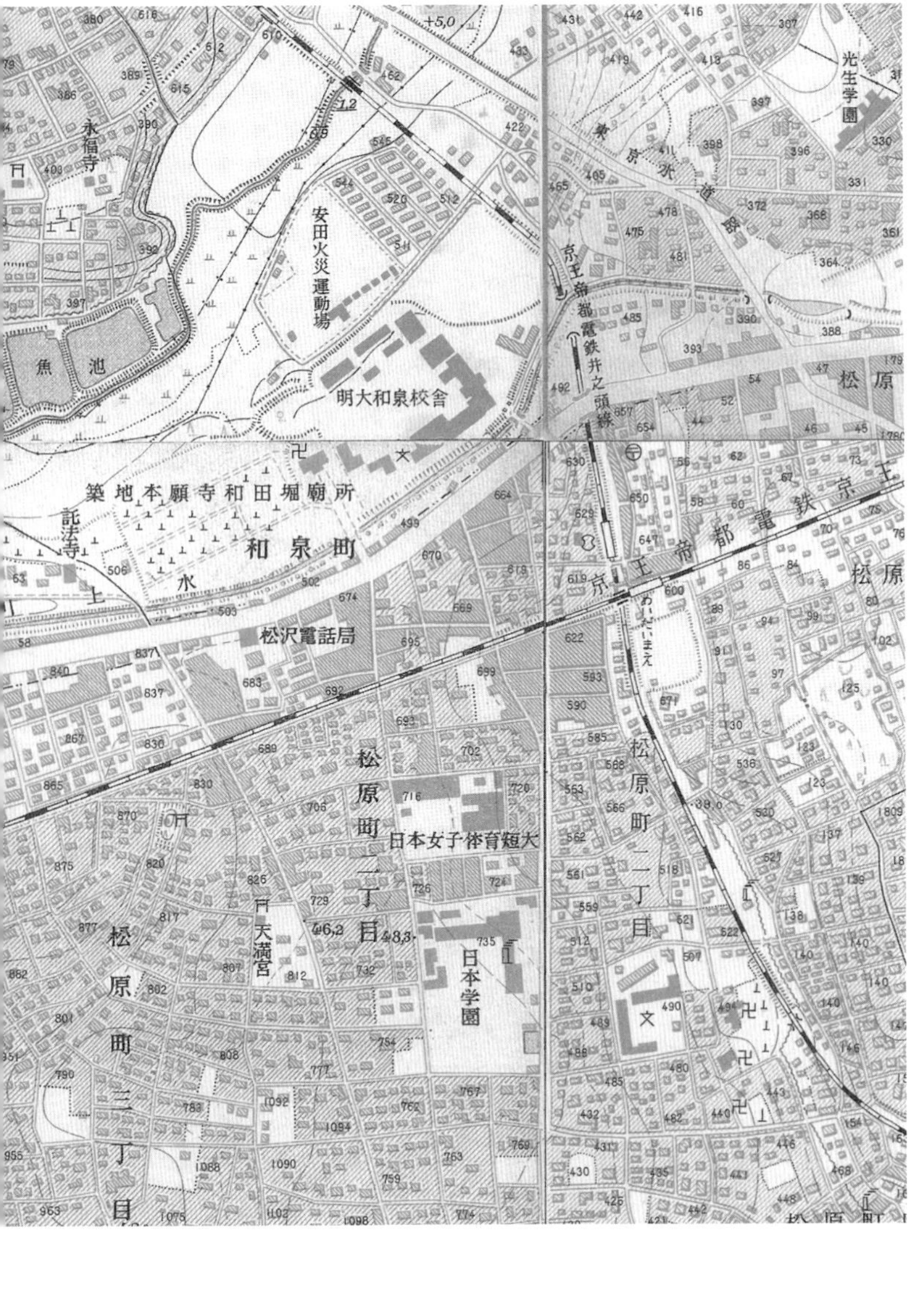

永福寺
魚池
安田火災運動場
明大和泉校舎
築地本願寺和田堀廟所
託法寺
和泉町
水
松沢電話局
光生学園
京王帝都電鉄井之頭線
京王帝都電鉄
松原
めいだいまえ
松原町一丁目
松原町二丁目
日本女子体育短大
天満宮
日本学園
松原町三丁目

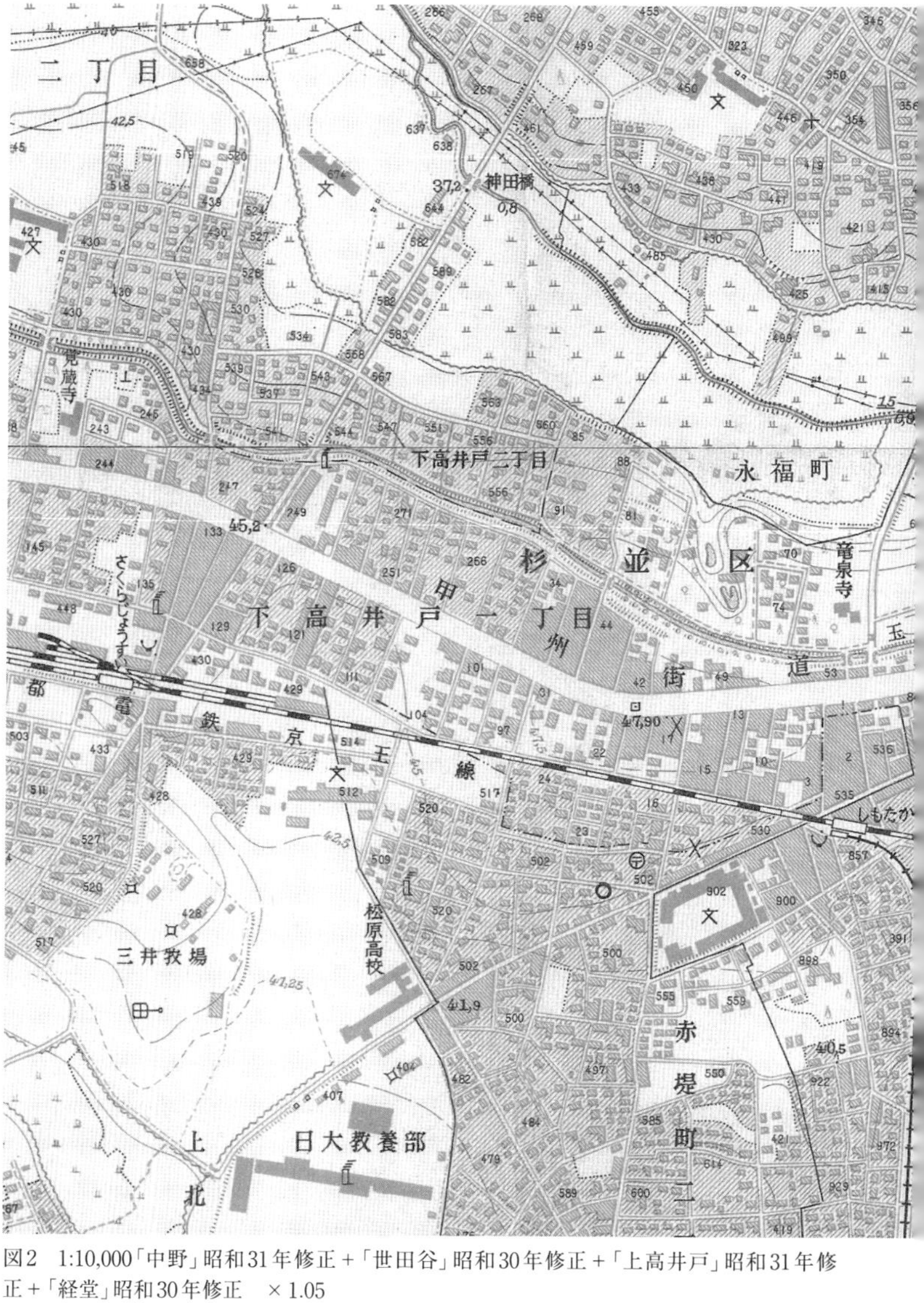

図2　1:10,000「中野」昭和31年修正＋「世田谷」昭和30年修正＋「上高井戸」昭和31年修正＋「経堂」昭和30年修正　×1.05

しれないが、間もなく小田急線の地下化によりそれが消えるのは残念だ。

小田原急行鉄道は翌一六年に鬼怒川水力電気に合併されて小田急電鉄と改称する。同年一〇月には「本業」たる電力事業が国策によって設立された「日本発送電」に譲渡させられたが、この時期の電鉄会社は多くが電力事業を兼営しており、この政策により大きな影響を受けた。この年の一二月には太平洋戦争が始まって鉄道も戦時体制を余儀なくされ、東京の南部に路線網を持つ京浜電気鉄道（現京急）、目黒蒲田電鉄・東京横浜電鉄（現東急）、小田急電鉄は「大東急」こと東京急行電鉄として統合された。最後まで抵抗していた京王電気軌道も昭和一九年（一九四四）には大東急に組み込まれている。

戦後はそれぞれ独立を取り戻すが、京王はもともと軌道部門より電力部門の稼ぎが大きく、それを欠いては不安定だとして、旧帝都電鉄は京王の路線として組み込まれることとなった。このため社名は両者を合成した京王帝都電鉄と称することになったのである（平成一〇年に京王電鉄と改称）。

両者の駅は少し離れているように見えるが、図に描かれているように連絡通路で結ばれている。農村風景が広がっていた松沢村も京王の開通とともに宅地化が進み、第一回国勢調査が行なわれた大正九年（一九二〇）にわずか二六五六人だった村の人口は、一〇年後の昭和五年（一九三〇）には四・六倍の一万二三三七人と激増している。明治大学の所在地であった和田《わだ》堀内《ほりのうち》村も同時期に三九〇七人から一万九一九四人と四・九倍になった。この間の大正一五年（一九二六）には町制施行して和田《わだ》堀《ぼり》町と改称している。

ついでながら和田堀内村は明治二二年（一八八九）の町村制施行で和田・堀之内・和泉・永福寺の

四村が合併したもので、新村名決定に難航して結局は有力二村の連名で解決した。和泉に隣接する永福寺という地名は曹洞宗の同名の寺（明大和泉校舎の北西に見える）にちなむ村名で、これが和田堀内村の大字として残っていたが、昭和七年（一九三二）の東京市への編入時に永福町と改称されたため、これが翌年開業の帝都電鉄の駅名にも採用された。昭和四四年（一九六九）の住居表示では「町」を外して現在の永福になっているが、もし帝都電鉄の開業がもう少し早ければ永福寺駅だったかもしれない。なお、合成地名の「和田堀」の名は、明治大学の隣の本願寺和田堀廟所や、都水道局の和田堀給水所などに残っている。

図2の明大和泉校舎の前には玉川上水がまだ開渠で流れ、桜並木らしき「並木記号」が土手沿いに描かれている。キャンパスの裏手は安田火災の運動場で、まだ昔ながらの蛇行を見せる神田川沿いは水田と養魚池（現在は住宅地）として使われている。京王線の南側の畑が広がっていたところは、緑のハッチ（斜線）が掛かった「樹木に囲まれた居住地」で、すでに閑静なお屋敷街が形成されているのがわかる。前出の宮脇俊三さんもこの松原にお住まいだった。

駅名から始まった桜上水

左端の桜上水駅は図1には見えない。この駅は大正一五年（一九二六）に北沢車庫前という即物的な名の駅として開業した。それが昭和八年（一九三三）に京王車庫前に変わり、同一二年五月一日に桜上水と改称されたのは、京王電気軌道の乗客誘致策によるものらしい。同じ日に一斉に改称された駅は他に六駅もあるが、関戸→聖蹟桜ヶ丘（聖蹟記念館の最寄り駅）、百草《もぐさ》→百草園、高幡《たかはた》→高幡不動のように名所旧跡を前面に出す傾向からもそれが窺える。もともと桜上水駅の所在地は「大字上北沢字土々原」であり、駅名は「桜の名所・玉川上水」といった意味の造語であろう。分譲地の最寄り駅として売り出すにも、車庫前ではあまりに色気がない。

桜上水駅の南側には「三井牧場」が広がっている。もとは三井合名が、三井家の自家用牛乳を確保するために設けた牧場で、洋風の牧舎を建てたのが鹿島組（現鹿島）であった。同社のホームページ「鹿島の軌跡」にはこの牧場について、昔の貴重な写真入りで紹介している。その向こうが日大教養部（現在は文理学部）である。日本大学世田谷予科がこの地に進出したのは明治大学が和泉に来た三年後の昭和一二年（一九三七）で、翌一三年には京王の下高井戸駅は日大前と改称した。明大前と日大前が隣接していたわけだが、同一九年には大東急となって下高井戸に戻っている。同じ東急の現世田谷線がずっと下高井戸で変わらなかったので、そちらに合わせたのだろう。日大の向かいの都立松原高校は都立富士高校高井戸分校から昭和二五年（一九五〇）に独立して五年経った頃だ。

田んぼと牧場の消滅、首都高速の建設

図2からさらに四〇年余り経過した。神田川沿いに広がっていた水田はことごとく消滅し、学校やグラウンドなどに姿を変えている。中には川沿いで頻繁に水が出た土地にもかかわらず、いわゆる「カミソリ護岸」への安心感からか、住宅地になった場所もある。玉川上水はすべて暗渠となって緑

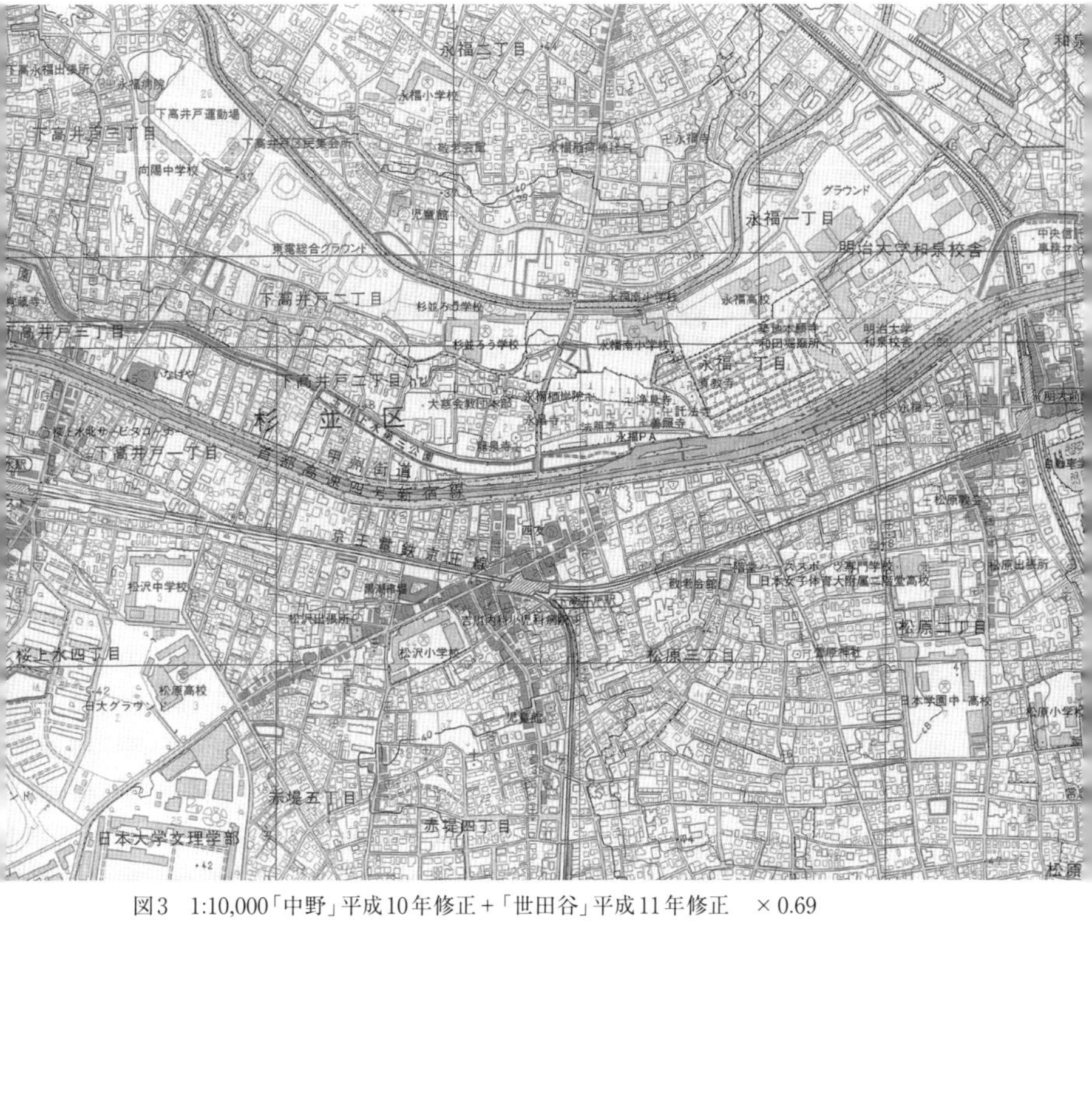

図3　1:10,000「中野」平成10年修正＋「世田谷」平成11年修正　×0.69

の囲みで表わされた公園となって久しい。

桜上水の三井牧場は昭和三七年（一九六二）に閉鎖され、日本住宅公団（当時）の桜上水団地と日大のグラウンドに姿を変えている。駅名だけの名称であった「桜上水」は昭和四一年（一九六六）に実施された住居表示で、世田谷区の正式町名となった。甲州街道は拡幅され、さらに昭和四八年（一九七三）にはその上に首都高速道路四号新宿線が開通、同五一年からは中央自動車道につながってい る。今では非常に交通量の多い区間で、深夜に至るまで自動車の走行音が途切れない。

私事になるが「明大前」から徒歩数分の松原には従弟の家があり、子供の頃から何度も遊びに行ったものだ。フリーの書籍編集者をしていた叔父、マンション住まい、私立小学校へ通う従弟などなど、横浜市郊外の新興住宅地とはだいぶ違う「東京的生活」の象徴たる土地であった。明大の学生として二年間ここに通った他にも縁があって、後に京王線の沿線に住んだことから、運転免許は図に見える駅前の京王自動車学校で取った。その教習所もいつの間にかマンションに姿を変えてしまっている。

下見板張りの木造家屋で雀荘や小さな喫茶店などが並んでいた明大前から甲州街道に至る細道は、松原の「東京的生活」とは少し異なる生活感があったが、図3の後に広々とした明大前らしからぬ（?）通りができ、かつての雑然とした雰囲気は薄らいだ。

私が通っていた頃の明大和泉校舎の正門には、いつも「成田空港開港を阻止せよ！」とか「○○粉砕！」といった立て看板が常置されていたものだが、それらも見かけなくなって久しい。「男ばかりのバンカラ大学」というイメージはいつの間にか一変し、明大前駅からの明るく広い道を歩く学生の姿もすっかり都会的でスマートになった。

今はなき碁盤目の城下町――名古屋

台地に引っ越してきた清須城下町

「清須越《きよすごし》」という言葉をご存知だろうか。もともと名古屋はわずか五四戸の小さな農村であったところ、慶長一三年（一六〇八）から翌一四年頃に町割りが計画され、それから数年で大きな城と城下町が誕生した。それほど急速に町ができた理由は、名古屋城の北西六・六キロメートルに位置していた清須城（清洲城）とその城下町が、ここにまるごと引っ越してきたことが大きい。家臣と町人、農民を合わせると六～七万人というから、近場とはいえ大々的な「民族移動」が行なわれたのである。

新しい大城下町は「名古屋台地」の上に築かれた。建物がぎっしり建て込んでしまった現在では地形をなかなか実感できないが、標高に応じたグラデーションで土地の高低差がよくわかる「二万五千分の一デジタル標高地形図」（日本地図センター発行）で見ると、東側の一段高くなった名古屋台地が一目瞭然だ。低地にある名古屋駅前が標高二〜三メートル程度であるのに対し、城下町のある台地上は一〇〜一四メートルとだいぶ標高差がある。城郭の北側と西側は「崖」となっており、その下に水を引いて効率よく堀を穿ち、最小の土木費用で堅固な城郭とした。その点は江戸城も大阪城も同様であるが、かつての武将は地形を実に綿密に観察し、最良の土地に城を築いていることに感心してしまう。もっとも専門家の仕事に素人が「感心」などしては失礼というものだが。

三四郎が泊まった宿は……

図1は明治中期であるが、市街地の西端は堀川の西岸に少しはみ出した程度で、東海道本線が通っている土地は完全に街外れ。引込線の分岐点の南側が名古屋駅で、当時の「明治二四年図式」では警察署の記号（⊗）の上に旗を立てたような記号で表わされている。

ちなみに南西へ分かれていく鉄道は現在の関西本線であるが、当時はまだ私鉄の関西《かんせい》鉄道で、名古屋〜大阪間の客を国鉄と激しく奪い合っていた頃だ。名古屋市と愛知郡の境界は市街地の西縁をなぞるように続いている二点鎖線で、名古屋駅の敷地はかろうじて市内に入っていた（この不自然な線を見れば、駅構内はおそらく後から市内に編入したのだろう）。駅の北東はすぐ郡部で、那古野《なごの》村と称した。さすがにこの場所であるから明治三一年（一八九八）に同村は名古屋市内に編入されている。

そういえば、夏目漱石の『三四郎』で、三四郎が東海道本線の車中で知り合った女性と、名古屋の旅館の同室で夜を明かす羽目になった話がある。時代はこの図より一五年ほど後の設定ではあるが、

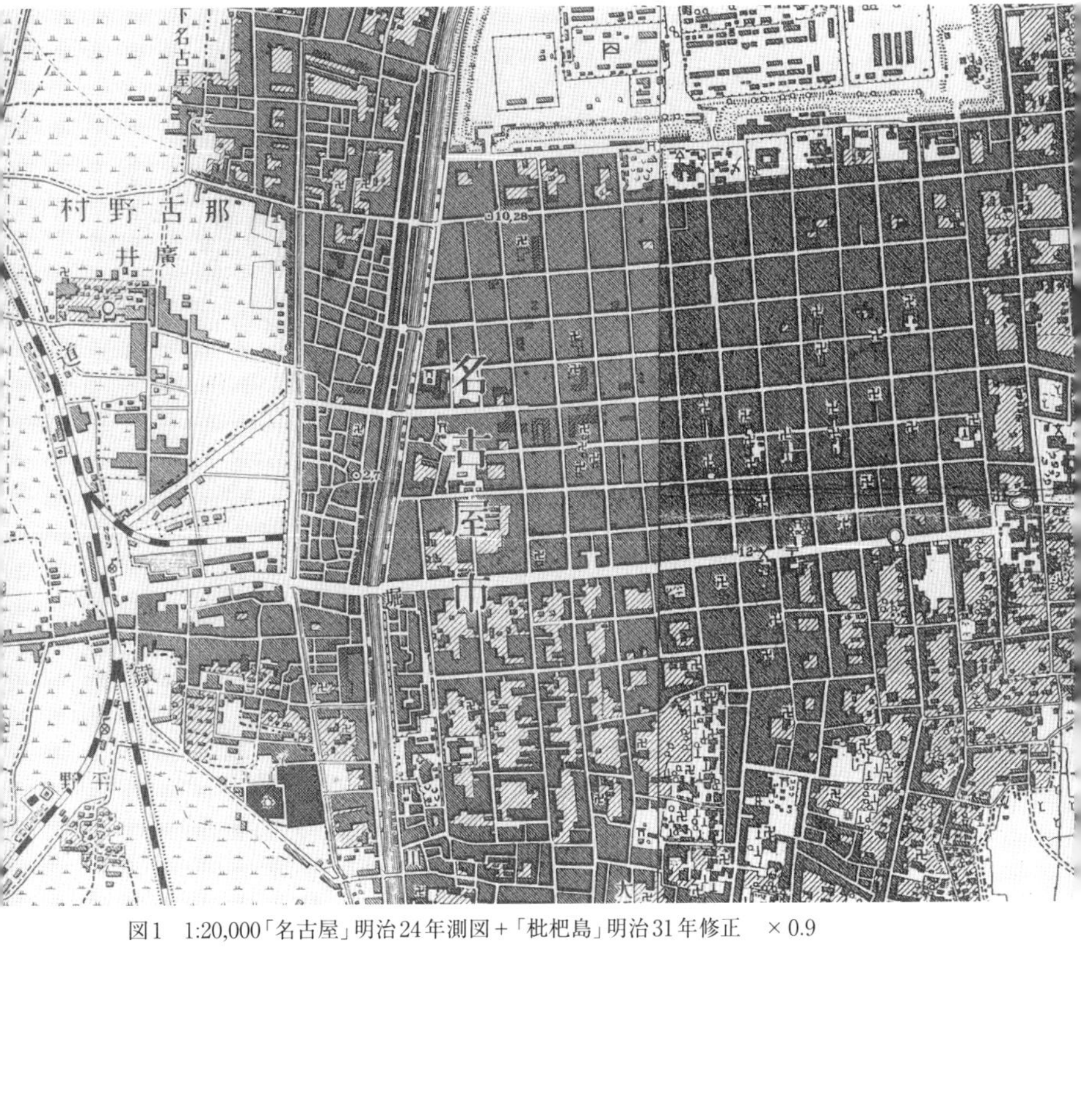

図1　1:20,000「名古屋」明治24年測図＋「枇杷島」明治31年修正　×0.9

どのあたりの旅館だろうか。同じように調べたくなる人はいるようで、「沢井鈴一の『名古屋広小路ものがたり』」というホームページによると、小説では場所をはっきり示していないのに、「現地」には三四郎ゆかりの宿とする石碑まで建てられているという。そもそも漱石は一度も名古屋には行っていないそうだ。

その旅館は図でもはっきり目立つ東西の広い目抜き通り、広小路から小道を折れた所にある、商人宿のような粗末な宿らしい。広小路をずっと東へ進んだ突き当たりには当時、愛知県庁があった。戦前の名古屋市の目抜き通りで、明治三一年（一八九八）に名古屋市電（最初は名古屋電気鉄道）が最初に開業したのも名古屋駅前（現在地より少し南）の笹島から広小路を通って県庁前（後の武平《ぶへい》町）までの区間であった。

台地と低地の境界をまっすぐ南下しているのは人工河川の堀川である。名古屋城から熱田の先の海に通じる延長六・五キロメートル（当時）のこの川は、城下町の物資輸送の大動脈とすべく、徳川家康が普請総奉行に福島正則を任命して完成させたものだ。当時の水準測量で堀川の北端から南端までの標高差は八尺（約二・四メートル）であることがわかっており、平均勾配〇・三七パーミルを妥当と判断した上で着工している。

この堀川に面した城下町の河岸には米、味噌、肥料、材木などの問屋や蔵が並んだ。図2・図3の町名を少し眺めると、堀川の東側には木挽町と材木町、西側には塩町、大船町など運河と関連しそうな町名が並んでいる。このうち木挽町は名古屋城の築城の時から多数の木挽職人が住み、また塩町も塩商人が住んだことによる。大船町は御船役を務める町であったことにちなむ町名だ。塩町は「清須越」の町名で、清須時代の塩商人がここへ越してきた。「清須越」では町内の住民がまとまった形で移転したケースが多く、そのため町名も多くがそのまま引き継がれている。

竪三ツ蔵町《たてみつくらちよう》も清須越の地名で、福島正則が清須城主の当時に非常用の米蔵を三棟建てさせたのが由来という。名古屋に移転してからは蔵が数十棟に激増したが、三ツ蔵の地名はそのまま引き継がれた。場所は広小路が堀川を渡る納屋橋の東一筋目の南北の道に面している町で、全域が「栄」になった今も竪三ツ蔵通の名は残っている（図1では堀川の「堀」の字の右に見えるまっすぐ南北の道）。

瀬戸物を運ぶ目的で敷設された「瀬戸電」

図1とはトリミングが違うが、昭和一〇年（一九三五）に発行された民間の市街地図が図2である。明治三一年（一八九八）から路線を順調に伸ばした名古屋電気鉄道の路面電車は、大正一一年（一九二二）に郊外線を除く路線を市営化、名古屋市電気局が運行する「市電」となった。図の南側を東西に走るのが広小路を通る栄町線《さかえまち》で、城の堀端を東西に走るのが行幸線・片端線《かたは》である。行幸・片端線の北側に並行するのは瀬戸電気鉄道（現名古屋鉄道瀬戸線）で、堀川に面した文字通り堀川駅と、日本有数の陶磁器の産地である尾張瀬戸を結ぶ鉄道で、全通は明治四四年（一九一一）である。「瀬戸物」をこの鉄道で堀川駅まで運び、ここで船に積み替えるという、自動車のない時代の水陸接続の典型的な線形であった。

名古屋駅は手狭になったため昭和一二年（一九三七）に貨客分離と立体交差のために移転するが、

図2はその二年前。移転後の現在の駅は、西に描かれた貨物ヤードのあたりに旅客専用駅として移り、関西本線との分岐点の南に貨物専用の笹島駅を建設している。従前の駅舎とその前後は駅前広場と大通りの用地に充てられた。大都市の駅は東京、横浜、京都、大阪など大正から昭和戦前期にかけて貨客分離を行なっており、別に貨物専用駅を建設すると同時に旅客駅舎は後退させて駅前スペースを捻出する例が目立つ。

城の南側の碁盤目が城下町であるが、町名の記載方法が独特で慣れないと読みにくい。名古屋の旧町は東西・南北の通りにそれぞれ沿った町があり、交差点では途切れつつ「丁目」で長く続いているものが多く、縦横になった町名の記載はそれに即したものだ。この頃になると名古屋駅付近の市街化が進み、「駅裏」と呼ばれる西口にも市街地が拡大している。

駅の西に「めいじばし（明治橋）」と見える停留場は中村電気軌道のもので、これは一〇六ページでも取り上げた中村遊廓の方へ行く電車だ。名古屋駅から少し離れていたことから乗合自動車の利便性に負けて乗客数を落ち込ませたが、この隙間にも建設中の道路の記号（片方が破線）が見えるように、名古屋の新駅舎完成に伴う昭和一二年の高架化で同年にこの間の道路が結ばれ、線路もつながった。この道が現在の太閤通である（同一一年に中村電気軌道は市電となった）。

ついでながら、名古屋駅の東の柳橋停留場の脇に「やなぎばし」という駅名が描かれているのは、名古屋鉄道の岐阜・犬山などへ向かうターミナルだ。ここから左上の「おしきり」までは市電の線路を借りて走っていた。かつて同じ「名古屋電気鉄道」だった時代からの縁で、長らく直通していたのである。現在の名鉄名古屋（新名古屋）への地下線が開通するのは昭和一六年（一九四一）のことだ。

図2　武内時雄「名古屋市街全図」昭和10年発行（改正20版）× 0.92

東西町と南北町が組み合った城下町

縮尺が大きいので名古屋駅周辺は割愛した。図2で町名の漢字がひしめいていた城下町も、これだけ大きくなれば構造がわかる。つまり東西の通りに面した町と南北の通りに面した町が、それぞれ通りの両側にあるため、模式的に言えば通りをはさむ◇形の正方形の町域がびっしり並んでいるのだ。たとえば図の右側で堀端（大津橋電停）から南下する市電に沿った町は大津町一丁目、二丁目……で、その西側に並行するのは伊勢町一丁目、二丁目……。以下は呉服町、七間《ひちけん》町、御幸本町、上長者町、長島町、桑名町、伏見町、上園町、皆戸《みなと》町と続く。これに対して東西の通りは、京町、西魚町、研屋《とぎや》町、桜町、宮町などである。

図3の南端付近には東西に抜ける広い大通りがある。これが現在の桜通で、ここに位置する桜町・東桜町などは町域の大半がアスファルトで気になるが、移転後の名古屋駅前から伸びるメインストリートとして戦後の復興計画で拡幅されたものだ。桑名町、長島町、伏見町などは清須越の地名で由来は不詳らしいが、清須の城下町時代、それぞれの出身者が故郷の名を付けたのかもしれない。しかし研屋町（明治四年〜昭和四一年）など、江戸時代的な町名でも「維新後に刀剣商が集まったから」という説もあるほど「新しい」町名も混じっている。

外堀を通る瀬戸電気鉄道は、おそらく用地がなくてやむを得ず空堀の中を通したようで、南東端にはずいぶん急なカーブがある。角に国税局が陣取っていて、今なら庁舎の下をトンネルで斜めに突っ

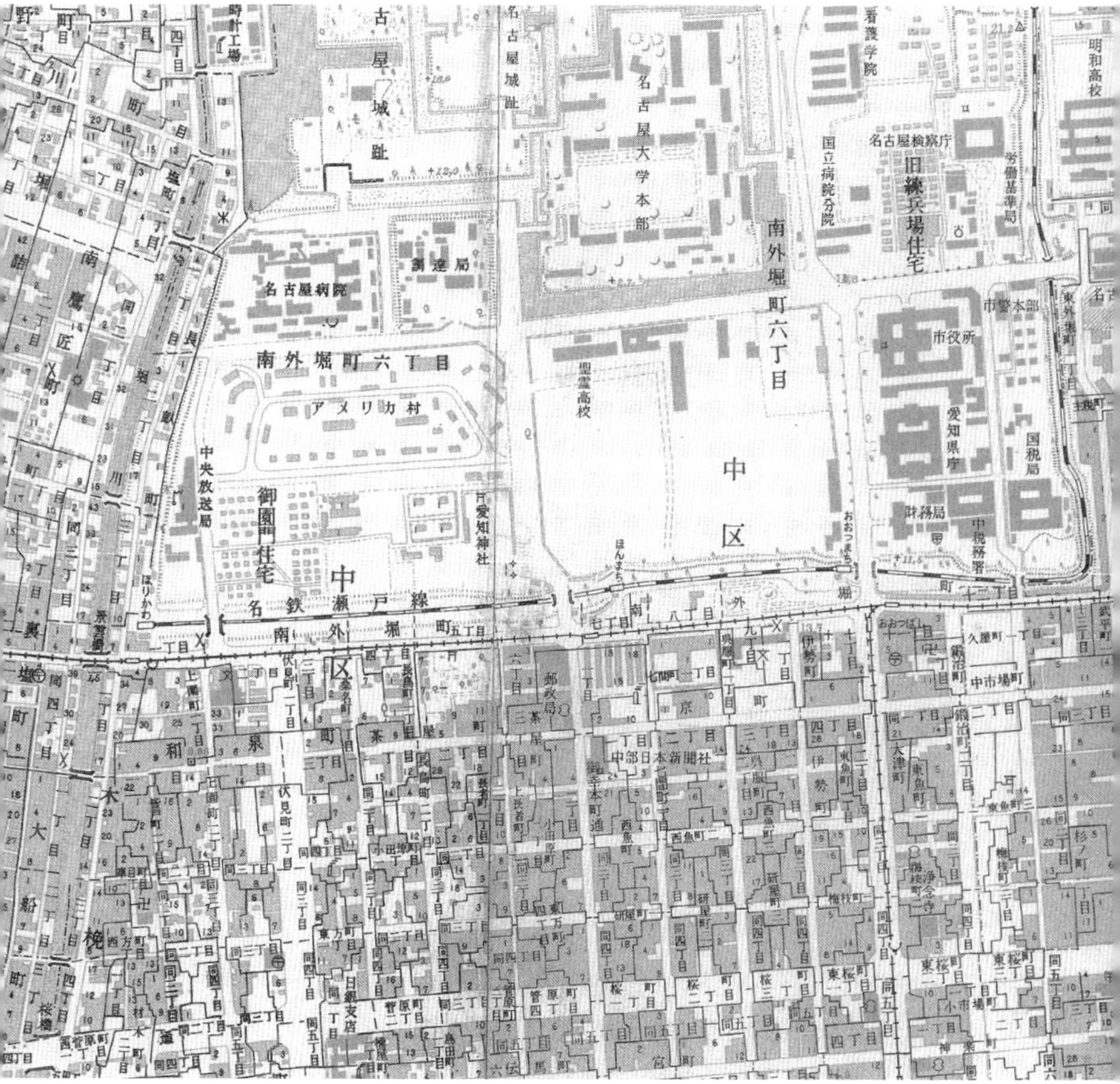

図3　1:10,000「名古屋東北部」+「名古屋西北部」昭和29年資料修正　×0.79

切るところだが、明治末の小私鉄である。苦労してこの隘路をすり抜けた。この急曲点は「サンチャインカーブ」というニックネームも付いていた。語源は半径が三チェーン（約六〇メートル）であったため。ちなみにJRでは、どんなに急なカーブでも一五〇メートルを切るようなものは、私鉄出身の路線でさえ滅多にない。

図2の名古屋城は第三師団司令部を始めとして、歩兵第六聯隊《れんたい》、野砲兵第三聯隊、輜重《しちょう》兵第三大隊の各部隊、それに加えて練兵場と衛戍《えいじゅ》病院（陸軍病院）の陸軍施設に満ちていたが、敗戦により陸軍は消滅した。「尾張名古屋は城でもつ」の金鯱城《きんしゃちじょう》は焼かれ、図3に見えるように「名古屋城趾」と化した。南西の輜重兵営の跡地には「アメリカ村」こと米軍住宅ができ、歩兵第六聯隊の跡地は、焼けなかった兵舎を昭和二三年（一九四八）に名古屋大学が本部として取得し、その後は戦前になかった文系学部を新設している。

消滅した町名は復活するのか

名古屋城の南側は妙にすっきりしてしまった。図2で挙げた町名が昭和四一年（一九六六）の住居表示の実施ですべて「丸の内」に変わったからだ。町名の統廃合にあたって、当初は新町名について在来の町名を生かしたものも検討されたが、多数の中からどれか一つを選ぶのは困難であったため、まったく新しい「丸の内」になった経緯がある。しかも「外堀の外側が丸の内とは詐称ではないか」と一部で問題視されたが、結局はこれで決定して半世紀近くが経過した。

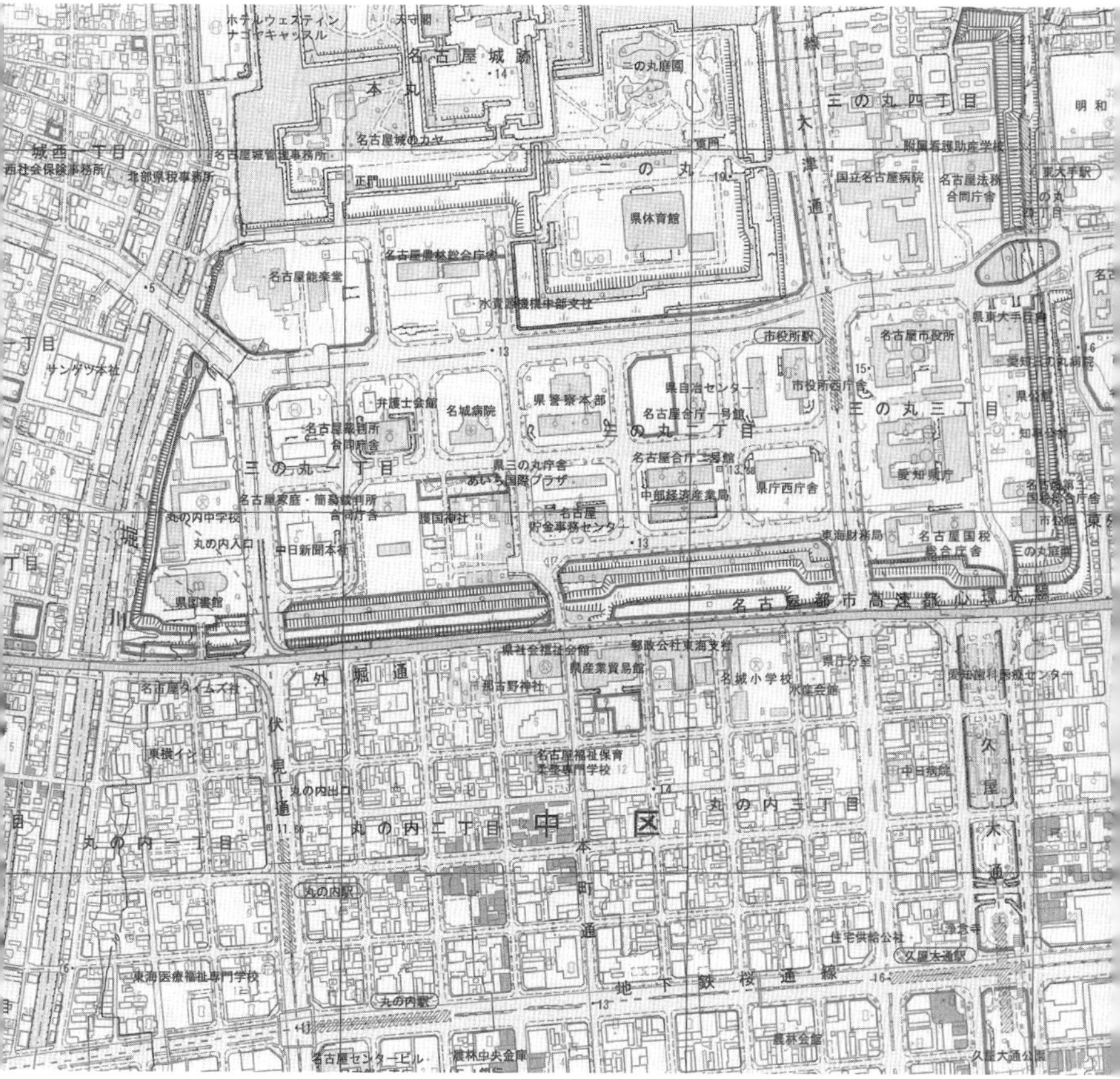

図4　1:10,000「名古屋城」平成16年修正×0.79

地図的には実にすっきりしてしまったものの、あまりにも広い区域が丸の内、栄、錦、桜などの広域すぎる町名になったのでかえって不便な面があり、現在でも交差点名や通り名には旧町名が使われている。それなら最初から統廃合などしなければよかったのだが、当時の風潮は城下町の「細かい等身大の町割り」など非合理的で、大きくわかりやすい町名で丁目を付けて統一した方がいい、という偏見が支配しており、加えて江戸時代への評価が当時だいぶ低かったことも、一連の地名破壊に味方したのではないだろうか。

堀端の瀬戸電こと名鉄瀬戸線は昭和五三年（一九七八）に地下線の新栄町（図の右下欄外）にターミナルを変更し、空堀を通る区間は廃止された。伝説のサンチャインカーブも草むす廃線跡にかろうじて見分けられる程度で、その代わり今は名古屋高速道路の都心環状線が高架で通過している。市内に最盛期では一〇六キロメートルの路線網を誇った名古屋市電も昭和四九年（一九七四）には全廃され、その後はいくつもの地下鉄路線が張り巡らされている。本当の「丸の内」にあった名古屋大学も郊外へ移転して久しい。

最近になって河村たかし名古屋市長が旧町名の復活を訴えている。歴史を尊重し、先人の事蹟を顕彰するため「名古屋はそんじょそこらの町じゃないぞ」と、廃止された旧町名を復活させることに前向きだ。「どえらい大事業だが、ぜひやっていきたい」と市議会で明言している。金沢市や長崎市で住居表示済みの町名をごく一部ではあるが旧に復する動きも出ているが、これが政令指定都市の名古屋で実現すれば、大袈裟でなく日本の地名にとって時代が変わる第一歩となるだろう。

鉄道とビールの街——吹田

大阪府吹田《すいた》市は大阪市の北に隣接する人口三五万五千人（平成二四年四月末）の近郊都市である。市域の北部には昭和三六年（一九六一）から日本初の大規模ニュータウンとして知られる「千里ニュータウン」の建設が始まり、その東側で同四五年（一九七〇）に大阪万国博覧会が行なわれた。関西以外の人には「新しい街」のイメージがあるかもしれないが、吹田という地名は平安時代の吹田荘にまで遡る長い歴史をもっている。

神崎川水運の河港の町として発展

吹田が町として発展を始めたのは河岸であった。延暦年間（七八二～八〇六）の河川改修により、今は淀川の分流となっている神崎川が京都への水路となり、吹田は水運の要地となったのである。港

吹田
高濱神社
線
道
5.5
5.95
3.5
9.0
神崎川
高濱橋
小松
嶋頭
瑞光寺
上新庄
4.0
西成

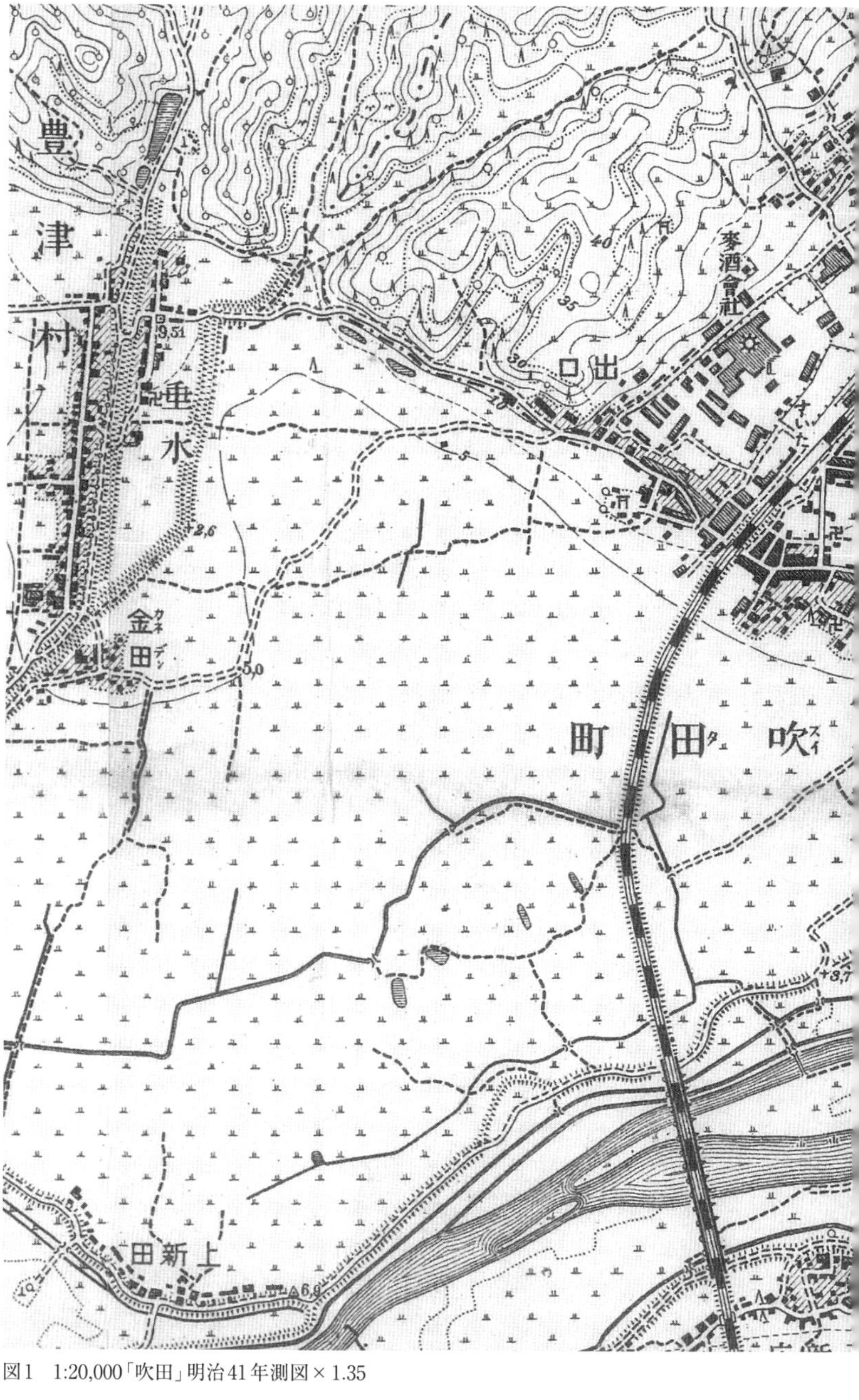

図1　1:20,000「吹田」明治41年測図×1.35

町は高浜で、今も高浜町や神崎川に架かる高浜橋の名で残っている。明治期までの吹田の中心はこの高浜の街道分岐点にあたる高浜神社門前を中心とする地域で、吹田駅が町の北西のはずれに設置されたのは大阪から京都へ向けて官営鉄道が延伸中、向日町《むこう》まで達したばかりの明治九年（一八七六）八月のことである。

旧市街の北、「吹田」の文字の右から曲折しつつ北上するのは亀岡街道で、さらに茨木から山越えして京都府の亀岡市（明治二年以前は亀山と称した）に至る。高浜神社の鳥居前、五・九五メートルの高さ表記のある水準点の位置から西へ向かうのは伊丹街道で、江戸時代にはこの二つの街道の分岐点を中心として繁栄した。それでも図1に見える明治末期の市街地は小さく、周囲は見渡す限りの田んぼであったことがわかる。

駅の西には大きな「麦酒会社」の工場が煙突記号とともに描かれている。これは明治二二年（一八八九）に設立された大阪麦酒会社で、同社は同二四年にここ吹田村に工場を建設、二五年には「アサヒビール」の発売を始めた。同三九年（一九〇六）には三社合併で大日本麦酒株式会社となったが、それ以来現在のアサヒビール株式会社に至るまで「スーパードライ」などを含むビール類を吹田駅前の一等地でひたすら生産し続けている。町村制施行で吹田村が誕生したのは大阪麦酒の設立と同じ明治二二年（一八八九）で、同年の人口はわずか三六九八人であった。図1は明治四一年（一九〇八）の測図によるもので、この年に町制施行して吹田町になったばかりだ。

図1から二〇年ほど経った昭和初期の吹田が図2である。同じ縮尺に調整してあるが、住宅地が大

幅に増えているのが一目瞭然で、さらに田んぼの中にまで整然とした区画が描かれている。当時の吹田町は大阪の近郊都市として発展著しく、この頃インフラの整備が急速に進んだ。昭和二年（一九二七）には上水道が敷設され、同年に吹田土地区画整理組合が設立されている。田んぼの中の区画は区画整理直後の状態だ。

大正一二年（一九二三）には巨大な吹田操車場が建設された（図の北側）。規模は東京の南北に陣取る大宮や新鶴見をしのぐ、かつては東洋一と形容された操車場だ。昭和一二年（一九三七）にダイヤモンド社から刊行された『旅窓に学ぶ（中日本篇）』はこの操車場とアサヒビールの工場のあたりを次のように描いている。

列車は茨城《ママ》駅を経て間もなく広大な吹田の大操車場構内を走る。そろそろ大阪降車の旅客はその用意を始める所。此操車場は構内の軌条延長七十五粁五五三米、関西最大の面積を持つ。かくして吹田停車場に着く。町には有名な大日本麦酒の大工場があり、千里山丘陵の緑を背景に特色のある工場風景を展げてゐる。此の工場は明治三十九《ママ》年の創設、敷地一万八千坪、大消費地に近く此の大工場は合理的で、その発展は当然であらうが、町と共に久しい旅窓の名物となつてゐる。

ビールと鉄道の町・吹田

図の右上端には「客車修繕工場」とあるが、これはＪＲ吹田工場の前身、鉄道省吹田工場。操車場

客車修繕工場
火葬場
吹田町
安威川
新京阪橋
高濱神社
観音寺
すゐたまち
高濱橋
小松町
小松
島村
島頭
上新庄
村
6,1
5,93
4,8
9,0
+3,8
6,9

図2　1:25,000「吹田」昭和4年修正＋「大阪東北部」昭和2年鉄道補入　×1.69

ができる二年前の大正一〇年（一九二一）に発足した。西へ伸びる引込線は鉄道教習所のものらしい。現在のJR西日本社員研修センターの前身であるが、戦前から吹田の町は操車場と工場、それに機関区などを備えた「鉄道の町」として知られ、それだけ鉄道に関係する町民も多く、ビール工場の北側には鉄道官舎街が広がっていた（現在もJR西日本吹田片山アパートとして存続）。

図2では大日本麦酒の工場から東海道本線の線路に沿って南西に一直線に線路（軌道の記号）が伸びている。これは神崎川の河岸まで続く軽便鉄道で、吹田駅からの貨車輸送に切り替えられるまで製品はこの鉄道で運び、川船に積み替えて大阪市内へ輸送されていたという。このルートは現在でも道路として名残をとどめている。昭和八年（一九三三）には大日本麦酒の納税額が当時の吹田町の税収の半分を占めていたというから、吹田は「ビール工場と鉄道工場の門前町」と表現しても過言ではなかったようだ。

図1の東海道本線は吹田駅を出て大阪へ向けてすぐカーブしていたが、この図2ではしばらくビール軽便鉄道とともに西へ向かっている。これは大正元年（一九一二）に路線変更されたためだ。『角川日本地名大辞典』によれば水害防止のための工事という。明治二九年（一八九六）に神崎川の堤防が決壊して一帯が大規模に浸水した際、鉄道の築堤が市街の西側（下流側）を図1のように塞いでいたため、逃げ場のない濁水が囲い込まれるように市街側に滞留したので、もっと西側で神崎川を渡るように変更されたのである。

国鉄の廃線跡を譲り受けた阪急千里線

ところがこの図2では撤去されたはずの国鉄線の廃線跡を利用して阪急千里線が代わりに敷設されている。千里線は開業当初「北大阪電気鉄道」という私鉄で、阪急の十三から豊津まで四マイル六二チェーン（約七・六八キロメートル）を大正一〇年（一九二一）に開業した。建設にあたって同電鉄は政府に廃線敷の払い下げを要請し、用地の獲得に成功している。再び水害のおそれがないか慎重に検討されたに違いないが、高い築堤（図1に描かれている）であった旧東海道本線に比べ、電鉄が築堤に上がるのは神崎川の直前になってからであり、さらに東海道本線との交差は電鉄が下を通ることにより、洪水時の不安を払拭したのだと思われる。神崎川橋梁の橋脚の一部には現在も旧東海道本線時代からのものが含まれているそうだ。

電鉄は本来、現千里線のルートである天神橋（現天神橋筋六丁目）までを予定していたが、途中で幅の広い淀川に鉄橋を架ける必要があり、一刻も早く大阪と結ぶためにとりあえず遠回りだが阪急の十三駅に接続させた（これが現在の阪急京都本線の一部）。念願の天神橋へ到達したのは大正一四年（一九二五）のことである。この時はすでに新京阪鉄道となっていた。

図2の右の方、安威《あい》川に「新京阪橋」という橋が架かっているが、これは新京阪鉄道の吹田町駅に通じる橋であるための命名だ。阪急となって久しい今も同じ名前を保っている。新京阪鉄道は、京阪間を明治四三年（一九一〇）から結んでいた老舗・京阪電気鉄道の子会社だ。なぜ京阪間という競合路線を自らの手で建設したかといえば、競合他社に高速鉄道を敷設され、みすみす客を奪われるくら

いなら自分で敷いてしまえ、と考えたためである。

ルートは高速運転を想定した直線的なもので、前述の北大阪電気鉄道の手で十三と結ばれていた淡路駅から京都西院《さいいん》（仮駅）までの間を昭和三年（一九二八）に開業した。淡路以南については、当時十三〜淡路〜千里山間に路線を持っていた北大阪電気鉄道を買収、その免許路線であった天神橋〜淡路間を建設して本線の一部とした。天神橋から大阪の都心方面への交通を担うのは四通八達した市電である。

この直線的な線路で新京阪鉄道の「超特急」は天神橋〜京都西院間を三四分で結んだ。昭和六年（一九三一）には京阪京都（現大宮）まで延伸、少し距離が伸びたのに同じ三四分で走破、鉄道省の誇る最速特急を引き合いに出して「燕より速い特急行三十四分」と銘打つパンフレットを配って集客に努めている。その新京阪の吹田町駅は昭和三年に開業、図2は翌年修正なので、新駅前の区画だけが整理された状態だ。ちなみに下三分の一の地図で新京阪の線路が切れているのは、同鉄道が開業する前年の昭和二年に「鉄道補入」された版であるためである。東海道本線をくぐる北大阪電気鉄道には、その前後に東吹田・西吹田の二駅が設置された。

京阪間を高速で結ぶ新京阪や阪神間の山手側を突っ走る阪急などの登場で、関西は一気に「私鉄王国」となりつつあったが、省線電車（国電）も黙って負けてはいない。昭和九年（一九三四）にはこ吹田から大阪、神戸を経て明石までを電化、高頻度で電車の運転を始めた（大阪〜神戸間は一〇分間隔、吹田〜大阪間は三〇分間隔）。

川沿いに進出する中小工場と住宅

図3は戦争が終わって七年後の姿である。吹田町は昭和一五年（一九四〇）四月一日に北隣の千里《ちさと》村、豊津村、岸部村と合併して市制施行、吹田市となった。これに伴い、吹田町駅は同年六月に京阪吹田（新京阪鉄道は昭和五年に親会社の京阪電気鉄道に合併）と改称される。しかし三年後の同一八年には戦時中の陸運統合で京阪神急行（現阪急）の路線となったことにより、吹田東口と再改称された。図3はその状態である。

農村風景が広がっていた神崎川の南側にはいつの間にか工場や住宅が急速に進出して賑わっている。地図の範囲は西成郡の旧新庄・中島村であるが、大正一四年（一九二五）に大阪市に編入され、東淀川区の一部となった。ちなみに図2の下半分は昭和二年に「鉄道補入」された版で、鉄道以外の情報は大正一三年（一九二四）の状態なので、旧村や村役場の表示がある。

吹田東口駅の周辺も、区画だけだった図2の状態から大きく変わり、住宅に加えて大阪学院（現大阪高校）や成蹊女子高も進出した。安威川と神崎川の合流点の水田地帯であったが、梅田からわずか七・二キロメートルの近さに吹田町駅（吹田東口駅）が開設されたことにより、大阪都心部との利便性が大幅に上がったためだろう。東口駅前の放射と環状の街路形状は「ミニ田園調布」を思わせるが、これは当時の新街区を設計するときの流行だった。

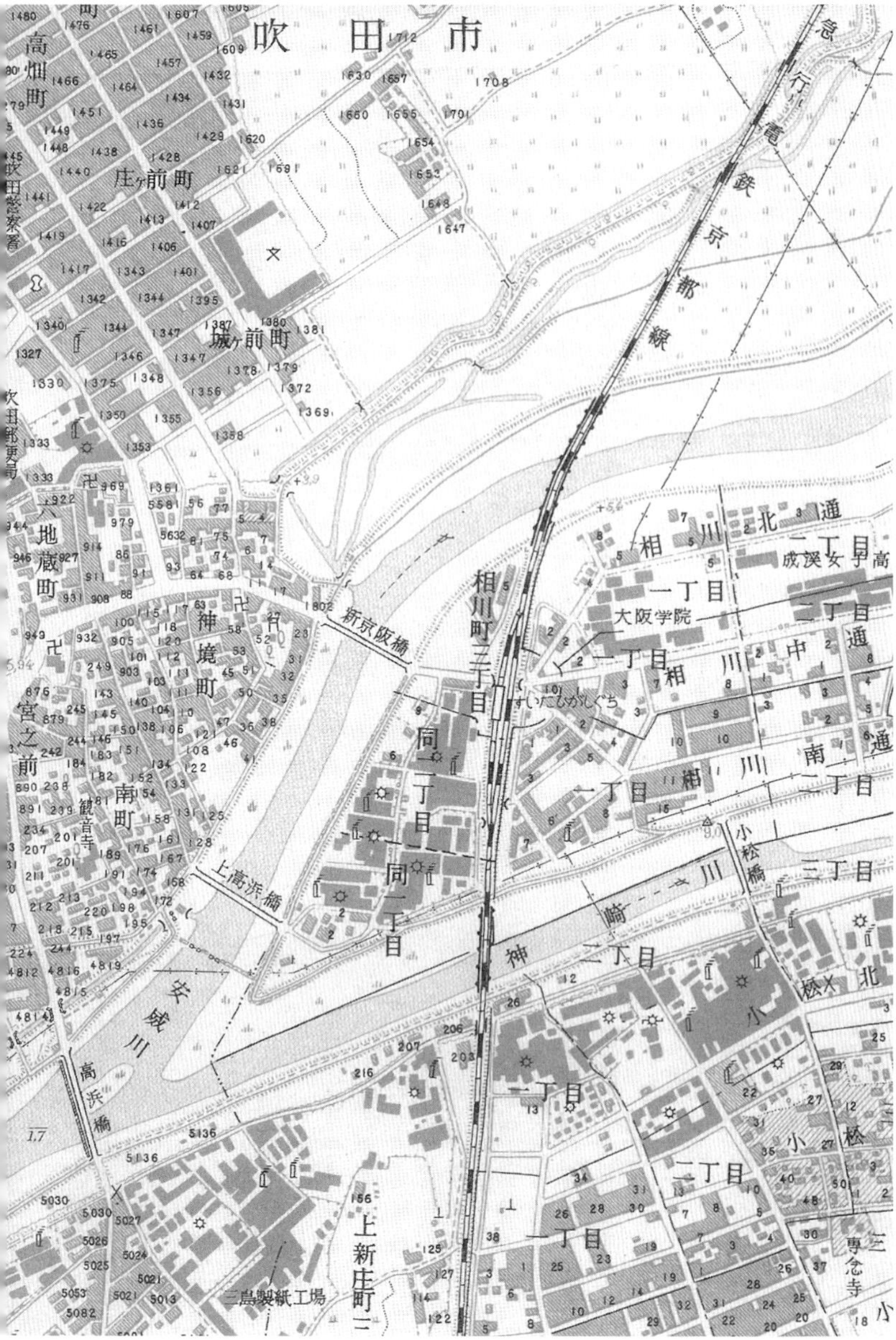

吹田市
高畑町
庄ヶ前町
城ヶ前町
吹田警察署
吹田郵便局
六地蔵町
神境町
宮之前
南町
観音寺
新京阪橋
上高浜橋
高浜橋
安威川
相川町三丁目
同二丁目
同一丁目
すいたひがしぐち
急行電鉄京都線
大阪学院
成渓女子高
相川北通一丁目
相川中通一丁目
相川南通一丁目
小松橋
神崎川
小松北
小松
専念寺
三島製紙工場
上新庄町二

図3　1:10,000「吹田東部」昭和27年修正＋「吹田西部」昭和27年修正　×0.94

人口激増の戦後と相次ぐ駅の改称　図3からは五二～五三年が経過した。図の東西に広がっていた田んぼは完全に姿を消し、びっしりと市街地に変貌している。図3の二年前にあたる昭和二五年（一九五〇）にわずか七万八千人だった吹田市の人口は千里ニュータウンをはじめとする宅地開発が進むにつれて激増した。昭和四〇年（一九六五）には二〇万人を突破し、同五〇年には三〇万人に迫っている。昭和六二年（一九八七）頃の約三五万人をピークに少しずつ減少を始めたが、平成六年（一九九四）からは再び増加に転じて現在は過去最高の三五万五千人となっている。つまり図3から図4の

図4　1:10,000「吹田」平成16年修正＋「新大阪」平成17年修正　×0.94

間に人口が四倍以上になった計算なので、田園風景が消えていったのも道理だ。

吹田東口駅はさらに昭和二九年（一九五四）に三度目の改称で相川駅となった。駅前の町名としては図3ですでに町名が相川となっている。駅が開設された時点では周囲に何もなかったため、対岸の吹田町（市）の地名を名乗っていたわけだが、相川の「ミニ田園調布」が発展してくると、こちらが大阪市内ということもあり、地元の地名を駅名に、というのは自然な流れであろう。ちなみに相川という地名は安威川にちなんで昭和六年（一九三一）に新設された東淀川区の町名として設定されたものである（当初は相川町、昭和五五年に住居表示実施により相川一丁目〜三丁目）。

阪急千里線の駅も変わった。図2で登場したばかりの当時は東吹田・西吹田であったが、昭和一八年（一九四三）に図3のように吹田・市役所前と両駅とも改称している。しかし両駅間の距離が非常に短かったため統合されることとなり、昭和三九年（一九六四）に現在の吹田駅に統合された。とはいえ事実上は市役所前駅の改称と東側へのホーム延伸で、吹田市役所は今も駅のすぐ前にある。これほど駅から近い市役所も珍しい。

阪急千里線の線路は昔ながらに屈曲しているが、東海道本線をくぐる地点の南西側をよく見ると、かつて大正元年（一九一二）までの東海道本線の旧線跡が道路としてきれいなカーブを描いているのが読み取れる。清和園町の和と園の字の間を通る道がそれだ。かつてその東側が一面の濁水に満ちて途方に暮れた土地の記憶も、すでに薄れていることだろう。

古代以来の国際貿易港の町──博多

『続日本紀』に登場する古い商港

毎年の受験シーズンが近づくと、お守りを求めて遠くから受験生やその家族が集まる太宰府《だざいふ》天満宮。そのすぐ近くを流れている小さな流れが御笠《みかさ》川で、流れ下ると福岡空港の西側を経て博多湾に至る。もうひとつ、背振《せふり》山地に源を発して北流する那珂川。この二本の川の沖積地に発達したのが博多の町である。

この町の歴史はとても古く、「漢委奴国王《かんのわのなのこくおう》」と金印に刻まれた「奴国《なのくに》」の津=湊（港町）、ということで那津《なのつ》と呼ばれた。一九〇〇年ほども前の話である。博多という地名が最初に文献に現われたのも天平宝字三年（七五九）の『続日本紀《しょくにほんぎ》』という遠い昔の話であり、江戸期の鎖国体制に入るまで、この港湾都市は国際貿易港として唐船などで大いに賑わった。

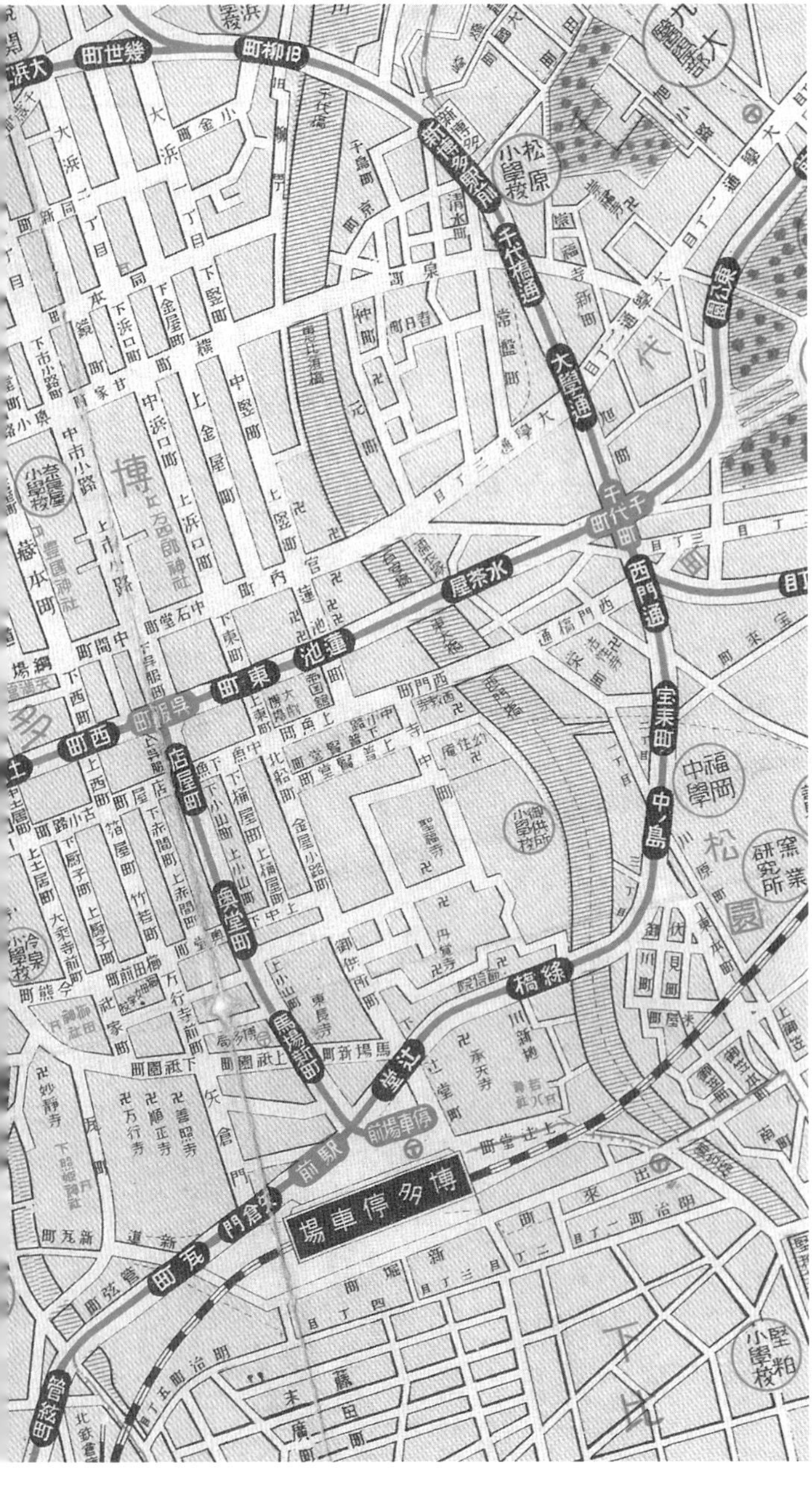

博多停車場
博多駅前
旧柳町
幾世町
千代橋通
大學通
千代町
水茶屋
池通
東町
呉服町
西町
店屋町
奥堂町
馬場新町
辻堂
駅前
停車場前
石堂町
西門通
宝来町
中ノ島
緑橋
松原小學校
福岡中學
窯業研究所
松園
聖福寺
承天寺
御供所小學校
奈良屋小學校
冷泉小學校
堅粕小學校
櫛田神社
豊國神社
萬行寺
順正寺
善照寺
妙静寺
東長寺
明治町
菅原町
下堅町
上金屋町
中浜口町
上浜口町
中市小路
大浜二丁目
九大醫學部

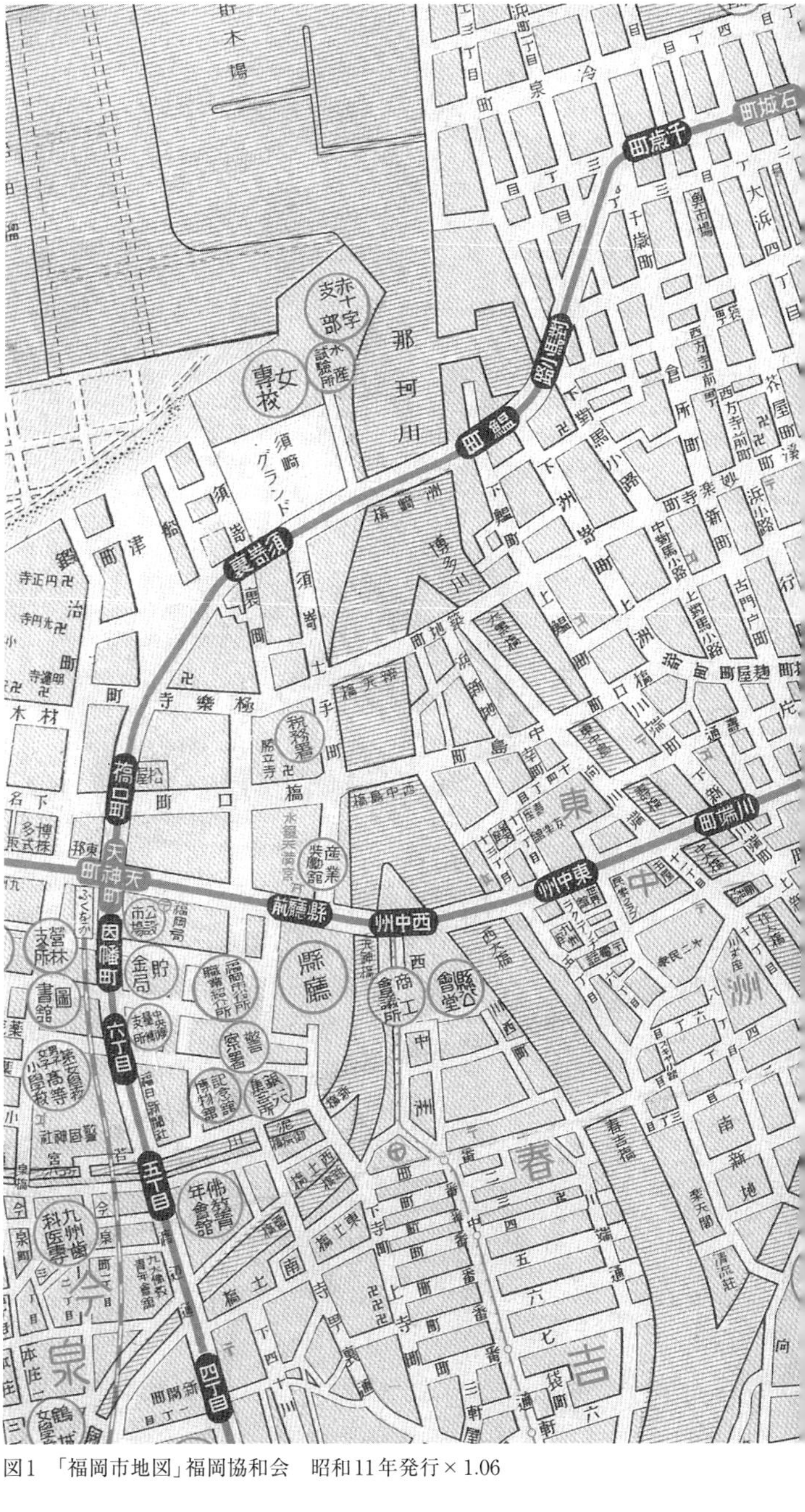

図1　「福岡市地図」福岡協和会　昭和11年発行×1.06

博多は現在では福岡市内であるが、福岡という地名は黒田長政が筑前に入った際、黒田家ゆかりの備前の地名（現岡山県瀬戸内市長船《おさふね》町福岡）を採用したものであるから歴史はまだ四〇〇年少々で、博多に比べればだいぶ新しい。この博多と福岡の二つの都市の境界を流れるのが那珂川で、その川の中洲はそのままの名前で著名な歓楽街となっている。

明治二二年（一八八九）の市制施行にあたっては、城下町の「福岡市」と商都「博多市」のどちらを採用するかで紛糾したが、結局は「城の力」が勝ったということか、福岡市として今に至っている。ただし鹿児島本線の駅名は市制施行と同じ明治二二年の開業以来ずっと博多を名乗っており、鉄道の玄関口の名として知れわたっている。その後は福岡市が政令指定都市となった昭和四七年（一九七二）に博多区が誕生した。

二社の路面電車が競合した福岡市

図1は昭和一一年（一九三六）の市街地図である。市街の東を流れるのが御笠川（石堂川）、西側の幅広いのが那珂川。その川の東側に分流するのは博多川で、これらにはさまれて文字通り中洲になっているところが中洲である。当時は北端に築地町と中島町、中央から南側にかけてが東中洲町と称していた（赤字。通称地名も黒字で多数記されている）。この中洲は一八世紀頃まで人家はなく畑で、博多の住人がここへ渡って畑仕事をしたという。要するに大雨が降れば頻繁に水をかぶる土地だったからだろう。ちなみに東中洲に対する西中洲は、那珂川本流西側の「春吉《はるよし》」とある地域だった。

明治に入ってから橋の西側にあたる天神町《てんじんのちょう》付近が官庁街（赤丸囲みの著名な建物が多い）を形成していくと、中洲は歓楽街として急速に発展した。明治四三年（一九一〇）には路面電車の福博《ふくはく》電気軌道が開通している。中洲を通り抜ける東西の目抜き通り（現明治通り）を行くのがそれで、その他に博多電気軌道という路面電車会社も翌四四年に環状路線で開業、二社が博多・福岡の旧市街の中で競合することとなった。福博電気軌道は東西の「貫線」の呉服町から博多駅に至る支線をもつT字形で、その外周を博多電気軌道がぐるりと取り囲む形である。しかしひとつの都市内の路面電車網は一社が経営する方が何かと都合がよいのは当然で、両社は昭和九年（一九三四）に合併して「福博電車」となった（この間にいくつかの電力会社の経営を経ている）。図は両社合併後だが、博多駅前の停留場が「停車場前」「駅前」と分かれているのはその名残だろうか。

町名を連結する博多特有の「流」

博多市街の中心部は通りごとに町名が異なる細かい町割りが行なわれており、それぞれに由来をもっている。旧福博電気軌道の「T字」の分岐点にあたる呉服町は町名としては上呉服町・下呉服町に分かれ、その名の通り呉服商が住んだことにちなむらしい。今も市営地下鉄に同名の駅があり、ちょうど博多駅から築港（図の範囲外）を結ぶ大通り沿いに発展した。戦後は商業地として福岡の天神に水をあけられたが、戦後の住居表示に伴う町名統廃合でもこの地名が大きく範囲を広げて残ったのは、戦前の「一等地の栄光」のためだろうか。

旧福博電気軌道の電車道より南側には「職人町」がいくつか見える。博多駅への支線の東側の金屋小路《しょうじ》町は鍛冶屋が多かったことにちなみ、その西側の上・下桶屋町にも桶屋が集住していた。江戸期を通じて徐々に減ったというが幕末でも九軒残っていたという。少し西へ行けば箔屋町。ここは古く唐人から伝えられた金箔・銀箔職人が集まった町で、明治七年までは「町」ではなく「箔屋番」と称していた（図2の「箱屋町」は誤り）。珍しいものでは博多駅の少し左に見える管絃町。近くの住吉神社の大祭の時に伶人が管絃楽を奏しつつ通る道に「管絃橋」があり、後に管絃町と呼ばれるようになったという。

博多の町の特徴として「流《ながれ》」という一つの通りに沿った町のグループがある。これは一六世紀末に戦火で荒廃した博多の復興計画以来のもので、主に南北の大通りに沿って七つの流――呉服町流・東町流・西町流・土居流・須崎流・石堂流（恵比須流）・魚町流（福神流）が設定された。このうちいくつかは電停の名にも採用されている。

『福岡町名散歩』（葦書房）によれば元禄三年（一六九〇）の東町流は、南側から御供所《ごくしょ》町・聖福寺前町・金屋小路町・北船町・東町上・東町下・浜口町上・浜口町中・浜口町下・廿家《にじゅうや》町東・鏡町東となっている（明治以降の町の改廃などにより図1に見えない町もあり、浜口町上→上浜口町などの変化もある）。流の数は時代によって変化するが、戦後の町名の統廃合後も「博多祇園山笠」の山笠の単位として機能している。ただし町の自治組織としての機能が薄まり、昨今では祭の関係に特化する傾向が見られるというが、全国どこの都市でも共通したものだろう。

通りごとに町名が密集していた頃

次ページの図2は図1から一九年経過した昭和三〇年（一九五五）の測量である。図1より傾いた印象なのは、図1が北西を上にした図であったため。空襲で焼け野原が広がっていた博多の家並みも図上で見る限りすっかり復旧した印象だ。呉服町電停から北側へ向かう大博《たいはく》通りは拡張されており、電停の東側には昭和二〇年代のうちに大丸が進出した。ビルの屋上には三角点が設置され、その標高が図に四五・七メートルとあるように（地面の標高は三〜四メートル）、当時としては周囲に比べるもののない高さを誇るビルだったのだろう。

図1では通りのまん中に町名が描かれていたが、こちらは町界が明示されていて、今はなき旧町の構造がよくわかる。つまり一つの通りを共有する「向こう三軒両隣」が同じ町内、という江戸時代までの日本の典型的な町割りである。通りが変わるたびに町名も変わるので、一ヘクタール（一万分の一なら一センチメートル四方）に満たない町も珍しくないが、これが南北または東西に連携して前述の「流」を形成し、自治を支えていた。

路面電車も健在で、福博電車は戦時中の昭和一七年（一九四二）に政府の陸運統合政策に基づいて北九州の私鉄を大合併して誕生した西日本鉄道の福岡市内線となった。昭和三〇年代は福岡に限らず全国的に路面電車の最盛期にあたり、手元の『私鉄統計年報』（運輸省鉄道監督局監修）では昭和三一年（一九五六）度に九七八五万人、同三六年（一九六一）度には一億二〇〇〇万人の乗客数を誇った。ところが昭和四五年（一九七〇）度では、まだ路線の廃止も行なわれていないのに二六九四万人と、

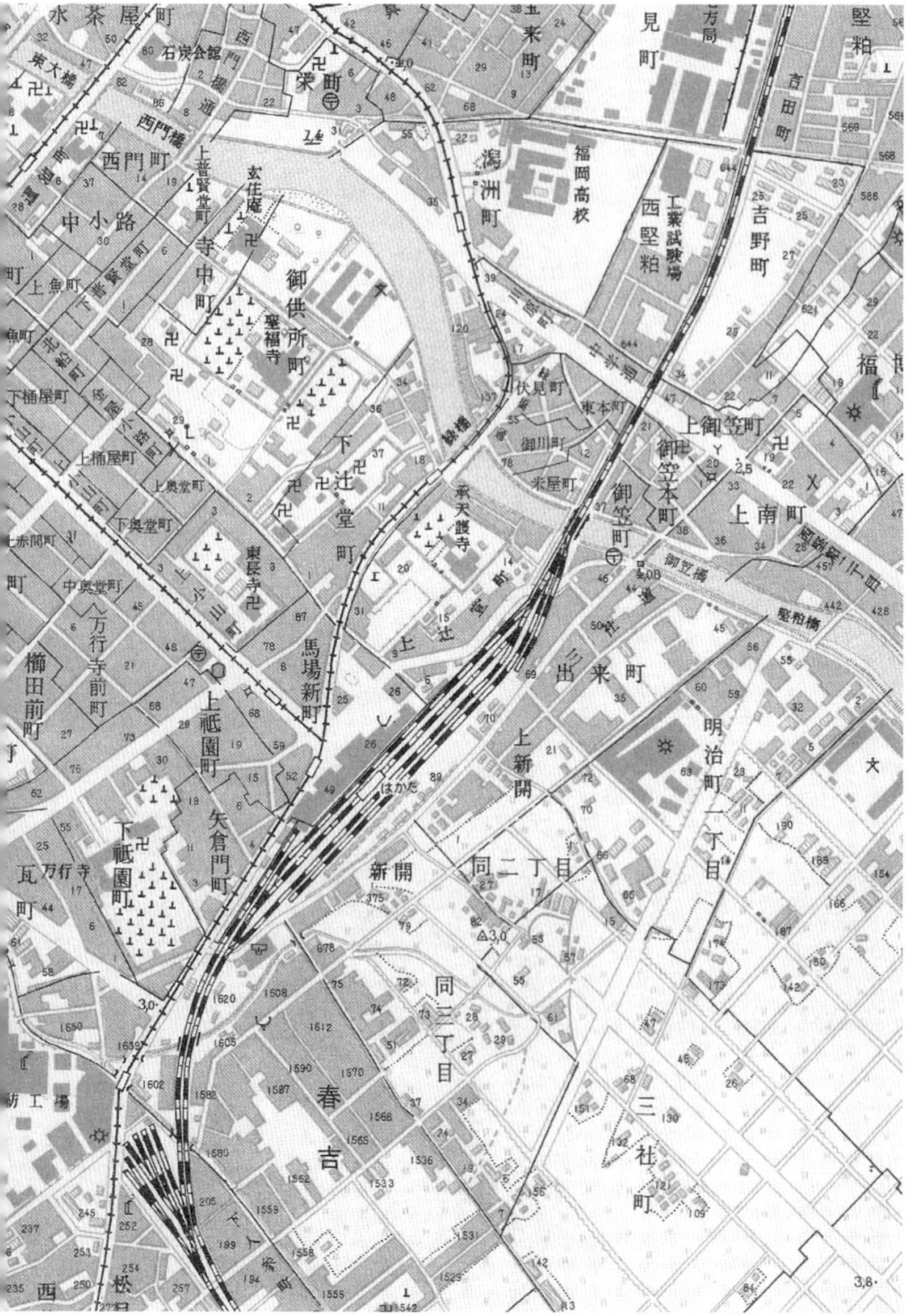

水茶屋町
石炭会館
西門橋通
東大橋
西門橋
西門町
栄町
上普賢堂町
玄住庵
寺中町
中小路
下普賢堂町
上魚町
御供所町
聖福寺
下桶屋町
上桶屋町
上奥堂町
下奥堂町
中奥堂町
東長寺
上呉服町
万行寺前町
櫛田前町
上祇園町
馬場新町
下辻堂町
上辻堂町
承天護寺
下祇園町
矢倉門町
瓦町
万行寺
新開
同二丁目
同三丁目
上新開
はかた
春吉
三社町
出来町
明治町一丁目
伏見町
東本町
御川町
米屋町
御笠町
御笠本町
上御笠町
上南町
御笠橋
堅粕橋
濡洲町
福岡高校
西堅粕
工業試験場
吉野町
吉田町
堅粕
五来町
見町
石堂橋
紡工場

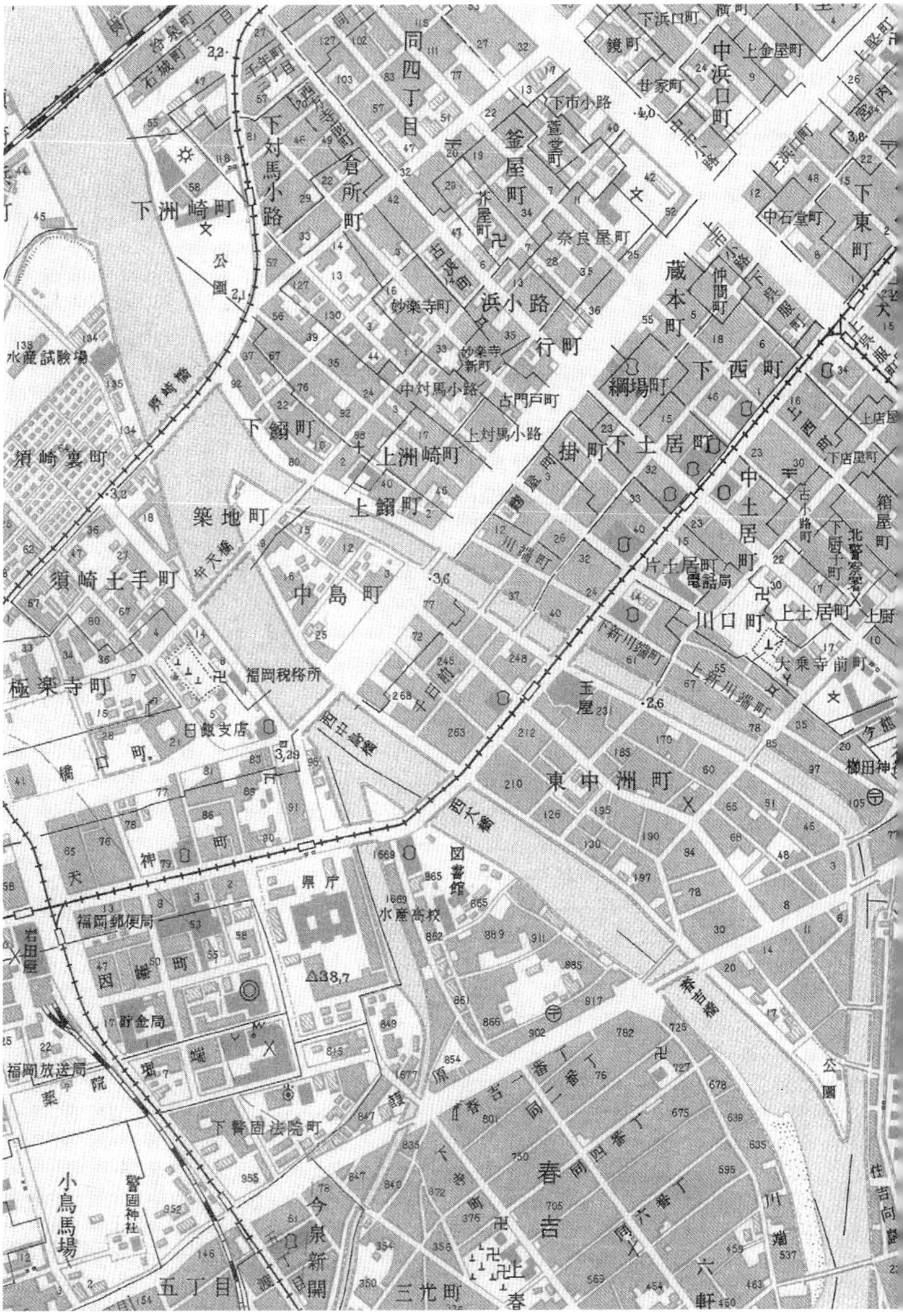

図2　1:10,000「福岡東部」昭和30年測量×0.94

三分の一以下に激減している。

モータリゼーションの進行は国内のどの都市でも急速で、この乗客数の激減ぶりは路面電車の定時運行が難しくなり、信用が低下したためだろう。この頃、ドイツなどのように路面電車の一部を地下化したり車道と分離した専用軌道化による近代化を進めた国とは逆に、日本は路面電車を大都市の主要な交通機関としては見限り、地下鉄化を熱心に推進するようになる。東京・大阪などの巨大都市だけでなく、欧州なら路面電車が「主役」となり得るような規模の都市までこれに追随したため、仙台や福岡クラスの都市も地下鉄への転換方針を明確にしていく。東京・横浜・名古屋・大阪などの主要都市の路面電車が昭和四〇年代にほぼ全廃されたのに比べれば長持ちしたとはいえ、昭和五四年（一九七九）年には姿を消してしまった。

移転した博多駅と再開発——町名の消滅

図2の博多駅は現在よりずっと中心市街に近く、地下鉄祇園駅のすぐ南側あたりにあった。私鉄・九州鉄道として明治二二年（一八八九）に博多〜千歳川（筑後河畔、久留米の対岸）間が開通して以来七四年間にわたって福岡市の玄関口をつとめていた駅である（駅舎の位置は若干変更）。しかし列車本数や乗降客数の急増のため手狭になり、昭和三八年（一九六三）一二月一日に高架駅として約五〇〇メートルほど東南東へ移転した。大都市の「中央駅」は横浜、名古屋、京都など戦前に移転したところはいくつかあるものの、戦後になってこれだけ離れた場所へ移った例は珍しい。

新しい博多駅は図2では田んぼの中に宅地が疎らに点在する場所で、従来は博多の町に近寄るため迂回していた鹿児島本線の線路も、この移転により〇・五キロメートルほど短縮されている。路面電車の後任たる地下鉄は昭和五六年（一九八一）に室見《むろみ》～天神間が開通、順次延伸して平成五年（一九九三）には福岡空港に達した。博多駅から空港まではわずか五分で、国内でも群を抜いて便利な空港である。

旧線が博多駅の南西側で大きくカーブしていた線路の西側には鐘紡の大きな工場があった。これは図1にも見られるが、最初は明治三〇年（一八九七）にできた博多絹綿紡績会社で、これが同三五年に合併して鐘紡博多工場となった。その後閉鎖された跡地が昭和五二年（一九七七）に売却され、民間主導による再開発が行なわれることになった。これが「キャナルシティ博多」で、完成は平成八年（一九九六）。運河（キャナル）を模した池を中心にビル群が囲む形で、運河の東西にはグランド・ハイアット福岡、キャナルシティ福岡ワシントンホテルが並び、劇場や複合型ショッピングセンターが続く。全体に曲線を取り入れたカラフルな建築は福岡市のランドマークとして注目され、観光スポットとしても人気が高い。

さて、博多の旧市街にびっしり並んでいた小さな町々はどうなったかといえば、昭和四一年（一九六六）の住居表示の実施に伴って大半が消滅している。四〇〇年以上続く「流」の町々はいずれも通りの両側が同じ町であったため、住居表示法の「街区方式」には合わないため分断され、大々的に統合された。ずいぶんと乱暴なことをしたものだが、わずかに幸いだったとすれば、名古屋市などのように数十の町を統合した後に「公平」の観点からまったく別の町名を設定したのではなく、呉服町や

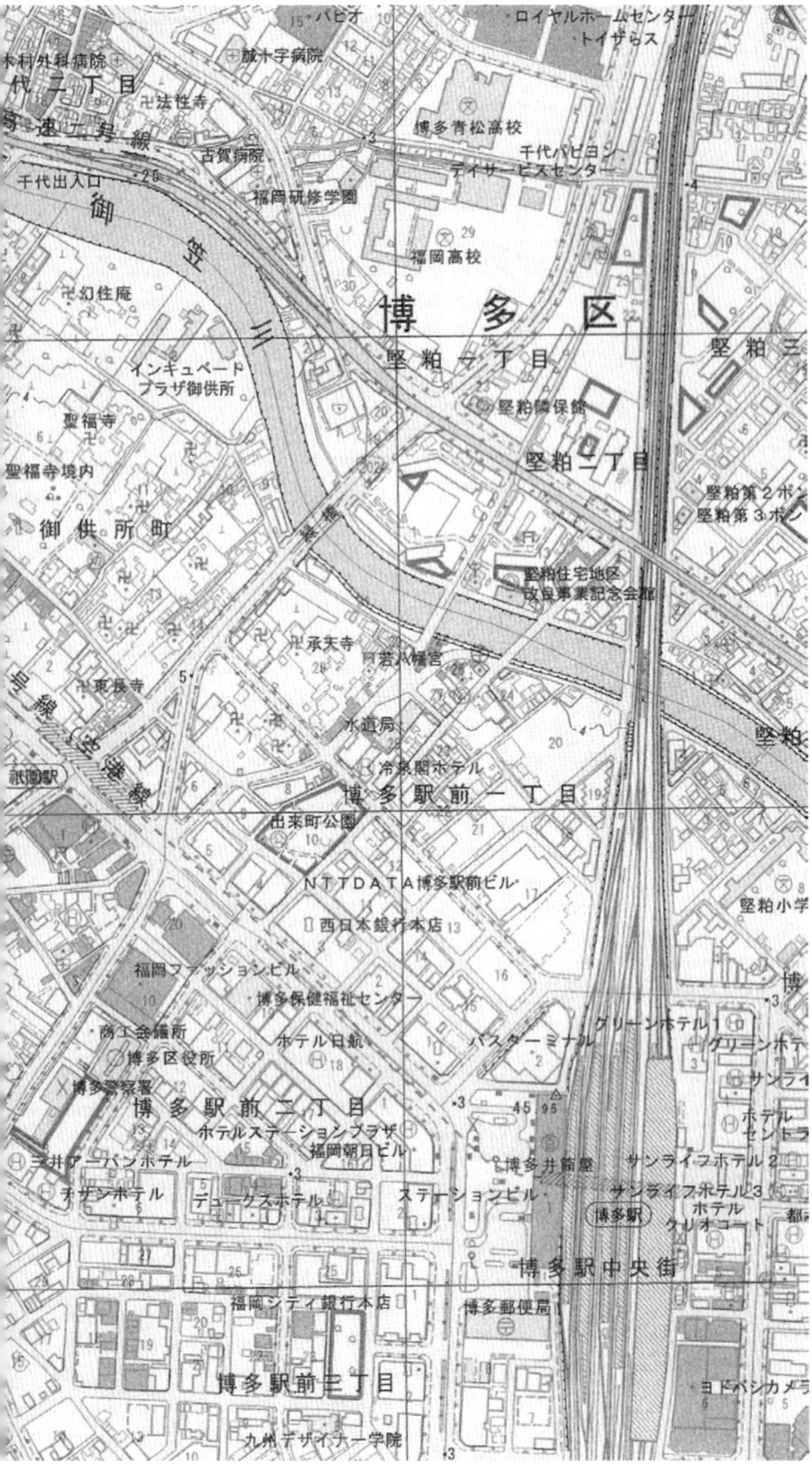

奈良屋町など歴史的地名を「代表」として採用したことであろうか。博多祇園山笠が昔の「流」をかろうじて引き継いでいることも救いである。

図3　1:10,000「博多」平成16年部分修正×0.94

あとがき

『地図で読む昭和の日本』というタイトルは、連載終了後に付けたものである。実際には各地域の明治・大正から平成までをたどっているものが多い。しかしよく考えてみると、各地域の変化の大半は「昭和」という時代に起こっている。その昭和も、平成生まれの新入社員諸君は、明治や大正と同じような扱いで「それって昭和の雰囲気ですね」などと語られる時代となった。

この元号が冠されてきた六二年と二週間の間に起きた変化を「地図上の変化量」で測ってみれば、大規模な土木工事（地図に残る仕事！）が容易になったこともあって、それ以前の数百年以上に匹敵するだろう。塩田が高層マンション群になり、閑散とした「砂利電」の終点が、ブティックの並ぶお洒落な街になってもおかしくない。だから激変の時代の象徴としての「昭和」なのである。

「昭和の日本」と大きく出てはみたものの、地域によってその変化の量も質も異なるから、日本の昭和はこうであると一括するつもりはない。二八の地域を取り上げたのは、たとえば一日に何千人もが行き交う街頭で、二八人に声をかけてインタビューしたようなものである。いろんな顔と性格の人を選んだつもりではあるが、もちろん平均値ではない。それでもこれらの「群像」を眺めることにより、昭和の日本の輪郭が少しでも読者諸賢の脳裏に像を結んだとすれば、これはしめたものである。

平成二四年（二〇一二）八月三一日

今尾恵介

参考文献　＊本文掲載文献は除く。

『東京案内　上巻』東京市　明治40年（1907）
『大東京概観』東京市役所　昭和7年（1932）
『東京市域拡張史』東京市役所　昭和9年（1934）
『川崎の町名』日本地名研究所編　川崎市　平成3年（1991）
『南武線物語』五味洋治著　多摩川新聞社　平成5年（1993）
『なごやの町名』名古屋市計画局発行（角川書店編集）平成4年（1992）3月31日発行
「陸軍鉄道連隊」岡本憲之著（『鉄道廃線跡を歩くX』宮脇俊三編著　JTBパブリッシング　2003年より）
「新京成電鉄」山田俊明著（『民鉄経営の歴史と文化』青木栄一、老川慶喜、野田正穂編　古今書院　1992年より）
『地形図でたどる鉄道史』今尾恵介著　JTBパブリッシング　平成12年（2000）
『民鉄経営の歴史と文化（西日本編）』古今書院　平成7年（1995）
井上精三『福岡の町名』葦書房　昭和58年（1983）

〈参照した主なサイト〉
銀座・和光　http://www.wako.co.jp/clock_tower/
大日本印刷　http://www.dnp.co.jp/about/history.html
NTT東日本　http://www.ntt-east.co.jp/databook/2010/pdf/2010_S3-01.pdf
泰明小学校　http://www.chuo-tky.ed.jp/~taimei-es/
帝国ホテル　http://www.imperialhotel.co.jp/j/top/company/484
株式会社フジクラ　http://www.fujikura.co.jp/history/1890.html
船橋市（三田浜塩田）
http://www.city.funabashi.chiba.jp/charm/photo/p009898.html
船橋市（船溜）http://www.city.funabashi.chiba.jp/charm/photo/p009897.html
三井不動産・ららぽーと誕生物語
http://www.mitsuifudosan.co.jp/project/special/lalaport_tanjo/popup01.html
京都市ホームページ（博覧会）
http://www.city.kyoto.jp/somu/rekishi/fm/nenpyou/htmlsheet/toshi29.html

国立国会図書館（京都インクラインと琵琶湖疏）http://www.ndl.go.jp/
有限会社根本造船所
http://www.h6.dion.ne.jp/~nemoto/company/president.html
プレス工業株式会社
http://www.presskogyo.co.jp/corporate/company/history.html
東京鍛工所（現TDF株式会社）http://www.tdforge.co.jp/companyprofile.html
テキサス大学図書館（日本都市図）
http://www.lib.utexas.edu/maps/ams/japan_city_plans/
横須賀学院　http://www.k-doumei.or.jp/member/yokosuka.htm
大阪歴史博物館「八百八橋」
http://808bashi.jp/modules/special/index.php?action=single&id=1
原万次「わが故郷・東大和」http://2010katakuri.la.coocan.jp/
近代建築撮影日記・名古屋の近代建築その１（中村篇）
http://blog.goo.ne.jp/a-ly/e/eb31e55af3c700659f0b40fcbd7cde2b
名古屋市中村区ホームページ「大門かいわいの魅力を探る」
http://www.city.nagoya.jp/nakamura/page/0000001379.html
まっちの街歩き　大門（名古屋市中村区）
http://match345.web.fc2.com/nagoya/omon/index.html
「浮間かいわいねっと」より「浮間橋」
http://www.ukima.info/meisho/form/usekihi.htm
総務省「一般戦災ホームページ」
http://www.soumu.go.jp/main_sosiki/daijinkanbou/sensai/situation/state/kanto_21.html
長町青果市場 http://taihakumachikyo.org/taihk/taihk231/index.html
長町機関区緊急避難所
http://www.geocities.jp/chiback_rail/nagamachi/nagamachi_sta.htm
仙台市のホームページ
http://www.city.sendai.jp/sumiyoi/toshi/kukakuseiri/asto.html
堺市ホームページ（堺環濠都市遺跡）

http://www.city.sakai.lg.jp/city/info/_kokusai/asia_sea11.html
堺市立図書館(第一部　中近世の世界と堺)
http://www.lib-sakai.jp/kyoudo/kyo_digi/sakaikoutooohama/kyo_digi_sui.htm
横浜都市発展記念館ホームページ「掘り出し物ニュース」
http://www.tohatsu.city.yokohama.jp/news.html
賛育会ホームページ　http://www.san-ikukai.or.jp/txt/history.html
広島平和記念資料館ウェブサイト
http://www.pcf.city.hiroshima.jp/virtual/VirtualMuseum_j/visit/est/panel/A2/2105_2.htm
廣島ぶらり散歩(宇品運河) http://yutaka901.fc2web.com/page5ctx11.html
荒川ゆうネット
http://www.city.arakawa.tokyo.jp/unet/sightseeing/shiseki/ogu02.html
北区立中央図書館「北区の部屋だより第16号」
http://www.city.kita.tokyo.jp/docs/digital/606/060612.htm
八潮市れきナビ－やしお歴史事典
http://yashio.ddo.jp/reki-navi/index.php/%E3%83%95%E3%82%A1%E3%82%A4%E3%83%AB:Jinko-kakunen.jpg
鹿島の軌跡　第15回　三井高井戸牧場
http://www.kajima.co.jp/gallery/kiseki/kiseki15/index-j.html
1:25,000デジタル標高地形図(日本地図センター)
http://www.jmc.or.jp/map/jmc/digital_hyoko.sample3.html
三四郎の宿(Network2010)
http://network2010.org/nc400/rensai/hirokojistory/hoko/hoko05.html

＊この他に各種鉄道時刻表、市街図・地形図・地勢図(帝国図)等の地図を参照しました。
「この地図は、国土地理院長の承認を得て同院発行の５万分の１地形図、２万５千分の１地形図、２万分の１正式図、１万分の１地形図を複製したものである。(承認番号　平24情複、第314号)」

＊本書は白水社ホームページで平成23年(2011)4月～同24年6月まで連載された「日本を定点観測する」に加筆・修正を行なったものです。

著者紹介

今尾 恵介（いまお　けいすけ）
1959年横浜市生まれ。中学生の頃から国土地理院発行の地形図や時刻表を眺めるのが趣味だった。音楽出版社勤務を経て、1991年にフリーランサーとして独立。旅行ガイドブック等へのイラストマップ作成、地図・旅行関係の雑誌への連載をスタート。以後、地図・地名・鉄道関係の単行本の執筆を精力的に手がける。膨大な地図資料をもとに、地域の来し方や行く末を読み解き、環境、政治、地方都市のあり方までを考える。
著書は『日本鉄道旅行地図帳』、『日本鉄道旅行歴史地図帳』（いずれも監修）、『地図で読む戦争の時代』、『世界の地図を旅しよう』、『日本地図のたのしみ』、『日本の地名遺産』、『地図の遊び方』、『路面電車』、『地形図でたどる鉄道史（東日本編・西日本編）』など多数。現在、（財）日本地図センター客員研究員、（財）地図情報センター評議員、日本国際地図学会評議員。

装丁
三木俊一（文京図案室）

組版
中川麻子

地図で読む昭和の日本

定点観測でたどる街の風景

二〇一二年一〇月一一日 第一刷発行
二〇一三年 一 月一〇日 第四刷発行

著 者© 今 尾 恵 介

発行者 及 川 直 志
印刷所 株式会社精興社
発行所 株式会社白水社

東京都千代田区神田小川町三の二四
電話 営業部 〇三(三二九一)七八一一
　　 編集部 〇三(三二九一)七八二一
振替 〇〇一九〇―五―三三二二八
郵便番号 一〇一―〇〇五二
http://www.hakusuisha.co.jp

乱丁・落丁本は、送料小社負担にてお取り替えいたします。

松岳社 株式会社 青木製本所

ISBN978-4-560-08244-7

Printed in Japan